# 아동상담심리

김청자 | 정진선

Child Counseling Psychology

태영출판사

# 머리말

사회가 복잡해질수록 인간의 심리도 복잡해지는 것 같다. 한부모 가정의 증가, 가족 구조의 다양화, 맞벌이 부부의 증가에 따른 아동에 대한 소홀과 무관심의 증대, 사회적 경쟁 구조의 강화 등으로 아이들에게 직·간접적으로 영향을 미치기도 한다. 또한 10대의 임신과 자살, 젊은 부부들의 저출산을 희망하는 현상 등이 국가적으로는 시급한 현안으로 떠오르고 있다.

이처럼 급격한 사회적 변화에 대응하기 위해 대부분의 사람들은 아이를 안 낳거나, 낳게 되면 하나만으로 만족하면서 잘 키워 보자는 생각이 지배적이다. 과거에는 아이들이 성인의 소유물인양 취급하였던 때도 있었다. 교육방식도 교사중심의 주입식 방식으로 일방적인 교사의 지시적이며 권위적이고, 지배적인 형태로 획일화된 교육방식으로 운영하다 보니 자녀를 많이 출산한다 하더라도 별로 어려움이 없이 성장하였다고 세인들은 말한다. 이러한 상황이다 보니 아이들의 의견은 무시한 채 성인의 기준에 의해 강압적인 훈육방식의 지도 형태는 큰 문제없이 보편화된 교육방식이었다.

요즈음 교육방식은 완전히 바뀌어 아동중심교육을 강조하면서 지나치게 아동에게 자유와 자율권을 주다 보니 자칫 버릇없게 굴기도 하고 무엇이든지 자기 마음대로 하려는 아이들이 많아지면서 교사나 학부모는 그들을 지도할 교육방법론에서 혼란을 겪고 있다. 점점 가정이나 학교에서 통제하거나 선도하는데 한계를 느낀다. 절충적인 방법으로 아동·청소년들을 지도하기가 힘들어지고 있다.

학교에서의 "교실이 무너진다", "학교가 무너진다"는 말을 들을 때마다 어른들의 통제에 순응하지 않는 새로운 세대가 교사나 부모들을 당황하게 만들고 무기력하게 한다. 또한 교사에게 주어지는 지도의 권한도 극히 제한되어 있어 절대로 체벌이나 강압적인 지도는 하지 못하도록 되어 있는 것이 현실이다. 그러므로 바람직한 학생의 생활지도와 상담을 위해서 사회적 구조의 변화와 그 변화가 학생들에게 미치는 영향에 효과적으로 대처하는 상담지도가 이루어져야 한다.

이러한 입장에서 일선학교 교사, 학부모, 유아 및 아동을 연구하고자 하는 대학생 및 대학원생, 일반인 모두가 상담활동의 필요성과 생활지도의 중요성을 느끼고 있다. 아동·학생들의 건전한 성장·발달을 돕고, 그들이 저마다의 적성, 흥미, 능력, 포부, 성격에 맞는 진로를 선택하여 자기 자신을 실현하도록 조력하기 위해서는 상담활동이 전문화되고, 활성화되어야 한다. 이것이 아동·청소년들을 보다 더 건전하게 성장·발달하도록 조력하는 길이고, 우리 상담 교육자들의 희망이며 책무이다.

이 책을 집필한 이유도 아동·청소년들의 상담과 생활지도를 보다 과학적이고 체계적으로 지도하는 태도와 기술을 습득하여 앞으로 아동·청소년들이 21세기의 훌륭한 역군이 되기를 바라는 마음에서이다.

책의 구성 내용으로는 상담의 개념과 유형, 진로 및 집단상담, 유아·아동상담, 부모·가족상담의 이론과 특성, 상담의 방법 등을 제시하였다. 또한 아동·청소년들에게 발달상에 나타나는 부적응 행동과 그에 따른 지도를 다루었고, 상담의 기술적인 방법으로 언어, 비언어적 기법을 포함시켰다.

이 책이 아동·청소년들을 연구하고 지도하는 교사, 학부모, 대학생, 대학원생 및 일반인들에게 상담의 이론을 습득하여 실제 문제 사례를 치료 및 지도할 수 있는 길잡이 역할을 하기 바란다.

저희 두 저자는 나름대로 원고를 여러 번 수정·보충하는 것을 거듭하였으나 부족한 점이 많음을 자꾸 느끼게 된다. 앞으로 여러 독자들의 지도와 조언을 바라면서 더 좋은 책이 되도록 노력할 것이다. 항상 옆에서 원고 정리와 교정을 위해 애써준 박사 과정 유경훈과 연구소의 장선량에게 고마운 마음을 느낀다.

끝으로 이 책이 나오도록 도와 주신 태영출판사 김현태 사장님과 편집을 위해 수고해 주신 모든 분들에게 감사의 마음을 전한다.

2006년 8월

저자 씀

# 차례


제 1 장 상담의 기초 ——— 13

1. 상담의 의미 ········· 13
2. 상담의 목표 ········· 17
   1) 행동변화의 촉진 / 17
   2) 적극적인 정신건강의 증진 / 17
   3) 문제의 해결 / 17
   4) 내담자의 잠재력 촉진과 개인의 효율성 증진 / 18
   5) 의사결정의 증진 / 18
3. 상담의 기본원리 ········· 20
   1) 개별화의 원리 / 20
   2) 의도적 감정표현의 원리 / 21
   3) 통제된 정서관여의 원리 / 21
   4) 수용의 원리 / 21
   5) 비심판적 태도의 원리 / 22
   6) 자기결정의 원리 / 23
   7) 비밀보장의 원리 / 23
4. 상담과정 ········· 23
   1) Rogers의 상담과정 분류 / 24
   2) Brammer의 상담과정 분류 / 28

5. 상담자의 역할과 자질 ······ 34
1) 상담자의 역할 / 34
2) 상담자의 자질 / 34

제 2 장 아동상담의 이론적 접근 ―― 37

1. 지시적 상담 ······ 37
1) 기본개념 / 37
2) 상담의 과정 / 38
3) 상담의 기술과 기법 / 41
2. 비지시적 상담 ······ 43
1) 기본개념 / 43
2) 상담의 본질과 목표 / 45
3) 상담의 진행과정 / 45
4) 상담의 기법 / 47
3. 정신분석적 상담 ······ 49
1) 기본개념 / 49
2) 상담의 목표 / 49
3) 상담의 기법 및 진행과정 / 50
4. 합리적 · 정서적 상담 ······ 53
1) 기본개념 / 53
2) 상담의 목적 및 목표 / 55
3) 기본절차 (A－B－C－D－E 모형) / 55
4) 상담의 과정 / 56
5) 기법과 절차 / 59
5. 형태주의적 상담 ······ 62
1) 기본개념 / 62
2) 상담목표 / 64
3) 상담과정과 전략 / 65
4) 상담의 기법 / 66
5) 과장 놀음 / 69

제 3 장 집단상담 ---- 71

1. 집단상담의 의미 ···· 71
2. 집단지도 · 집단상담 · 집단치료의 비교 ···· 73
   1) 집단지도(group guidance) / 74
   2) 집단상담(group counseling) / 74
   3) 집단치료(group therapy) / 75
3. 집단상담의 목표 ···· 78
4. 아동을 위한 집단상담의 유형 ···· 80
   1) 훈련집단 및 감수성 훈련집단 / 80
   2) 만남집단 / 81
   3) 자조집단 / 81
   4) 구조적 집단 / 82
5. 집단상담의 과정과 실제 ···· 82
   1) 집단상담의 단계 / 82
   2) 집단상담에서 상담자의 역할 / 85

제 4 장 진로상담 ---- 87

1. 진로상담의 기초 ···· 87
   1) 진로상담의 개념 / 87
   2) 진로상담의 목표 / 89
2. 진로상담의 이론 ···· 89
   1) Parsons의 특성요인이론 / 89
   2) 사회이론 / 90
   3) Holland의 인성유형론 / 92
   4) Super의 진로발달이론 / 95
   5) Roe의 욕구이론 / 96
   6) Ginzberg의 발달이론 / 98
   7) Bandura의 자기효능감이론 / 99
3. 진로상담과 지도의 실제 ···· 100

1) 진로문제의 유형 / 100
2) 진로지도 과정 / 101
3) 진로상담의 내용 / 102
4) 진로상담의 과정 / 103
5) 진로상담의 원리 / 103

제 5 장 부모 및 가족상담 — 105

1. 부모 및 가족상담의 필요성 …… 105
2. 가족상담의 기본원리 …… 108
3. 부모 및 가족상담의 기법 …… 112
   1) 정신역동적 가족치료 / 112
   2) 의사소통 가족치료 / 115
   3) 경험적 가족치료 / 118
   4) 행동주의적 가족치료 / 121
   5) Bowen의 가족치료 / 123
   6) 구조적 가족치료 / 130
4. 부모 및 가족상담의 유의점 …… 135

제 6 장 유아 및 아동상담 — 139

1. 발달의 특징과 원리 …… 139
   1) 발달의 의의 / 140
   2) 발달의 원리 / 142
2. 아동발달의 이론들 …… 143
   1) Freud의 심리성적 발달이론 / 143
   2) Erikson의 심리사회적 발달이론 / 147
   3) Piaget의 인지발달이론 / 149
   4) Kohlberg의 도덕성 발달이론 / 152
   5) 대상관계이론 / 155
   6) 기질의 유형과 발달 / 155
   7) 애착의 형성과 발달 / 158

3. 상담의 과정 ………… 162
1) 상담 전 준비과정 / 162
2) 초기과정 / 163
3) 중기과정 / 168
4) 종결과정 / 171

제 7 장 발달상 나타나는 부적응 행동 —— 173

1. 신체발달과 관련된 부적응 행동 ………… 173
1) 지체부자유의 유형 / 173
2) 운동장애아의 심리적 특성 / 175
3) 신체발달과 부적응 행동특성 / 176
2. 지적 발달과 관련된 부적응 행동 ………… 178
1) 지적 능력발달에 영향을 미치는 요인 / 178
2) 지적 능력발달과 부적응 행동특성 / 180
3. 정서발달과 관련된 부적응 행동 ………… 184
1) 유치원이나 학교에 가기 싫어하는 행동 / 184
2) 말더듬이 / 186
3) 불안 · 공포 / 187
4) 주의산만 / 188
5) 낭비벽 / 189
6) 수줍음 · 부끄러움 / 190
7) 손가락 빨기 · 손톱 깨물기 / 191
8) 틱(tic) 장애 / 191
4. 사회성 발달과 관련된 부적응 행동 ………… 192
1) 반항적이며 공격적인 행동 / 193
2) 도벽 / 194
3) 거짓말 / 196
4) 싸움 / 196
5) 지나친 의존심 / 197
6) 욕하는 행동 / 198
7) 고자질하기 / 199

제 8 장 아동 부적응 행동의 지도 — 201

1. 행동수정을 통한 지도 ········ 201
   1) 행동수정이론의 특징 / 201
   2) 아동의 문제행동과 행동수정의 절차 / 202
   3) 행동수정의 기법 / 204
   4) 아동행동의 특징 및 연구 설계 / 209
2. 놀이를 통한 부적응 행동지도 ········ 213
   1) 놀이의 유형 / 213
   2) 놀이의 교육적 가치 / 214
   3) 놀이 치료법 / 216
3. 미술활동을 통한 지도 ········ 219
   1) 미술치료의 기초 / 219
   2) 미술치료의 기법 / 223
   3) 집단 미술치료 / 231
4. 음악활동을 통한 지도 ········ 231
   1) 음악의 상담적 가치 / 233
   2) 음악치료의 기초 – 세계 음악치료의 조류 / 237
   3) 음악치료의 기법 / 239
   4) 음악치료와 율동활동 / 243
   5) 음악치료 과정 / 244
5. 심리극을 통한 부적응 행동지도 ········ 245
   1) 심리극의 의의 / 245
   2) 심리극의 기법 / 248
   3) 심리극의 활동 – 심리극의 효과 / 253

제 9 장 언어적 · 비언어적 대화기법 — 257

1. 언어적 대화기법 ········ 257
   1) 상담자 – 내담자와의 관계에 효과적인 영향을 미치는 대화기법 / 257

2) 촉진적 의사소통 / 267

2. 비언어적 대화기법 ··· 275

1) 시간을 통한 비언어적 의사소통 / 276

2) 신체의 각 부위를 통한 비언어적 의사소통 / 276

3) 음성을 통한 비언어적 의사소통 / 277

4) 환경을 통한 비언어적 의사소통 / 278

제 10 장 가정과 사회 환경 ——— 281

1. 가정의 기능과 역할 ··· 281

1) 가정의 기능적 의미 / 281

2) 가정의 순기능과 역기능 / 282

3) 가정 내의 인간관계 / 284

2. 부모교육과 부모상담 ··· 293

1) 부모교육과 부모상담의 개념 / 293

2) 부모상담의 필요성과 목적 / 294

3) 자녀의 발달단계에 따른 부모역할의 과제 / 295

4) 부모상담 내용 및 구성절차 / 299

5) 부모상담의 유의점 / 301

3. 학급집단 지도 ··· 303

1) 학급집단과 인간관계 / 303

2) 효율적인 학급운영 / 306

4. 아동들의 세계 ··· 306

◎ 참고 문헌 / 309

제 1 장

# 상담의 기초

## 1. 상담의 의미

상담이란 도움을 줄 사람과 도움을 필요로 하는 사람 간에 서로 대화를 통해 문제를 해결한다는 의미로 사용하고 있다.

매스컴이나 전화를 통해서 법률적인 문제, 의학적인 문제, 또는 집을 사고 팔 때, 알고 싶은 여러 가지 정보를 얻기 위해 이야기를 통해 해결하려는 것까지도 모두 상담이라고 부르는 경우를 흔히 볼 수 있다. 이러한 여러 가지 의미상 포괄적으로 사용하고 있는 용어로 상담이라는 말을 사용하지만 여기서는 보다 전문적인 영역으로서의 상담만을 다루어 보기로 한다.

상담(counseling)이란 말은 라틴어의 consulere에서 유래한 것으로 고려한다(consider), 반성한다(reflect), 숙고하다(deliberate), 조언한다(counsel), 상담한다(consult) 등의 뜻을 지니고 있다. 이러한 여러 가지 의미는 영어에 counsel이란 형태로 바뀌어 쓰여 왔으나 그 뜻은 법률, 경제, 종교 등의 영역에 있어서 변호사, 고문, 조언자란 뜻으로 사용되었다. 현재와 같은 뜻으로 counseling이 해석된 것은 Williamson E. G.의 「How to counsel students」(1939)에서 비롯되었다(김청자 · 정진선, 2004).

상담의 의미에 관해서 몇몇 학자들의 구체적인 정의를 살펴보기로 한다.

Williamson, E, G.에 의하면 상담이란 일시적으로 각 개인의 적응을 도울 뿐만 아니라 장래 적응을 준비하도록 돕는 것이라고 하였다.

Erickson, C, E.는 상담은 문제를 가진 개인과 문제를 해결하도록 도울 수 있는 사람과의 1 : 1의 관계이다.

Hahn, M. E. and Maclean, M. S.(1955)는 상담이란 혼자서 해결할 수 없는 문제에 의하여 곤란을 받고 있는 개인과 이 개인의 여러 가지 개인적 곤란을 해결하는데 도움을 줄 수 있는 훈련과 경험을 해온 전문가와 1 : 1의 관계에서 생기는 과정이다.

Rogers, C. R.(1952)는 상담은 개인이 행동과 태도를 변화하는데 도움이 될 목적을 가진 개인과의 일련의 직접적인 접촉이라 하였다. Shertzer와 Stone(1980)은 상담은 자기와 환경에 대한 의미 있는 이해를 촉진하고 장래 행동의 목표나 가치관을 확립해서 명료화하도록 하는 상호작용의 과정이라고 하여 자신과 환경에 대한 학습을 강조하고 있다.

정원식과 박성수(1978)는 상담이란 도움을 필요로 하는 사람과 도움을 줄 수 있는 사람 사이의 개별적인 관계를 통하여 새로운 학습이 이루어지는 과정이라고 정의하였고, 이장호(1986)도 상담이란 도움을 필요로 하는 사람이 전문적 훈련을 받은 사람과의 대인관계에서 생활과제의 해결과 사고, 행동 및 감정측면의 인간적 성장을 위해 노력하는 일련의 학습과정이라고 하였다.

황응연과 윤희준(1983)은 상호작용의 관계를 강조해서 상담은 도움을 필요로 하는 사람을 다른 사람이 도와 주는 상호작용의 인간관계로 보고 이 인간관계는 1 : 1의 관계, 언어적 수단에 의한 역동적인 상호작용, 전문적인 조력, 사적이고 비밀적인 관계란 특성을 갖는 전문적인 관계라고 밝히고 있다.

이상의 여러 학자들의 상담에 관한 정의를 정리해 보면 적응상의 문제에 직면하여 조력을 필요로 하는 개인과 심리학적 훈련이나 지식과 풍부한 경험으로 타인을 조력할 수 있는 자질을 가진 전문가와 face-to-face의 관계에서 대화를 통해서 행해지는 적절한 원조의 과정이다.

이 과정은 각 개인이 자기 자신, 자기의 능력과 성격, 자기의 환경을 이해하고 그리고 만족스럽고 성공적인 생활을 달성하기 위한 기회와 전망을 이해하도록 돕는 기술이다. 즉, 상담이란 상담자와 내담자의 만남의 과정에서 내담자가 현명한

적응과 문제해결을 할 수 있는 능력을 배양하고 스스로 성장할 수 있도록 돕는 전문적인 활동이다.

상담과 유사하게 사용하는 개념으로는 생활지도(guidance)와 심리치료(Psychotherapy)가 있다. 많은 전문가들은 이 문제에 관한 그들의 견해를 말하고 있지만 이것들 사이에 큰 차이를 두지 않으려고 하는 것이 일반적인 경향이라고 보여진다.

생활지도, 상담, 및 심리치료의 차이를 분명하게 구분하기 어려운 것은 사실이겠지만, 이들 사이에서 제 각기 특징이 조금씩은 다를 수 있기 때문에 그 차이를 다음과 같이 제시하였다.

생활지도는 교육의 목적을 달성하기 위한 방법 중의 하나로서 학생이 저마다 독특하게 지니고 있는 발달가능성을 발견하여 이를 최대한으로 개발할 수 있도록 도와 주고, 사회적으로는 현명한 선택과 적응, 가치판단과 자기지도를 할 수 있도록 돕는 활동이라고 볼 수 있다.

이처럼 생활지도는 문제를 해결하고 적응과 선택을 함에 있어서 교육적이고, 직업적인 계획에 대하여 돕는 과정으로 상담보다는 비교적 포괄적이고 일반적으로 단순한 문제를 다루는 활동으로 볼 수 있고, 상담은 이 생활지도 영역 중에 대화를 통해 보다 치료적인 의미를 지니고 있는 것으로 구별할 수 있겠다(그림 참조).

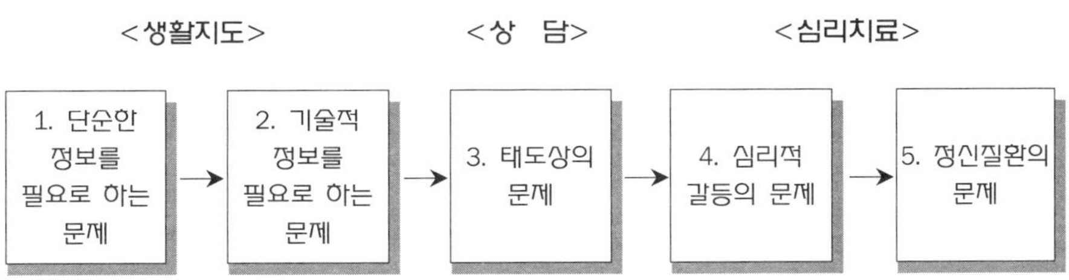


비교적 생활지도는 단순한 정보와 기술적 정보를 필요로 하는 문제를 다루는 경우이고 상담은 기술적 정보를 필요로 하는 문제와 태도상의 문제, 심리적 갈등의 문제를 다루며 심리치료는 심리적 갈등의 문제와 정신질환의 문제를 다룬다. 따라서 생활지도는 학교 장면에서 절대적으로 필요하고 포괄적인 교육지도의 한 부분으로서, 담당자는 학교에서의 일반교사, 상담교사(교도교사), 교감 및 교장 등 전체 교직원이 동원되어 지도할 수 있는 영역이며 분야라고 할 수 있다.

상담과 심리치료와의 차이점은 첫째 내담자 또는 학생의 문제의 정도에 따라 구별하려는 관점이다(정원식 · 박성수, 1982).

단순한 정보를 제공하는 것에서 만족스러운 해결을 얻을 수 있는 문제에 가까울 때는 상담, 정신질환의 문제 쪽으로 기울어질 때는 심리치료라고 보는 견해이다.

그러나 상담활동에서는 정상의 문제를 다루는 편이고, 심리치료에서는 비정상의 문제를 다루는 것으로 실제로는 명확하게 구분하기 어렵다. 왜냐하면 정상적인 문제도 이상심리적인 경향이 어느 정도 개입되어 있고, 비정상적인 문제도 정상적인 심리 상태가 있기 때문에 내담자 또는 학생의 문제를 정상과 비정상의 기준으로 나누어 생각하는 것은 무리가 있다.

둘째, 상담이란 내담자가 직면하는 현실적인 문제나, 내담자가 의식하고 있는 문제를 주로 다루는데 반해 심리치료는 성격적인 문제나 무의식의 문제를 다룬다. 또한 상담은 교육, 직업, 결혼 등의 선택과 결정의 문제를 다루는데 반해 심리치료는 지속적이고 반복적인 정서적 갈등을 다룬다.

셋째, 상담과 심리치료는 목표가 다르다고 보는 관점도 있다.

상담은 성장과 발달을 촉진하며 예방에, 심리치료는 장애를 제거하거나 완화시키는 것으로 치료와 교정에 역점을 둔다.

넷째, 상담과 심리치료를 적용하는 기법이나 방법의 차이로 구별하려는 경향이 있다. 상담은 무의식의 세계를 표현하지 않고 은폐하는 방법을 사용하고 심리치료는 무의식의 세계를 파고들어 심리적 갈등을 해결하는 비은폐적 방법을 사용한다. 또한, 상담은 생각과 의견을 주로 다루는 인지적인 방법을 적용하는데 반해 심리치료는 증오, 애정, 충동 등과 같은 감정이나 본능을 주로 다루는 정서적인 방법에 의존한다.

그 외에는 상담은 학교, 기업, 상담소 같은 곳에서 상담자가 수행하며 심리치료는 의학이나 임상심리 분야에서 훈련받은 심리 치료자가 병원에서 수행하고 있다.

위에서 살펴본 상담과 심리치료는 명확히 구별하기보다는 같이 중첩하여 사용하는 것이 좋을 것 같다.

상담과 심리치료 모두 내담자의 문제를 해결하고 나아가 개인의 성장과 발전을 촉진한다. 그러나 내담자를 다루는 모형을 교육적 모형과 의학적 모형으로 구별한다면 교육상황에서 이루어지는 상담은 의학적 모형에 근거하는 것보다 교육적 모형에 근거하는 것이 바람직하다고 하겠다.

## 2. 상담의 목표

상담의 궁극적인 목표는 내담자의 성장과 발달을 촉진하는 과정으로 볼 수 있다. 이것을 보다 구체적인 목표로 다섯 가지를 제시하였다.

### 1) 행동변화의 촉진

상담의 목표는 내담자를 보다 생산적이고 만족한 삶을 영위할 수 있는 행동의 변화를 가져오는데 있다고 제시한다. 변화가 필요한 행동이 어떠한 것인가를 구체적으로 표현할 수도 있다.

Rogers(1965)는 상담의 결과로 위협을 덜 느끼고 불안을 덜 느끼며 이상적인 자아와 지각된 자아 사이에 조화를 이루는 것이라고 하였다.

### 2) 적극적인 정신건강의 증진

상담은 정신질환의 원인이 되는 여러 가지 병리적인 요소를 제거하거나 정상적인 방향으로 치료해 줌으로써 적극적인 정신건강을 유지하는데 초점을 둔다. 정신적으로 건강한 사람은 책임감이 있고 독립적이며, 인격적으로 성숙하다. 그러므로 상담에서는 정신질환의 원인이 되는 여러 가지 병리적인 요소를 제거하거나 수정해야 할 필요를 강조하는 경향이 있다.

모든 사람이 성격적으로 좀더 현실적이고 합리적이고 생산적이 되도록 하는 것이 결국 정신건강을 증진하는 것이라 하겠다.

### 3) 문제의 해결

상담의 목표는 상담관계가 가져오는 문제가 무엇이건 이를 해결하는 것에 있다고 본다. 상담자를 찾아오는 내담자는 무엇보다도 자신의 문제를 해결함에 있어서 상담자가 자기에게 무엇인가 도움을 줄 수 있다고 믿기 때문에 상담이란 내담자의 문제해결을 목표로 해야 된다는 것이다. 문제의 해결을 자아의 실현과 동일시하는 것도 가능하여 자아실현은 궁극적으로 개인의 행복을 가져와 참된 삶을 추구할 수 있으므로 상담은 무엇이든 내담자들이 당면한 문제를 체계적이고 과학적인 방법을 통하여 해결해 나가는데 초점을 둔다. 문제해결을 상담의 목표로 하는 경우 가족 또는 가정문제, 학교문제, 교우관계문제, 경제적인 문제, 행동이나 습관의 문제, 심리적인 문제 등으로 구분하여 생각할 수도 있다. 문제해결을 상담의 목표로 규정할 경우, 내담자가 지니고 있는 문제를 우선 해결하는 것에 중점을 두어야 한다.

### 4) 내담자의 잠재력 촉진과 개인의 효율성 증진

상담이 내담자의 능력과 흥미를 이용하여 극대화할 수 있는 방법을 터득할 수 있는 기회를 제공함으로써 내담자의 성장과 발달을 증진한다는 관점에 동조하지 않는 사람도 있다. 이와 같은 목표는 개인의 효율성을 증진하는 것 중의 하나로 간주할 수 있다.

Blocher(1966)는 첫째로, 상담은 내담자 자신과 환경에 제공된 범위 내에서 개인의 가능한 자유를 극대화하는데, 둘째로 상담은 내담자가 환경을 극복함으로써 개인의 효율성을 확대하는 데 그 목표가 있다고 제시하고 있다.

효율적인 인간은 경제적, 심리적, 신체적 모형을 구성하고 이를 위해 시간과 정력을 투자하기 위해 자신을 헌신할 수 있으며, 문제를 인지하고 해결할 수 있고, 좌절 · 적개심 그리고 애매성에 대해 적합한 반응을 할 수 있다고 한다. 이러한 견해는 결국 생산적 사고를 증진하고 적응적인 인간관계를 형성하고 다양한 문제 상황을 효과적으로 대처하는 능력을 기르는데 두는 것이다.

### 5) 의사결정의 증진

상담의 목표란 내담자 자신의 신중한 의사결정을 하도록 돕는데 있다고 본다.

상담자는 스스로 어떠한 결정을 내리지 않으며 결정은 어디까지나 내담자 자신이 해야 한다는 점을 밝혀 둔다. 또한 의사결정이 이루어질 때 왜 그러한 결정을 하는 것이며, 그러한 결정을 어떻게 수행할 수 있는지에 관해서도 내담자 스스로가 명백하게 알고 있어야 한다. 내담자는 상황에 관련된 가치의 범주를 탐색하고 이와 같은 가치들을 의사결정 과정에 충분히 의식하도록 해야 한다.

상담에서는 개인이 선택하고 결정하기 위해 필요한 정보를 제공하고 의사결정에 개입하는 정서적인 문제나 심리적인 특성을 확인하고 분석하며 장애가 되는 측면을 극복하도록 한다. 이러한 관점에서 상담은 의사결정이 효율적이고 합리적으로 이루어질 수 있도록 원조하는 것을 목표로 한다고 할 수 있다.

Reaver와 Reaver(1965)는 상담의 주요한 목표를 개인이 자기 선택을 위해 평가하고 실행하고 수용하며 받아드릴 수 있도록 자극하는 행위라고 언급하고 있다. 결과적으로 상담은 전반적인 의사결정 과정을 배우도록 도와 잠정적으로 자신의 의사결정을 하도록 돕는데 있다. 이와 같은 방법을 통하여 내담자는 독립할 수 있고 상담자에 대한 계속적인 의존을 피할 수 있게 된다.

위에서 언급한 다섯 가지 목표는 상담의 가능성을 모두 제시하지는 못한다. 그것들은 용납되지 않은 것도 있고, 내담자에게 균등하게 적합한 것도 있으며 특별한 경우에만 적용될 수 있는 것도 있다.

Byrne(1963)는 상담의 목표를 궁극적, 중간적, 즉흥적 목표로 나눈다. 궁극적 목표는 개인이 충분한 잠재력이나 자아실현의 목표를 깨닫도록 도울 수 있는 목표를 포함시키고 있다. 중간적 목표는 상담을 찾는 이유와 관련되어 있고 성취할 수 있도록 여러 번의 상담시간을 요구하고 있다. 상담이 효과적으로 진행된다면 합리적으로 이루어질 수 있는 결과가 그것이다. 예를 들면, 개인이 적절한 발달수준을 유지하도록 돕고, 건설적이고 잘 적응하며 행복하고 정신적으로 건강한 사람이 될 수 있도록 도우며, 그리고 개인이 자신의 잠재력을 개발할 수 있도록 돕는 활동을 포함하게 된다.

즉흥적 목표는 순간순간마다 내담자의 의사를 표시한다.

이 목표의 예로서는 내담자에게 표현되지 않은 느낌을 말로 나타내도록 격려하게 되는 것이다. 여러 상담자들이 강조하고 있는 상담의 목표는 아마도 차이점

보다는 유사성이 더 많은 것 같다. 확실히 말해서 모든 이론가들은 내담자들에게 보다 높은 수준에 이르도록 작용하며 많은 성취와 잠재력에 알맞는 생활을 돕는다고 인식하는 것 같다. 결국 상담목표가 이루어지는 방법의 차이는 상담자와 내담자를 도우려는 방법의 차이에 따라 결정된다.

## 3. 상담의 기본원리

상담은 개인이 가진 문제를 해결하고 적응활동을 증진시킴으로써 건전한 자아형성을 통한 성장을 돕는 것이다. 전문적 소양을 가진 상담자가 상담을 진행할 때 반드시 일정한 기본적인 원리에 바탕을 두고 실시하는 것이 좋다. 그러기 위해서는 인간의 기본적 욕구를 정확히 이해하고 있어야 한다. 또한 상담자로써 지녀야 할 기본적인 태도와 기술을 지니고 상담에 응해야 한다. 상담의 기본원리는 주장하는 전문가에 따라 조금씩 달리 생각할 수 있으나 여기서는 김흥규(1984)가 제시한 Biestek의 이론을 요약 · 정리해 보고자 한다.

### 1) 개별화의 원리

개별화는 내담자의 독특한 성질을 알고 이해하는 일이며, 적응을 잘 할 수 있도록 각 개인을 원조함에 있어서 상이한 원리나 방법을 활용하는 것이다.

따라서 개별화란 인간을 개별적 차이를 지닌 특정한 인간으로써 취급해야 한다는 것이므로 소위 내담자의 권리와 욕구로서의 개별화라고 표현할 수 있다. 개별화의 원리를 지키려면 다음과 같은 전제가 필요하다.

① 상담자는 편견과 선입관이 없어야 한다.

② 내담자의 말을 경청하고 세밀히 관찰해야 한다.

③ 내담자의 보조에 맞추어 진행해야 한다.

④ 인간의 감정변화를 민감하게 포착할 수 있어야 한다.

⑤ 내담자와의 견해차가 있을 때 앞을 내다보는 능력을 갖추어 적절한 선택을 하여야 한다.

### 2) 의도적 감정표현의 원리

내담자가 그의 감정 특히 부정적 감정을 자유롭게 표현할 수 있어야 한다. 이처럼 자신이 의도한 생각이나 감정을 표현할 수 있도록 보장받아야 하며, 또한 온화한 분위기를 조성해 주어야 한다. 따라서 내담자가 의도한 감정을 자유롭게 표현하도록 하기 위해 갖추어야 할 조건은 다음과 같다.

① 압력이나 긴장으로부터 내담자를 완화시켜 준다.
② 내담자 자신의 문제점을 이해하게 해준다.
③ 허용적인 태도를 조성하기 위해 내담자의 감정표현을 경청해야 한다.
④ 내담자의 감정표현을 적극적으로 자극하고 격려해야 한다.
⑤ 비현실적인 보장이나 너무 빠른 초기의 해석을 삼가야 할 것이다.

이상의 몇 가지 조건을 잘 갖추어야 하며, 특히 상담자는 내담자의 감정표현을 비난하지 말고 낙심시켜서도 안 되며 오히려 끝까지 경청해야 한다.

### 3) 통제된 정서관여의 원리

상담은 주로 정서적인 면에 관련되어 있으므로 상담자는 내담자에게 그 감정을 말로 표현하도록 권고하여야 한다. 내담자의 감정에 대해 상담자는 민감해야 하고 감정의 의미를 이해해야 한다. 그런데 정서는 통제되어 있는 것이므로 개별적인 상담의 목적과 내담자의 욕구변화에 따라 또는 상담자의 전진적이고 진단적인 사고에 따라 그 방향이 결정된다. 즉 상담자는 내담자의 정서변화에 민감하게 반응하고 이해해야 하며 적절한 대응책을 마련할 태도와 자세를 갖추는 적극적인 관여가 필요하다.

### 4) 수용의 원리

수용이란 내담자의 장 · 단점, 바람직한 성격과 그렇지 못한 성격, 긍정적인 감정과 부정적인 감정, 건설적, 파괴적 태도나 행동 등을 있는 그대로 이해하며 그의 존엄성과 그 인격의 가치에 대한 관념을 유지해 나가는 행동상의 원칙을 말한다. 따라서 수용의 대상은 선한 것이나 옳은 것, 좋은 것만이 아니고, 진정한 것, 있는 그대로, 일관성 있는 것으로 현실 그 자체이어야 한다. 상담자가 권위적이거나 강압적인 자세로 상담에 임하면 상담관계는 깨어지고 만다. 그러므로 내담자 중심으로 욕구나 원리를 존중하며 감정이나 태도를 이해할 수 있어야 한다.

### 5) 비심판적 태도의 원리

내담자의 잘못이나 문제에 대해 결과를 나무라거나 책임을 추궁하거나 잘못을 질책해서는 안 된다. 그들은 죄책감, 열등감, 불만감, 고독감 등을 가지고 있기 때문에 타인의 비판에 예민하여 그들 자신을 방어하여 안전을 추구하려고 하는 것은 당연한 일이다. 따라서 상담자는 내담자를 객관적으로 그의 행동, 태도, 가치관 등을 평가하여야 하며, 어떠한 문제에 대하여 '나쁘다', '책임져야 한다'는 등의 과격한 표현을 해서는 안 될 것이다. 그러므로 비심판적 태도의 원리가 지켜지려면 다음과 같은 자세가 필요하다.

첫째, 상담자가 선입관의 지배를 받아서는 안 된다. 상담자도 인간이므로 어떤 유형의 사람은 좋아하고 어떤 유형의 사람은 싫어할 수도 있다. 싫어하는 유형의 사람에게 비심판적이고 호의적으로 대하기란 쉬운 일이 아니다. 그러나 상담자는 선입관을 버리고 색안경을 쓴 채 내담자를 주관적으로 보지 않도록 노력하여야 한다.

둘째, 내담자의 보조에 맞추어 상담을 진행해야 한다. 내담자의 발언이나 행동 및 성급한 결론에 대해 상담자가 판단을 내리거나 이끌어 나가서는 안 되며, 가급적 내담자의 입장을 따라가면서 상담을 진행해 나아가야 한다.

셋째, 분류화시키려는 자세를 취해서는 안 된다. 내담자를 어떤 유형의 틀로 나누어 집어넣거나 비교하려는 인상을 가져서는 안 된다.

넷째, 내담자가 상담자에 대해서 적의와 같은 부정적 감정 표현을 할 수 있다는 것을 상담자는 알고 있어야 한다.

내담자가 어느 특정인에게 전이시키려는 현상을 볼 수 있다. 그러므로, 내담자의 그 같은 감정표현도 그를 이해하고 문제를 해결하는데 도움이 된다는 자세를 가지고 여유 있게 내담자의 문제에 대해 객관적으로 바라볼 수 있어야 한다.

### 6) 자기결정의 원리

내담자 스스로 자기가 나아갈 방향을 결정하고 선택하려는 결정을 존중하며 그 같은 욕구를 결정할 수 있는 잠재적 힘을 자극하여 활동하게 할 수 있도록 지도해야 한다. 이를 위해서 상담자는 다음과 같은 원칙을 지켜야 한다.

① 상담자는 내담자가 자기수용을 할 수 있도록 도와 주어야 한다.

② 상담자는 내담자의 잠재능력, 즉 장점과 능력을 발견, 활용함으로써 인격적 발전을 도모할 수 있게 자극해 주어야 한다.

③ 상담자는 내담자가 자기결정을 할 수 있도록 상담자는 분위기를 조성해 주어야 한다. 수용적 태도나 심리적 지지를 보내는 것도 그 한 가지 방법이다.

④ 상담자는 내담자가 자신의 문제를 해결해 나갈 수 있도록 보조하는 역할을 해야 할 것이다.

⑤ 상담자는 내담자를 강제적으로 설득하는 것이 아니라 내담자가 자발적으로 참여하고 의사결정하도록 도와 주어야 한다.

### 7) 비밀보장의 원리

상담과정에서 명심해야 할 것은 상담자가 내담자의 대화의 내용을 아무에게나 이야기하는 습관을 버리고, 비밀을 지켜야 한다. 비밀보장은 상담자에게 있어서 직업적, 윤리적인 의무라고 할 수 있다. 내담자의 명예가 훼손되거나 누를 끼치는 일을 이야기해서는 상담자로서의 자질에 의심의 여지가 있을 만큼 중요한 점이다. 따라서 어떠한 경우라도 내담자의 개인적 권리는 존중되어야 하고 지켜져야 하므로 상담자는 비밀을 꼭 보장해 주어야 한다.

## 4. 상담과정

상담은 상담자와 내담자가 만나는 첫 번째 접촉이며 만남은 대화를 통해서 이루어진다. 상담자는 내담자의 조력자로써 어떤 문제에 대하여 정보를 제공하여 문제를 해결할 수 있도록 도와 주는 사람이다. 상담은 상담자의 교육과 훈련, 상담의 이론적 배경, 상담자와 내담자의 욕구나 가치, 내담자가 가진 문제의 성격과 상황에 따라 조금씩 다른 모습과 양상을 보일 수 있다.

그러나 모든 상담의 진행과정에는 공통된 흐름이 있다. 여기서는 상담과정을 상담자와 내담자가 직접 면접하고 개입하는 과정에 중점을 두어 설명한 몇몇 학자들이 제시한 것을 중심으로 살펴보기로 한다.

### 1) Rogers의 상담과정 분류

인본주의 상담의 창시자 Rogers(1942)는 상담의 과정을 12단계로 분류하였다. 모든 내담자의 문제, 상담의 목적, 상담자의 특성에 따라 어떤 단계는 생각할 수도 있고 또한 순서가 조금 다르게 전개될 수도 있다고 한다.

#### (1) 단계 1 : 상담의 시작

상담에서는 내담자의 자발적 의사가 중요하다. 만약 선생님이나 부모의 강요 때문에 오게 되었을 때 상담자가 먼저 해야 할 것은 타인의 의도에 의한 상담을 내담자의 자의에 의한 상담으로 바꾸는 것이 필요하다. 타의에 의해 상담을 받으러 온 경우 내담자들이 수동적이어서 상담을 받으러 온 데 대해 스스로 책임을 지지 않으려고 한다. 상담자는 상담이란 능동적으로 시작되어야 한다는 점을 지적하면서 내담자의 자발성을 강조해야 한다.

결국 내담자는 상담을 받겠다는 결정을 스스로 내리게 된다. 이러한 내담자의 자발성이 있어야 자기의 문제를 해결해 나가는데 대한 책임을 받아들이게 되며 상담이 순조롭게 진행될 수 있다.

#### (2) 단계 2 : 상담상황의 정의

첫번째 상담에서부터 상담자는 내담자가 원한다면 상담자의 도움으로 자기의 문제를 해결해 나갈 수 있으며, 상담자가 미리 준비된 답을 가지고 있는 것이 아니라는 점을 이해시켜야 한다.

이 점을 이해시키기 위해 일반적으로 말로 설명할 때도 있지만 때로는 구체적인 결정으로, 예를 들면 약속시간을 지키는 책임이라든지 어떤 결정에 관한 책임을 쉬운말로 규정할 수 있다. 그러나 말로만 하는 설명으로는 부족할 때가 있으므로 상담자는 되풀이해서 이점을 명백히 하고 내담자로 하여금 상담시간이야말로 자기 문제를 자유롭게 생각하고 해결해 나갈 수 있는 시간이라는 것을 느끼게 해야 한다.

이 단계에서는 상담의 책임이 내담자에게 있다는 것을 명백히 하고 상담시간, 장소, 상담비용, 표현의 한계 등에 관한 것을 내담자에게 밝힌다.

### (3) 단계 3 : 감정의 표현

내담자의 불만스러운 감정, 부정적인 감정, 불안, 스트레스 등의 감정을 모두 표현하도록 한다. 상담자는 내담자의 자기표현을 격려하고 어떠한 표현이라도 수용해 준다. 상담자는 내담자의 감정분출과 표현을 막지 않음으로써 내담자 속의 깊은 감정이 표현되도록 하는 것이다.

### (4) 단계 4 : 내담자감정의 수용과 정의

상담자는 내담자가 표출하는 부정적인 감정을 받아주고, 알아주며 정리해 주는 것이다. 부정적 감정을 받아준다 함은 내담자가 무슨 말을 하는가를 지적으로 이해한다는 뜻 뿐만 아니라 이외에도 이러한 이해를 기초로 내담자의 느낌을 같이 느끼고 받아들인다는 의미이다.

상담자는 모든 노력을 다하여 내담자로 하여금 자신이 그러한 부정적인 감정을 가지고 있고, 그런 부정적인 감정도 자신의 일부분임을 수용하도록 함으로써 그러한 부정적인 감정이 타인의 것이라고 투사하거나 다른 방어기제 뒤에 숨어버리지 않도록 상담분위기를 조성하여야 한다.

그러나 상담자는 그러한 감정의 원인을 해석해 주지 않으며 또한 그 감정이 어떻게 사용되고 있다고 설명하지도 않는다. 단순히 솔직하게 그런 감정이 있다는 것을 수용하고 명료하게 해준다. 아무리 정확한 것이라 할지라도 내담자가 아직 표현하지 않은 감정을 앞질러 상담자가 말해서는 안 된다는 것이다. 내담자가 아직 의식하고 있지 못한 감정을 너무 빨리 앞질러 상담자가 표현하면 상담의 위기가 오기 쉽다. 또한 내담자가 이미 표현한 감정을 상담자가 인식하지 못하는 것도 상담의 진도를 느리게 하거나 상담관계에 위기를 초래할 수 있다.

### (5) 단계 5 : 긍정적 감정의 출현

상담에서 표현했던 부정적 감정이 강렬하고 깊은 것일수록, 그리고 이러한 감정들이 인정되고 수용되면 긍정적인 감정, 예컨대 사랑받고 싶은 욕구, 다른 사람과 사귀고 싶은 욕구, 자존심, 성장에 대한 욕구도 강해진다. 상담자가 별도로 긍정적인 측면에 대해 이야기해 보라고 하지 않아도 초기의 부정적 감정이 강렬하게 발산되었으면 거의 반드시 긍정적인 시각으로 반전하는 전환기가 있기 마련이다.

### (6) 단계 6 : 긍정적 감정의 수용

상담자가 내담자의 부정적 감정을 받아들인 것과 마찬가지로 긍정적 감정도 인정하고 받아들이는 단계이다.

긍정적 감정을 받아들인다는 것은 찬성하거나 칭찬한다는 뜻이 아니다. 상대방이 말하는 것에 따라 고개를 끄덕이고 찬성만 하는 것이 수용이 아니라, 수용이란 진실로 상대방의 마음과 감정을 이해하고 공감하고 받아들이는 것이다. 어떤 도덕이나 가치 · 관습에 구애됨이 없이 내담자가 느끼는 분노 · 수치 · 자랑 · 애정의 감정을 받아들인다는 의미이다. 부정적 · 긍정적 감정 모두를 수용받은 내담자는 자신의 부정적 감정에 대하여 종전처럼 방어적이 될 필요도 없고, 긍정적 감정이라 해서 과대평가할 필요도 느끼지 않게 된다. 긍정적이든 부정적이든 자기감정의 일부라는 것을 자각할 때 진실한 자기이해의 토대가 마련되며 통찰이 일어나게 된다.

### (7) 단계 7 : 내담자의 자기이해와 수용 및 통찰

내담자는 부정적 감정과 긍정적 감정을 경험하면서 자기이해와 자기수용 및 통찰을 이루게 된다. 결국 내담자는 감정으로 인해 올바르게 볼 수 없었던 현실내지 진실을 보게 된다. 이같은 통찰을 토대로 새로운 한 단계 높은 자신의 조정능력이 형성된다.

### (8) 단계 8 : 대안의 탐색

통찰이 이루어지면서 여러 가지 의사결정을 할 수 있는 길이 선명하게 보이게 된다. 문제의 핵심을 보게 되면 내담자는 해결의 실마리를 찾게 된다. 그러나 문제해결의 방법이 하나가 아니기 때문에 이것이 내담자를 곤혹스럽게 만들기도 한다. 그러므로 상담자는 내담자로 하여금 여러 가지 해결 방법을 보다 선명하게 볼 수 있도록 도움을 주어야 할 것이다.

### (9) 단계 9 : 긍정적 행동화

처음에는 매우 작은 일에서부터 시작하나 그 의미는 매우 중요하다. 상담자는 내담자에게 어떤 독촉이나 압력을 가하지 않았다. 예컨대, 어떤 친구가 생일잔치에 자신을 초대하였는데 가지 못하고 여러 가지 핑계를 대면서 자신이 갈 수 없다고 말하였다. 심지어 상황이 끝날 무렵이 되어서도 다른 친구가 자기집에 놀러가자고 해도 응하지 않을 것을 밝혔다. 상담자는 내담자에게 어떤 독촉이나 압력을 가하지 않았다. 초대에 응하는 일이 매우 용기를 필요로 하는 일이라는 것을 공감적으로는 이해하면서 한편으로 그 내담자가 그런 용기를 가졌으면 하고 바라지만 그런 행동을 할 힘이 없다는 것을 이해하였다. 그러나 그 내담자는 결국 초대에 응하게 되었으며, 결과도 좋아 자신감이 약간 생기게 되었다. 앞으로 그는 그러한 기회를 통하여 자기성장의 길로 들어서게 될 것이다.

### (10) 단계 10 : 심화된 통찰과 성장

내담자가 상담한 정도의 통찰을 달성하고 두렵지만 감정적이나마 긍정적인 행동을 취할 수 있게 되면 보다 깊은 성찰과 성장이 뒤따라오기 마련이다. 더 많은 통찰을 할 수 있게 되면서 자신을 바로 볼 수 있는 용기를 가짐에 따라 더 한층 깊이 있고 정확한 자기이해가 가능해진다.

### (11) 단계 11 : 긍정적 행동의 증가

내담자는 보다 통정된 긍정적 행동을 점점 더 많이 하게 된다. 의사결정을 하는데 두려움이 적어지며 자신이 시작한 행동에 대해 더 자신감을 가지게 된다.

이 기간이 되면 상담자와 내담자의 관계에 새로운 차원이 더해진다. 대체로 내담자는 처음으로 상담자를 한 인간으로서 알고 싶어하며 그의 신상에 대해 물어보고 진정으로 호감을 나타낸다. 여전히 어떤 행동을 시작하는데 대해 약간의 주저함은 있지만 전과 같은 두려움이나 의존성은 보이지 않는다. 아직 약간의 부적응 문제가 있으나 그 문제를 다룰 수 있다는 자신과 능력을 가진다.

### (12) 단계 12 : 상담의 종결

이제 내담자는 도움을 받을 필요를 덜 느끼게 되고 내담자는 상담을 종결해야겠다는 생각을 하기에 이른다. 상담자의 시간을 많이 빼앗아서 미안하다고 말하는 내담자도 있다. 상담자는 내담자의 상담종결에 대한 감정을 수용해 주면서 종결에 대해 준비시킨다. 상담의 종결시기는 자연스럽게 정해지고 서운하지만 필요할 때마다 다시 상담을 재개할 수 있다는 약속을 하며 성숙하고 건강한 분위기에서 상담은 끝난다.

## 2) Brammer의 상담과정 분류

Brammer(1973)는 상담과정의 단계를 돕는 과정으로 보고 모두 8단계로 분류하고 있다.

### (1) 단계 1 : 준비와 시작

상담을 시작하는 단계이다. 이 단계에서 내담자가 준비하고 관계를 개시하는 것은 내담자에게 커다란 용기와 결단을 요구하는 일이다. 내담자들은 대개 상담을 받으러 올 때 착잡하게 얽힌 감정과 생각들을 가지고 있다. 상담자가 이야기하고 해주는 모든 것을 그대로 받아들이기를 원하면서도 또 다른 한편으로는 심리적 조력을 받거나 문제를 해결하기 위한 변화에 강력히 저항한다. 왜냐하면 다른 사람의 도움을 받는다는 것은 무능함의 표현이며 어떤 일이든 혼자서 해결할 수 있기 때문이다. 또한 자신의 문제를 해결하기 위해서는 문제에 직면해야 하고 감정과 사고 및 행동 등이 변화되어야 하는데 대부분의 사람들에게 변화란 쉬운 일이 아니기 때문이다. 그러므로 내담자들은 문제해결을 바라면서도 변화를 두려워하고 저항하는 역설적인 현상이 나타난다. 상담자는 저항을 최소한으로 줄이고 상담자에 대한 신뢰감을 가지도록 하는 것이 중요하다. 신뢰가 증가하면 저항은 감소된다. 만약 내담자가 자신의 이야기를 잘 풀어나가면 차분하게 경청을 하는 태도가 필요할 것이고, 내담자가 자신의 이야기를 하기 어려워한다면 그 어려워하는 마음을 공감해 주는 태도로 임해야 한다.

### (2) 단계 2 : 명료화

이 단계에서는 내담자의 문제가 명백하게 된다. 즉 내담자가 상담을 요청하게 된 원인과 문제의 배경이 밝혀지는 것이다. 내담자들은 대부분 자신의 문제를 잘 알지 못하는 경향이 있다. 그러므로 상담자는 질문을 통하여 문제와 상황을 명백히 밝히고 싶은 욕구가 많다. 따라서 상담자는 내담자의 이야기 흐름을 방해하는 질문보다 내담자가 표현하는 감정과 생각을 주의깊게 경청하고 반영해 주어야 한다.

상담자는 내담자로 하여금 자유롭게 자신의 이야기를 하도록 하면서 그의 문제는 무엇이며 누구의 문제인지를 파악하여야 한다. 아동상담의 경우에 있어서도 문제를 파악한 결과 아동의 문제가 부모의 문제, 즉 부부의 문제가 클 경우가 있다. 이 경우 아동상담 만으로는 해결이 어렵고 문제의 원인이 되는 부부간의 갈등이 해결되어야 아동의 문제나 증상도 해결될 것이다.

### (3) 단계 3 : 구조화

구조화는 심리적 조력관계의 본질, 제한점, 상담의 목표와 방향을 제시하고, 상담자와 내담자의 역할, 책임 그리고 가능한 약속 등에 대해 명백히 하는 것을 의미한다. 상담관계의 일반적 원칙이나 단계를 내담자가 알도록 하면 내담자의 상담에 대한 잘못된 기대나 혼란, 불안을 줄일 수 있으며, 내담자에게 상담관계가 합리적인 계획을 가진 체계적인 활동이라는 점을 느끼게 한다. 내담자는 자신이 상담과정에서 어디에 있는지, 상담자가 어떤 사람인지 그리고 자기가 왜 현재와 같은 방식으로 이야기하고 있는지 분명히 이해할 필요가 있다.

상담에서는 내담자가 자유롭게 자신의 행동을 결정하는 것이 원칙이지만 선택의 방향을 무제한으로 주기보다는 어느 정도 한계를 주면 오히려 행동하기가 용이해진다. 요컨대, 구조화는 상담에서 성취할 수 있는 것의 범위와 제한점에 대해 내담자를 교육시키는 것이라고 말할 수 있겠다.

구조화의 일반원칙은 ① 상담자와 내담자가 서로 편안하게 느낄 수 있는 수준에서 최소한으로 이루어져야 하며, ② 구조화는 적절한 시점에서 이루어지되 절대로 내담자를 처벌하는 식으로 이루어져서는 안 되며, ③ 면담시간 약속 및 내담자의 행동규범에 대해서는 구체적으로 명백하게 의사소통되어야 한다는 것이다.

### (4) 단계 4 : 관계심화

심리적 조력이 보다 잘 이루어지기 위해서는 상담자와 내담자의 관계를 더 심화하고, 내담자가 상담자를 신뢰하고, 자신의 문제를 해결하기 위해 상담과정에 더욱 헌신하게 되는 것이 이 단계이다. 박성수와 유효순(1995)에 의하면 상담자가 어떤 이론적 입장을 가지는가에 상관없이 내담자의 행동변화와 문제해결은 거의 대부분 두 사람의 관계가 어느 정도 깊어졌는지에 따라 결정된다고 하였다.

상담자와 내담자 관계가 더욱 심화되기 위해서는 상담자의 수용, 공감적 이해 및 순수성 같은 기본요소 뿐만 아니라 상담자의 전문적 자질과 조력방법에 대해 신뢰를 갖는 것이 필수적이다.

관계의 심화는 내담자가 자신의 감정을 자유롭게 표현할 수 있고 자신의 내면적인 감정이나 생각이 가치판단을 당하지 않고 그대로 수용된다고 느낄 때 쉽게 이루어질 수 있다. 그리고 내담자가 표현한 생각이나 감정이 지니는 의미에 대해서는 물론 그런 생각이나 감정에 의해 초래되는 결과에 대해서도 자유롭게 토의하는 것이 필요하다. 이처럼 자유롭게 내담자의 감정, 생각, 행동, 타인과의 관계, 여러 가지 종류의 일에 대해 표현하고 새로운 의미를 찾을 수 있다는 가능성이 제시될 때 상담자와 내담자의 관계는 더욱 심화되는 것이다.

### (5) 단계 5 : 탐색

내담자의 문제가 밝혀지고 상담자와의 관계가 심화되면서 상담자는 내담자의 문제를 해결하기 위해 더욱 적극적으로 개입하게 되면서 탐색의 단계로 들어간다.

이 단계에서는 내담자의 문제를 해결하기 위해서나 행동수정을 위해 어떤 변화가 일어나야 하는가와 도달하려는 목표를 성취하기 위해 어떤 방법이나 절차가 이용될 수 있는가? 라는 두 가지 질문에 관련된 활동이 전개된다.

탐색단계와 그 이후에 이루어지는 심리적 조력은 내담자의 문제와 상담자의 이론적 배경 · 경험 및 기술에 의해 달라진다.

Brammer는 탐색단계에서 성취하여야 할 목표로 다음 8가지를 들었다(이춘실, 1978).

① 관계를 유지하고 촉진시킨다.

② 목표달성에 방해가 되는 감정요인을 확인하고 처리한다.

③ 내담자로 하여금 자신의 문제, 감정, 사고를 좀더 탐색하도록 도와 명료화하고 구체화한다. 이렇게 함으로써 내담자의 자각이 확대된다.

④ 내담자로 하여금 자신의 목표를 명백히 하고 구체화하도록 돕는다.

⑤ 문제해결에 도움이 될 수 있는 사실에 대한 정보를 수집한다.

⑥ 상담을 지속할 것인지, 중단할 것인지를 결정한다.

⑦ 내담자가 목표를 성취할 수 있도록 방법과 절차를 가르친다(시범, 표본제시, 교수).

⑧ 내담자가 목표를 성취할 수 있도록 과제를 부과하고 활동을 전개한다(실행, 평가).

탐색의 과정에서 어떤 내담자들은 자기문제에 대해 부분적인 이해만 하고도 충분하다고 생각하거나 감정의 탐색단계에서 경험하게 되는 심리적 고통 때문에 상담을 중단하려고 하기도 한다. 그러므로 문제에 대한 단순한 이해나 한두 번의 성공적인 행동으로 문제해결이 충분히 이루어지는 것이 아니라는 점을 내담자에게 이해시킬 필요가 있다.

### (6) 단계 6 : 견고화

탐색이 끝난 후 가장 적합한 대안방법, 사고, 행동 등을 결정하여 이를 실천해 나가는 견고화 단계 역시 상담의 결실기로서 중요한 단계라고 볼 수 있다.

이 단계에서는 이전에 재기되었던 많은 대안들 중에 적절한 것을 선택하여 실제로 활용해 나간다. 구체적인 행동의 변화가 목표인 상담에서는 이 견고화 단계에 많은 시간을 투자한다. 어떻게 행동하겠다고 결정을 내렸어도 그 목표를 달성하기 위해서는 여러 가지 다양한 조건과 환경에 따르는 어려움에 대해 상담하면서 환경적 · 개인적 장애를 극복해나가고 변화시키기 어려운 조건이 있으면 계획을 다소 수정하여 실천 가능한 것으로 만드는 작업이 필요하다.

### (7) 단계 7 : 계획

상담이 종결된 이후에 내담자 혼자서 실천할 계획들을 수립하는 단계이다. 이 단계에서는 표현되었던 감정이나 사고의 내용이 모두 명백하게 정리되고 새로운 감정이나 사고의 표현은 억제되어야 한다.

인지적 측면이 강한 진로상담의 경우에는 이 단계가 길어질 수 있다. 왜냐하면 계획을 달성하기 위해서는 많은 행동단계들이 구체화되어야 하기 때문이다.

### (8) 단계 8 : 종료

이 단계에서는 상담을 통해 성취한 것들을 목표에 비추어 평가하게 된다. 만약 목표가 성취되지 못하였다면 왜 그렇게 되었는지 토의한다.

상담관계의 종결은 대체로 문제가 완전히 해결된 다음에 이루어지기보다는 처음에 기대했던 해결 및 행동변화와 상담과정에서 도달한 한계와의 타협점에서 이루어진다고 볼 수 있다(이장호, 1995). 즉 내담자가 호소하는 문제가 해결되면 상담은 종결에 이르게 되는데 이 때의 종결은 상담자나 내담자가 자연스럽게 인식하게 되면서 표현될 수 있다. 이 때는 종결에 대한 충분한 논의가 이루어져야 할 것이다. 그러나 상담에서의 조기종결은 상담자나 내담자에게 있어서 매우 당황스러운 일이라고 할 수 있다. 내담자 측에서 상담이 더 이상 진행되는 것을 불편하게 여기거나 처음의 상담동기가 약화되었거나 상담에 투자하는 시간과 돈에 불만을 가졌을 때 종결을 원하게 된다. 상담의 종결은 상당히 어려운 일 중의 하나이다.

한편 상담자의 종결 제안은 내담자를 당황하게 하기 쉬우며 일단 맺은 관계를 끝낸다는 것이 자신에 대한 거부로 느껴져 힘들어 하는 내담자가 적지 않기 때문이다.

따라서 종결을 원만하게 하기 위해서는 상담 초기에 어느 정도까지 미리 언급을 해두는 것이 좋다. 상담을 진행하면서 어느 정도 목표가 달성되었다는 생각이 들거나 상담을 계속해 보아도 더 이상 진전이 없을 것이라는 판단이 생기면 종결의 문제를 거론하는 것이 바람직하다.

이때 상담자는 반드시 상담 종료 2~3회전에 종결의 시기와 종결 이유에 대해 언급하면서 내담자가 자신의 감정과 생각을 충분히 표현할 수 있도록 도와야 한다.

종결하는 방법에는 여러 가지가 있다. 먼저 지금까지의 과정을 상담자가 직접 요약하거나 내담자로 하여금 요약하게 할 수 있다. 만약 많은 계획들을 실천하였다면 이를 글로 적어 보게 하는 것도 좋은 방법이다.

상담자는 요약과 함께 상담에서 성취한 것들에 대해 이야기하면서 초기에 동의하였던 시간제한에 대해 언급하여 자연스럽게 종결을 유도한다. 요약 후에도 계속 종결에 부담을 가지는 내담자에게는 갑자기 상담을 끊기보다는 지금까지 수 1회씩 상담을 왔으면 2주에 1회, 그 다음에는 한 달에 1회 정도로 점차 상담의 간격을 늘이는 것도 좋은 방법이다.

## 5. 상담자의 역할과 자질

### 1) 상담자의 역할

상담자의 역할은 다음과 같다.

① 상담자는 성장해가는 내담자의 자기이해와 자기수용을 도와 주어야 한다.

② 상담자는 내담자의 자기이해에 영향을 주는 제반 문화적 변화에 예민한 반응을 보여야 한다. 상담자는 내담자가 자기성취감을 얻을 수 있고 자기의 생산성을 발휘할 수 있는 교육적 · 사회적 · 직업적 환경을 발견하도록 도와 주어야 한다.

③ 상담자는 내담자가 현재의 자기와 앞으로 그렇게 되기를 바라는 자기에 대한 지각을 명료화시켜 줌으로써 교육적 · 직업적 · 신앙적인 선택을 현명하게 하도록 도와 주어야 한다.

④ 상담자는 내담자에게 집단 학습의 경험을 제공함으로써 타인의 반응 속에 비친 내담자 자신을 볼 수 있는 기회를 마련해 주어야 한다.

⑤ 상담자는 내담자가 자기의 결정에 대한 책임을 지게 함으로써 성숙해질 수 있도록 자기 책임감을 높여주어야 한다.

⑥ 상담자는 내담자의 잠재된 능력의 다양성을 수용하고 고무시켜 주어야 한다.

### 2) 상담자의 자질

상담자는 상담자의 성격과 상담에 대한 경험 및 훈련을 통해 내담자에게 영향을 미친다. 상담자의 자질은 인간적 자질과 전문적 자질로 나눌 수 있다.

상담자의 전문적 자질은 상담이론에 대한 광범위한 지식과 실습경험과 훈련, 그리고 자격있는 수퍼바이저의 수퍼비전을 받으면서 수행한 상담경험에 의해 이루어진다.

상담자의 인간적 자질은 원만한 성품에 소신이 있고 인간의 문제에 대한 예민한 관심이 있어야 하며 모호한 것에 대한 인내섬 · 감수성 · 이해력과 내담자와의 의사소통 능력이 필요하다. 모호성에 대한 인내심이란 내담자의 감정 및 생각과 문제의 양상이 당장은 분명하지 않아도 기다릴 수 있는 태도를 가리킨다. 인간의 마음과 생활조건의 불확실성에 불안해하지 않고 적절히 수용해나가고 대처해 나가는 능력을 의미하는 것이다.

이상에서와 같이 상담자의 역할과 자질을 종합하여 제시해 보면 다음과 같다.

① 인간의 성장·발달 가능성에 대한 확고한 신념은 물론 인간애, 즉 인간에 대한 깊은 애정과 관심을 가지고 있어야 한다.

② 상담자는 자기 자신에 대한 객관적인 이해를 하고 있어야 하며 긍정적인 자아개념을 가지고 있어야 한다.

③ 진취적이며 의욕적이고 능동적인 상태에서 살아가는 태도, 즉 자발성 또는 순수성을 지녀야 한다.

④ 내담자의 감정을 명료화시켜 줄 수 있는 상담의 기술을 지녀야 한다.

⑤ 자유로운 개방성, 관대한 이해성과 수용성을 지녀야 한다.

⑥ 상담에 사용되는 심리학적 도구나 기술에 숙달되어 있어야 한다.

⑦ 상담자는 자기에 대한 정체의식을 확립하여 심리적으로 성숙하고 자신이 하고 있는 일에 대한 확신이 있는 방향의식이 정립되어 있어야 한다.

⑧ 변화하는 사회와 세계문화에 뒤지지 않고 앞을 내다볼 줄 아는 능력을 지녀야한다.

⑨ 상담자는 상담이론은 물론 상담과 관련된 넓은 영역에 걸친 학문적 지식을 구비하고 있어야 한다.

제 2 장

# 아동상담의 이론적 접근

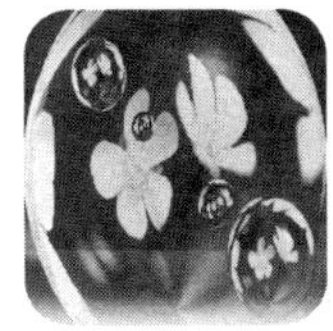

상담활동에서 취급해야 될 과제는 상담자의 개인적 · 전문적 소양의 상담기술이 있어야 하며 경우에 따라서 내담자를 인도할 때에 부작용이 없도록 적재적소에 알맞은 상담이론의 바탕을 참작하여 사용하여야 한다. 상담이론은 학자에 따라 그 분류하는 방법이 각각 다르기 때문에 이들 이론을 적용할 수 있을 것이다.

상담이론의 분류는 크게 두 가지로 구분될 수 있는데 그의 하나는 전인교육의 영역인 교육목표 분류방식에 따라 인지적 · 정의적 · 행동적 영역을 중심으로 분류한 다음 그 안에 관련된 구체적인 상담이론의 접근과 상담학자를 포함시켰고, 둘째로는 대부분 상담학자 중심으로 그들이 주장하는 상담접근법을 제시하는 방향으로서 인물중심의 상담방법으로 나누어져 있음을 알 수 있다. 여기서는 상담심리학자의 개인 견해를 중심으로 전개한 방법을 소개하기로 한다.

## 1. 지시적 상담

### 1) 기본개념

지시적 상담은 흔히 특성 · 요인 상담(trait and factor counseling), 임상적 상담(clinical counseling), 상담자중심 상담(counselor-centered counseling), 이성적 지시적 상담(rational directive counseling), 의사결정상담(decision counseling) 등의 여러 가지 용어로 호칭되고 있다.

지시적 상담은 교육 및 직업상담을 기초로 하고 있기 때문에 상담을 받는 사람들의 특성을 직업적 또는 교육적으로 부적응을 겪고 있는 것으로 생각한다. 또한 상담자와 내담자의 상호관계는 교사와 학습자의 관계와 같으며, 이는 고도로 인격화된 교수와 학습과정이다. 상담자의 역할은 내담자에게 좀더 적합한 행동으로 대치하도록 가르치거나 도와 주는 것이다. 따라서 상담이란 상담자가 내담자의 교육적 또는 직업적 적응행동을 도와 주는 것으로 본다.

Williamson은 교육의 기본 목적이 학생의 지적 훈련 뿐만 아니라 학생이 타고난 가능성의 범위 내에서 사회적 · 문화적 · 정서적 성장수준을 높이는데 도움을 주는 것이라고 말했다. 따라서 교육과 상담은 동일한 목표를 가지고 있다고 볼 수 있다. 즉 교육과 상담의 목표는 각 개인으로 하여금 개인적인 목표들을 선택하게 하여 이를 성취시키기 위해 성장하도록 도와 주는 계획에 공동 참여하여 지적인 훈련에 있어서 뿐만 아니라 각 개인이 전인적 인간으로서 최적의 발달을 도모하도록 하는 것이다(Williamson, 1950).

### 2) 상담의 과정

상담을 진행하는 과정을 살펴보면 Willamson은 상담과정을 6단계로 제시하고 있으나 그 순서가 엄격하지는 않다. 따라서 상담자가 내담자의 상황에 맞도록 상담을 진행할 때 아래 제시한 단계를 적절히 활용하는 것이 좋다(Williamson, 1975, 1980).

#### (1) **분석**(analysis)

내담자에 관한 정보와 자료수집으로 이루어진다. 내담자를 효과적으로 상담하기 위하여 적성, 흥미, 동기, 신체건강, 정서적 균형 등, 학교와 직장에서의 적응을 촉진하거나 억제하는 특징들을 진단할 근거가 되는 신뢰성 있고 타당성 있는 적절한 정보를 내담자와 상담자는 수집해야 한다. 분석을 위한 도구로는 누가기록, 면접, 시간 할당표, 자서전, 일화기록, 심리검사 등의 도구를 들 수 있다.

### 1 누가기록

생활기록부와 비슷한 것으로 내담자의 인적사항, 학습습관, 출결상황, 수상경력, 오락적 흥미, 습관을 포함한 광범위한 기록으로 구성한다.

### 2 면 접

상담자는 내담자의 안면표정, 몸짓, 언어사용, 상담에 임하는 태도 등의 정보도 중요한 분석자료로 사용할 수 있다. 분석단계의 면접은 오직 정보수집의 도구로써 의미가 있는 것이며 문제해결이나 치료의 상담면접과는 성질이 다르다.

### 3 시간 할당표

내담자가 하루 24시간을 어떻게 보내고 있는지 알고, 유용하게 보내는 시간과 그렇지 못한 시간의 비율, 많은 시간을 차지하는 활동 등을 알아봄으로써 내담자의 문제를 해결할 수 있는 유용한 정보를 알아낼 수 있다.

### 4 자서전

내담자의 과거, 가족관계의 사실이나 느낌을 문장으로 진술하게 하는 방법이다. 현재의 행동은 과거와 관계가 있으며 내담자의 경험이나 느낌을 알아보는 것도 중요한 자료가 된다.

### 5 일화기록

내담자의 행동을 객관적으로 묘사한 것으로 구체적인 행동들을 간결하게 누가적으로 관찰기록한 것이다. 이 때는 객관적인 사실만을 기록하며 주관적인 해석이 들어간 기록은 바람직하지 않다고 본다.

### 6 심리검사

내담자의 심리적 특성을 표준화된 심리검사에 의해 실시하여 타당하고 신뢰로운 객관적 정보를 얻는 방법이다.

## (2) 종합(synthesis)

분석단계에서 수집한 자료를 종합 단계에서는 실제 상담과정에서 유용하게 활용할 수 있도록 배열, 정리하는 단계이다. 내담자에 관련된 정보를 분류하여 적응 · 부적응의 상태를 분석할 수 있도록 자료를 요약하고 구조화시키는 것이다.

### (3) **진단과 예후**(diagnosis & prognosis)

지시적 상담의 효과를 크게 좌우할 수 있는 단계로 진단이 잘못되면 상담전체가 잘못된다고 볼 수 있다. 내담자의 당면한 문제와 자질 및 경향성에 비추어 자료를 해석하고 추론하는 과정으로 진단을 위한 단계이다. 진단은 ① 문제의 확인, ② 원인의 발견, ③ 진단과 예후의 3단계를 포함한다.

#### 1 문제의 확인

사회학적인 진단범주, 즉 직업, 교육, 경제, 가정의 문제 또는 신체상의 문제 등과 심리학적인 진단범주, 즉 의존적인 성격, 자신감 결핍, 정보나 지식부족, 기술부족, 정서적 · 자아갈등, 대인적 갈등, 심리적 불안 등이 있다. 내담자의 특징을 분석하면서 문제의 증상 또는 신호가 될만한 자료를 수집하여 어떤 종류의 문제를 가지고 있는지 찾는다.

#### 2 원인의 발견

증상의 원인을 이해하기 위하여 과거나 현재의 문제를 살펴보며 이러한 증상을 낳게 한 요인을 찾는다. 그러나 과학적이고 합리적인 원인이 발견되지 않을 때에는 직감이나 육감에 따라 추측하게도 된다. 그러나 이러한 추측은 상담이 진행되면서 언제든지 바뀔 수 있다는 것을 알고 있어야 한다.

#### 3 진단과 예후

진단과 예후는 둘 다 내담자가 성취하려고 하는 목적과 관련된 것이지만 진단은 과거 및 현재와 관련된 반면 예후는 미래와 관련된 예측인 것이다. 예후는 대부분 진단에 포함되어 나타난다. 문제의 정도나 조건이 앞으로 어떻게 진전될 것인지 예측하는 것으로 그 문제의 해결 가능성과 변화의 용이성을 충분히 고려해야 한다.

### (4) **상담**(counseling, treatment)

상담자가 내담자로 하여금 현재 및 미래의 일상생활에 최적의 적응을 할 수 있도록 도와 주는 지도 및 조언과정이다. 이 과정에서 상담자는 내담자의 문제해결을 위하여 암시, 격려, 충고, 설명, 지시 등 모든 기술을 동원하게 되며, 많은 부분에서 면접의 형식을 사용하게 된다. 상담에서는 첫째, 자기이해를 위한 안내된 학습이라 할 수 있는 관계가 포함된다. 둘째, 내담자가 자기생활에 적응하고 개인적 목표를 달성하는데 필요로 하는 재교육 또는 재학습이 포함된다. 셋째, 상담에는 내담자가 자기 자신을 이해하고 또 일상생활에 어떤 원리와 기법을 적용시킬 수 있는 기술을 숙달하는데 상담자가 주어야 할 개인적인 도움이 포함된다. 넷째, 상담이라는 말에는 치료 효과를 낳을 수 있는 기법 또는 관계가 포함되어 있다. 이와 같이 상담이란 치료효과 그 이상의 것으로 생활에 적응하기 위한 일반화된 방법이라고 말하고 있다.

(5) **추수지도**(follow-up service)

상담을 종료한 후 상담의 효과를 확인하는 평가과정이라고 할 수 있다. 또한 내담자에게 상담했던 문제가 재발생했을 때 또는 새로운 문제가 발생하였을 경우 추가적인 조력이 요구될 때 내담자를 도와 주는 것이다.

### 3) 상담의 기술과 기법

상담을 실시하는 기술로는 아래 제시한 다섯 가지 상담의 기술 중에서 상담 진행 과정에 필요하다고 생각하는 가장 적절한 기술을 선택하여 사용하면 된다.

첫째, 동조를 요구하기(forcing conformity)이다. 이는 상담자가 내린 결정을 내담자가 동조해 줄 것을 요구하는 것이다. 상담자의 의견이 적절한 것일지라도 내담자는 강요받는다는 느낌이 강하므로 충고로 끝날 위험이 있다. 상담자는 자신의 결정이 내담자의 결정이 될 수 있도록 설득시키는 것이 중요하다.

둘째, 환경을 변화시키기(changing the environment)이다. 상담목표 달성에 도움이 되도록 내담자의 환경을 변화시키는 것을 말한다. 여기서 말하는 환경은 물리적인 환경 뿐만 아니라 개인의 어떤 행동특성도 함께 포함되는 것이다.

셋째, 적절한 환경을 선택하기(selecting the appropriate environment)이다.

내담자가 목표로 하는 행동에 대한 장·단점의 정보를 모두 갖게 함으로써 적절한 의사결정을 내리도록 하는 것이다. 스스로의 환경 선택을 했다면 단점의 수용도 관심을 갖도록 한다.

넷째, 필요한 기술을 습득시키기(selecting the appropriate environment)이다. 내담자는 잠재력을 실현할 수 있는 각종 기술을 습득할 수 있는 정보제공, 여건 등을 만들어 준다. 대인관계 기술, 독서기술, 자격훈련 등이 여기에 해당된다.

다섯째, 태도 바꾸기(changing attitude)이다. 내담자의 욕구와 환경의 요구가 조화를 이루도록 내담자의 이성적인 판단으로 합리적인 행동을 하도록 한다.

상담을 효과적으로 실시하기 위한 상담의 기법은 다음과 같은 것이 있다.

### (1) 래포(rapport)형성하기

친밀한 관계를 수립하는 기법은 모든 상담에서 중요시되고 있는 기법이다. 상담자와 내담자가 어느 정도 친밀한 관계를 맺었느냐에 따라 상담의 효과가 나타난다고 해도 과언이 아니다. 상담자는 내담자의 마음을 편안하게 해주는 표정이나 행동을 해야 하며 내담자의 복지에 진실한 관심을 보인다는 분위기를 유지해야 한다. 래포 형성에 중요한 요인은 상담자가 보이는 개인적인 온화함과 내담자를 이해하려는 감정이다. 또한 내담자를 존중하는 마음과 진정한 동조의식을 가지며 비밀을 유지하는 것도 친밀한 관계를 형성하기 위한 요인이다.

### (2) 자기이해 증진을 돕기

내담자 자신을 보다 객관적으로 정확하게 이해하도록 해준다. 여러 가지 검사결과나 자료 또는 상담 과정을 통해 도움을 줄 수 있다. 내담자의 자기이해를 위한 자료의 분석에서 내담자에게 우울감과 실망감을 줄 자료를 사실적으로 알리기보다는 말로 설명하는 것이 더 좋다. 내담자는 상담자가 자료에 대한 결과를 해석하고 설명하는 것을 이해하고 있는가에 대해 확인하면서 천천히 말해야 한다. 내담자가 자신의 장점을 알고 단점을 극복할 수 있는 계획이 수립되도록 최선을 다하여 도와 준다. 내담자는 자기이해를 바탕으로 한 계획의 실천에 최상의 만족을 느끼게 될 것이다.

### (3) 조언과 활동 계획 수립하기

내담자의 교육, 직업적 선택, 사회 정서적 습관, 목표, 태도의 진단에서 나온 다양한 자료에 대해 증거를 대면서 계속 유지할 것과 바꾸거나 변화시켜야 할 것 들에 대해서 조언하며 그래야 하는 이유에 대해서도 설명해 준다. 이 때는 내담자가 자기 자신을 이해할 수 있도록 조언을 해 주어야 한다. 상담자는 자신의 견해를 명확하게 진술하고 설명을 통해 내담자를 일깨워야 하며 내담자가 받아들이지 않을 때는 독선적인 태도를 취하지 않고 시간을 주도록 한다. 또한 상담자의 권위에 따라 내담자가 쉽게 받아들이는 경우도 있지만 이때 상담자는 내담자에게 조언하였던 것의 결정은 자신이 스스로 내려야 한다는 사실을 일깨워 주어야 한다. 따라서 자신의 조언은 절대적인 것이 아니며 다른 방법들에 대하여도 생각해 볼 수 있도록 하는 것이 좋다. 조언의 방법에는 직선적 조언, 설득적 방법, 설명적 방법 등이 있다.

### (4) 계획의 실행

계획의 실행으로 내담자가 자신의 계획을 확인하여 실행하도록 도우며 다음 단계를 제시해 준다. 상담자는 훈련과 경험에 따라 특정 문제를 다루는데 도움을 줄 수 있지만 모든 문제를 다 다룰 수는 없다. 따라서 자신의 지식과 경험의 능력 밖이라고 여겨지거나 부분적인 어려움에 부딪히면 내담자의 동의를 얻어 다른 전문가에게 의뢰할 수 있다(Williamson, 1980, 한국대학카운셀러연구회 편, 1993).

## 2. 비지시적 상담

### 1) 기본개념

비지시적 상담(nondirective counseling) 이론은 Carl R. Rogers(1902~1987)

에 의해 발전된 상담의 한 접근방법이다. Rogers는 그 당시 주된 세력이었던 정신분석학과 지시적 상담의 입장에 반대하고 비지시적 상담을 표방하면서 새로운 상담의 원리를 제시하였다. 이 상담은 처음에는 비지시적 상담(1940)으로 불리우다 후에 내담자중심 상담(client-centered counseling, 1951)으로, 그리고 최근에는 한 개인의 긍정적인 성장 가능성을 중시한다는 입장에서 인간중심 상담(person-centered counseling, 1974)으로 이름이 바뀌면서 오늘에 이르게 되었으며 현상학적 접근 혹은 자아이론 접근이라고도 한다.

인간중심 상담이론에서는 소위 정상이든 비정상이든 모든 인간은 각자의 계속적인 성장에 궁극적 관심을 갖고 있으며, 인간은 누구나 이와 같은 계속적인 성장의 잠재능력을 갖고 있다는 신념을 갖고 있다. 따라서 상담이란 이 처럼 개인 속에 이미 존재하고 있는 잠재능력을, 제약되고 왜곡된 상태로부터 해방시킴으로써 충분히 역할을 수행할 수 있는 성숙한 인간으로의 성장을 조력하는 것으로 보고 있다. 이 상담의 관계는 하나의 독특한 인간관계로 '상담자'의 태도 면에서 진실성, 무조건적인 긍정적 수용, 공감적 이해 등과 같은 친밀하고도 진지한 일치성이 있는 특정한 조건이 존재한다면 그로 인해 '내담자'의 문제해결이 이루어지며 더 나아가 성장적인 변화가 일어날 것이라는 점이다(Atwater, 1983).

그의 임상경험에 의하면 인간은 기본적으로 자유로우며 자신의 행동에 책임을 지고, 자신 속에 자기를 이해하고, 자아개념의 기본적인 것을 변형시킬 수 있는 방대한 자원을 가지며, 합리적이고 건설적인 방향으로 지속적으로 성장해 나가는 미래지향적인 존재이므로 이런 선천적인 잠재력을 발휘할 수 있는 조건들만 적절히 제공되면 무한한 성장과 발달이 가능하다고 결론지었다. 인간은 또한 실현경향성을 가지고 있는데, 그 중에서 가장 중요한 것이 자아실현의 경향성이다.

개인으로서의 인간은 심리적 부적응 요인들을 지각하는 능력과 부적응의 상태에서 벗어나 심리적 적응의 상태로 향할 능력과 경향성을 갖고 있다. 이런 경향성과 능력은 상담관계에서 길러진다. 적응하려는 경향성은 자기실현을 하려는 경향성이다. 따라서 상담은 이미 개인에게 존재하는 능력을 활용케 하는 것이라 보고 있다. 그래서 상담의 주도권을 내담자에게 맡긴다. 상담자는 상담과정에서 최선의 해결책을 다 알고 있는 권위적인 존재로 임하지 않으며, 내담자 역시 상담자의 지시에 따르는 수동적인 존재라는 생각을 갖지 않는다(김형태, 2003).

### 2) 상담의 본질과 목표

비지시적 상담에서 문제시되는 부적응행동이란 개인의 자아(경험에 대한 자각)가 왜곡된 결과라고 할 수 있다. 그러나 개인은 심리적인 부적응 요인들을 자각하는 능력과 부적응의 상태에서 벗어나 심리적 적응으로 향하는 경향성을 가지고 있으므로 상담자는 개인에게 성장할 수 있는 합리적인 조건들을 제공하면 타고난 잠재능력을 건설적으로 발달시킬 것이라고 본다. 따라서 상담자는 상호신뢰적인 분위기를 조성하여 내담자가 거리낌 없이 자기를 표현하도록 함으로써 자신의 내면세계를 이해하고 자신의 문제를 파악할 수 있게 한다. 이런 관계 속에서 내담자는 자신의 왜곡된 지각을 수정하고 현실적 경험과 자아개념간의 조화를 이루며 능력과 개성을 발휘하여 자아실현을 통해 완전히 기능하는 사람이 되도록 하는데 상담의 목표가 있다.

### 3) 상담의 진행과정

**단계 1 :** 내담자는 상담자의 도움을 받기 위해 온다. 상담을 청하는 것은 내담자이다. 자신의 책임있는 행동을 스스로 의도적으로 진행하는 것이 중요하다. 그가 자의로 온 것을 부정할 경우 그런 타의 결정을 자의로 바꾸는 것이 우선되어야 한다. 상담을 청한 것이 자기 책임이라는 것이 확실해 지면 내담자는 자기문제를 해결해 나가는 책임을 받아들이게 된다.

**단계 2 :** 내담자 스스로 문제를 해결해야 함을 알게 하여 상담이라는 상황을 정의한다. 상담자가 문제에 대한 해답을 가지고 있는 것이 아니며 상담자의 도움으로 스스로의 문제를 해결해 나갈 수 있다는 점을 이해시켜야 한다.

**단계 3 :** 상담자는 내담자 자신의 문제에 대한 감정을 자유롭게 표현하도록 북돋워 준다. 상담의 분위기는 상담자의 우호적인 태도, 관심을 기울이는 태도, 받아들이려는 태도에 의해서 조성된다. 내담자의 적개심, 불안, 죄책감, 양가감정 등의 흐름이 쏟아져 나오는 것을 막지 않으며 그로 하여금 상담시간은 자기의 시간이며, 자기가 활용하는 데 성과가 달렸다는 것을 알게 하는 것이다.

**단계 4 :** 상담자는 내담자가 표출하는 부정적 감정을 수용하고, 알아주고, 정리해 주어야 한다. 내담자의 말이 내포하고 있는 감정을 진정으로 이해하고 받아들이는 것으로 그의 느낌을 같이 호흡하고 느끼는 것이다. 상담자는 내담자로 하여금 자신이 그런 부정적인 감정을 가지고 있고 그런 부정적인 감정도 자신의 일부라는 것을 수용함으로써 상담의 분위기를 조성한다.

**단계 5 :** 부정적인 감정을 완전히 표현할 수 있게 된 후에는 미약하고 잠정적이기는 하지만 성격 성장에 보탬이 되는 긍정적 감정과 충동이 드러나게 된다. 전에 표현했던 감정이 맹렬하고 깊을수록 이런 감정이 인정되고 수용되는 한 뒤따라오는 긍정적인 감정, 즉 애정, 사람과 사귀려는 충동, 자존심, 성숙해지려는 욕구 등도 더 확실해 진다.

**단계 6 :** 상담자는 내담자의 부정적 감정을 받아들임과 동시에 긍정적인 감정을 인정하고 받아들인다. 상담자는 내담자의 감정에 동의를 하라는 것은 아니다. 그는 그저 내담자가 느끼는 분노, 수치, 자랑, 애정 등의 감정을 이해하고 받아들인다는 뜻이다. 부정적인 감정이든 긍정적인 감정이든 모두 수용되고 있다는 느낌에서 내담자는 자신의 부정적인 감정에 방어적이 되지도 않으며 긍정적인 감정을 과대평가하지도 않게 된다. 긍정과 부정이 공히 자신의 감정세계라는 것을 지각할 때 진실한 자기 이해의 토대가 마련되며 통찰이 자연적으로 나오게 되는 것이다.

**단계 7 :** 부정적 감정과 긍정적 감정을 모두 경험하면 자기이해, 자기수용, 자기통찰이 나타난다. 이 같은 통찰을 토대로 하여 내담자는 새로운 차원의 통찰을 이루게 된다.

**단계 8 :** 통찰과 함께 여러 가지 의사결정을 할 수 있는 길이 선명하게 보이게 된다. 상담자는 내담자로 하여금 여러 가지 길을 보다 선명히 볼 수 있도록 도움을 주며 앞으로의 전진에 대한 공포나 주저를 인정해 주어야 한다.

**단계 9 :** 내담자는 긍정적 행동을 취하게 되며, 생활 장면에 대해 더욱 정확하고 완전한 분별을 하게 된다. 처음에는 부분적이나마 긍정적인 행동을 하다가 시간이 흐름에 따라 보다 적극적인 행동을 하게 된다.

**단계 10 :** 긍정적인 행동을 하게 되면 점차로 통찰이 확대 심화되어 정확한 자기 이해를 할 수 있게 된다. 내담자가 상당한 정도로 통찰을 달성하고, 두렵지만 감정적으로 긍정적 행동을 취할 수 있으면 그 나머지는 더 한 층의 성장이 오게 마련이다. 따라서 더 많은 통찰을 할 수 있게 되며 자기의 언동을 더 깊이 보는 용기를 가지게 되면서 정확하게 자기 이해를 할 수 있게 된다.

**단계 11 :** 내담자는 보다 잘 통정된 긍정적 행동을 점점 더 많이 하게 된다. 의사결정에 어려움이 적어지며 자신의 행동에 자신감을 가지게 된다. 약간의 비적응과 문제가 잔재하고는 있지만 그것을 다룰 수 있는 자신과 능력을 가지게 된다.

**단계 12 :** 내담자는 이제 도움을 받을 필요를 덜 느끼게 되고 내담자는 상담관계를 종결해야겠다는 생각을 하기에 이른다. 이런 내담자의 생각을 수용하면서 상담면접의 종결시기가 자연적으로 정해지고, 서운한 기운이 돌겠지만 성숙하고 건강한 분위기 속에서 상담이 종결되게 된다.

### 4) 상담의 기법

비지시적 상담의 기법은 상담자와 내담자와의 상담관계 형성이다. 내담자에게 도움이 되거나 변화하고 성장하게 하기 위해서 스스로 자신 속에 있는 능력을 발견하도록 만드는 것이 중요한 상담관계이다. 효과적인 상담자의 특성은 공감, 진실성, 수용적인 태도로(Canaff & Hutto, 1995) 내담자와 함께 생각하고, 느끼고 탐색하여 내적 준거체제를 발전시키도록 해야 한다.

#### (1) 무조건적 긍정적 수용

내담자를 전적으로 신뢰하고 수용하여 내담자 자신이 자기이해 및 긍정적인 변화에 의해 잠재력이 있음을 깨닫도록 한다. 상담자는 내담자를 갈등과 부조화, 좋은 점과 나쁜 점을 모두 갖추고 있는 그대로의 개인으로서 수용한다. 이러한 태도는 중립적으로 수용하는 것 이상을 말하는데, 즉 내담자를 가치있는 인간으로 받아들이는 것이다. 또한 내담자에 대해 관심을 가지거나 온정으로 대하는 것까지도 포함한다. 내담자의 행동이 가치의 유무에 상관없이 비판적인 행동을 보이지 않으며 내담자를 있는 그대로 받아들이며 무조건적 긍정적으로 존중하는 것을 말한다.

### (2) 진실성

진실성은 상담자와 내담자의 관계에서 나타내는 반응의 순간순간 그의 내적 경험과 합치되는 상태를 말한다. 상담자로서의 역할 수행을 위한 가식적인 모습으로서가 아니라 인간으로서의 자신의 모습을 진솔하게 나타내는 것을 말한다. 이런 의미에서 진지성(realness), 진솔성(authenticity), 일치성(congruence)이라는 용어로도 쓰인다. 진실성이 있는 상담자는 속으로 생각하고 느끼는 것과 드러나는 언행이 같다. 그는 자신의 마음 속의 느낌을 각성하고 받아들이며 그것에 맞추어 적절한 언어적, 비언어적 의사소통을 정확하게 구사할 수가 있다. 진실성이 중요한 이유는 다음의 몇 가지로 설명될 수 있다.

① 공감 및 무조건적 긍정적 배려와 마찬가지로 진실성은 내담자로 하여금 상담과정을 더 쉽게 신뢰할 수 있게 해 준다. 내담자가 상담자의 진실성을 수용한다면 개방적이고 정직한 것임을 알게 된다.

② 내담자는 자신의 약점까지도 기꺼이 나타낼 수 있으며 자기를 수용할 수 있는 가능성이 그만큼 커지게 된다.

③ 내담자가 상담자의 진실성 반응을 경험하게 되면 자신도 보다 더 진실된 사람이 되고자 노력하는 효과를 보게 된다.

### (3) 공감적 이해

공감이란 내담자의 생각, 감정, 경험에 대하여 내담자의 입장에 따라 그대로 이해하는 것이다. 즉 상담자가 내담자와 “더불어 함께 하는” 과정이라고 할 수 있다. 상담자가 내담자의 내면세계를 정확하게 그리고 감정이입적으로 이해하는 것을 뜻한다. 즉 자기 자신을 잃지 않고 내담자의 내적 세계를 마치 자신의 내면세계인 것처럼 느끼는 것이다. 상담자의 이와 같은 이해는 내담자가 자연스럽게 그리고 깊이 그 자신을 생각하고 자신에 대한 이해를 증진시킨다. 공감적 이해를 촉진하기 위한 몇 가지 방법으로 주목하기, 공감적 이해를 언어로 표현하기, 공감적 표현을 비언어적으로 표현하기 등이 포함된다.

## 3. 정신분석적 상담

### 1) 기본개념

Freud의 정신분석 이론은 인간의 성격발달에 관한 본성 이론을 제시하였고 오늘날 상담과 심리치료의 기초가 되고 있다. 정신분석학은 인간행동에 대해 결정론과 무의식이라는 두 가지 개념을 가정하여 제시하였으며 기본적으로 심적 에너지와 유아기의 경험에 의해 결정된다고 본다. 또한 무의식적 동기와 갈등이 현재 행동의 중심이 된다. 인간은 비합리적인 힘이 강하며 성욕과 공격충동에 의해 움직이므로 성인의 성격상의 문제는 과거 어린 시절에 잘못 발달된 성격에서 발생하는 것으로 유아기에 억압된 갈등의 근원을 둔다.

정신분석학 이론에서의 정상적인 성격발달은 유아기의 성공적인 결정과 발달단계에서의 심리성적인 단계의 통합에 의해 이루어진다. 잘못된 성격의 발달은 어린 시절의 부적절한 생활경험에서 발생하는 외상(外傷 : trauma)의 결과이다. 원욕, 자아, 초자아가 성격의 기본 구조를 이루게 되는데, 원욕과 초자아 사이의 차이가 크면 불안이 발생한다. 즉, 불안은 기본 갈등을 억압하는 결과이며 자아방어는 불안을 통제하기 위해 발달된다.

### 2) 상담의 목표

무의식을 의식화함으로써 개인의 기본성격을 수정하고 행동이 보다 현실적으로 되어 본능적 충동에 따르지 않도록 자아를 강화시키는 것이다. 정신분석에서는 의식되지 않으나 마음 속에 잠재해 있는 갈등이 해소되지 않으면, 심리적 긴장상태로 남아 있거나 심한 경우에는 여러 가지 증상으로 나타난다고 본다. 이 무의식적 갈등 및 불안정의 배경을 언어표현을 통해 의식화시키면, 긴장에 사용되던 에너지가 그만큼 자아기능을 원활하게 하는데 사용되므로 개인의식 및 행동과정이 원활하게 될 것이라고 여긴다.

상담자는 내담자로 하여금 과거의 경험과 그 때의 감정을 거리낌 없이 자유롭게 털어놓도록 격려하고 주로 듣는 입장을 취하며 내담자가 나타내는 심리적 저항에 관심을 갖고 이야기가 불일치되는 점을 주목한다. 상담자는 내담자가 자신을 보다 더 이해하고 자신에 대하여 솔직해지도록 도와 준다.

### 3) 상담의 기법 및 진행과정

상담에 사용되는 주요기법은 자유연상, 해석, 꿈의 분석, 저항의 분석, 전이의 분석이다. 이 모든 것들은 내담자가 그의 무의식적 갈등을 자각하도록 돕는 기법인데 이것은 통찰과 자아에 의한 새로운 융합으로 이끄는 기법이다(Hjelle & Ziegler, 1981).

#### (1) 자유연상

내담자의 마음에 떠오르는 대로 말하게 하는 방법으로 상담자는 내담자의 감정이나 주의를 집중시켜 기억과 사고를 일으키도록 한다. 내담자가 가능한 한 마음을 비우고 아무리 고통스럽고 꺼림직하고 혹은 부끄럽고 사소한 것일지라도 떠오르는 대로 남김없이 모두 이야기하도록 한다. 내담자는 자유연상을 통해 과거를 회상하고 충격적인 상황 속에서 느꼈던 여러 가지 감정을 발산하게 된다. 이러한 감정적 정화는 일시적인 위안을 줄 수는 있지만 커다란 치료효과는 볼 수 없다. 내담자가 자유연상을 하는 동안 상담자는 연상의 계열이나 흐름을 살펴서 무의식 속에 억압되어 있는 주요 자료를 찾아낸다. 자유연상에서 정서적 문제에 대한 무의식적 동기나 원인이 되는 단서를 얻을 수 있다. 그리고 그것을 내담자에게 설명해 줌으로써 무의식적 심리과정을 점차 이해할 수 있도록 도와 준다.

#### (2) 해 석

꿈이나 자유연상, 저항, 상담관계 등에서 나타난 내담자 행동의 의미를 상담자가 지적하고, 설명하고, 때로는 가르치기도 하는 기법이 상담의 기본절차이다. 해석은 다음과 같은 원칙들에 따라 이루어져야 한다. 첫째, 해석을 시도하는 시기의 적절성이다. 적절치 못한 때에 해석을 하면 내담자가 거부반응을 일으킬 수 있기 때문이다. 둘째, 내담자가 소화해 낼 수 있을 정도의 깊이까지만 해석해야 한다. 셋째, 저항이나 방어의 저변에 깔려있는 무의식적 감정 및 갈등의 의미를 해석하기에 앞서 그 저항과 방어가 어떻게 나타나고 있는지를 먼저 지적해 줄 필요가 있다. 또한 해석은 명료화 해석, 비교 해석, 소망·방어 해석의 세 범주로 볼 수 있다.

### (3) 꿈의 분석

수면 중에는 방어가 약화되므로 억압된 욕망과 감정이 의식표면에 떠오르게 된다. 이 꿈 속에서 상징적으로 나타나는 동기와 갈등에 초점을 두고, 무의식적으로 억압된 욕구를 찾아내어 내담자로 하여금 해결되지 않은 문제들에 대한 통찰력을 얻게 하는 중요한 절차이다. Freud는 꿈은 무의식에 이르는 왕도라고 했다. 자아가 용납할 수 없는 욕구는 억압되고 상징적 형태로 꿈 속에서 표현된다. 따라서 꿈에 나타난 그대로의 현재몽(顯在夢)과 그 현재몽이 상징하고 있는 잠재몽(潛在夢)으로 나눌 수 있는데 자아가 의식하기에는 고통스러운 잠재몽을 덜 위협적인 현재몽으로 바꾸는 작업을 꿈의 작업이라고 한다. 상담자는 현재몽 속에 숨겨져 있는 잠재몽으로의 접근을 시도하여 정체를 밝혀내는 것이다. 꿈에 대해 분석해가면서 내담자는 자신의 문제 행동에 대한 인식을 갖게 된다.

### (4) 저항의 분석

저항은 상담의 발전을 저해하고 상담자에게 협조하지 않으며 내담자가 무의식적인 욕구를 표출하는 것을 방해한다. 이렇게 내담자가 저항하는 이유는 자신의 억압된 충동이나 감정을 알아 차렸을 때 느끼게 뇌는 불안으로부터 지신을 보호하기 위해서이다. 상담자는 이러한 저항을 지적해야 하며 내담자는 이런 저항에 직면해야 한다. 내담자가 보이는 가장 큰 저항에 내담자의 주의를 환기시킨 다음 내담자가 수용할 수 있도록 배려하면서 해석을 가해야 한다.

### (5) 전이의 분석

내담자가 과거의 중요한 인물에게 느꼈던 감정을 상담자에게 옮기는 것이다. 전이단계는 상담과정 중 가장 중요한 고비이며 상담자들은 중립적이고 객관적이며 비교적 수동적인 자세를 취함으로써 내담자의 전이를 유도한다. 전이에 대한 해석은 어렸을 때의 주요 정서적 갈등까지 해결하는 계기가 될 수 있다. 상담자는 내담자의 전이를 이해하고 분석해 주어야 하며 내담자의 전이감정이 해소되면 내담자는 과거의 영향으로부터 벗어나게 되며 보다 정서적으로 성숙한 인간이 될 수 있다. 한편 상담자 입장에서 나타나는 전이를 역전이(counter-transference)라고 하는데 이것은 내담자에 대한 상담자의 싫은 감정이나 지나친 애착이나 관여 때문에 갖게 되는 것이다. 내담자가 애정이나 분노를 표현했을 때 거기에 맞춰 자기감정을 표현하는 경우를 말한다.

### (6) 공 감

상담자는 분석 장면에서 심층적인 공감을 위해 노력해야 하며, 적당한 상황에서 해석하기 위해 기다릴 수 있어야 한다. 공감이라는 것은 다차원적이고 다각적인 경청을 통해서 가능해진다. 내담자가 의식적으로 체험하는 것을 같이 느끼는 공감이 있고, 그와 반대로 무의식에 숨겨진 것과 동일시하여 표면과는 다르게 공감이 일어날 수도 있다. 흔히 겉으로 드러나는 말에만 반응해서 '공감'하려는 것은 표층만을 두드리는 것에 불과하다. 따라서 전체적인 의미와 맥락 속에서 종합적으로 이해할 때 상담자는 심층적 공감을 할 수 있다(김형태, 2003).

정신분석 상담의 과정은 내담자의 문제 및 상담의 접근법에 따라 다양하기 마련이나 그 진행과정의 대략적인 특징은 다음과 같이 정리할 수 있다.

① 내담자가 갈등이나 부정적 감정(불안, 죄의식) 등 도움을 필요로 하는 심리적 불편을 말하기 시작한다.

② 상담 장면의 행동에서 내담자가 신경증 증세를 보인다.

③ 상담자는 자유연상, 꿈의 분석과 같은 기법으로 내담자의 신경증적 갈등을

탐색한다.

④ 상담자가 내담자의 언어내용에서 갈등의 핵심, 주제내용과 관련된 행동측면을 추리한다.

⑤ 상담자는 전이 현상이 나타날 때 내담자의 갈등이 표면화되도록 한다.

⑥ 상담자는 내담자의 저항적 언어반응을 해석한다.

⑦ 상담자는 그러한 해석에 대한 내담자의 반응 및 수용을 격려한다.

⑧ 신경증의 감소 및 제거가 시작된다.

⑨ 내담자의 부정적인 감정이 해소되고 정신에너지가 해방된다.

⑩ 내담자에게 보다 적절한 언어반응과 함께 자아통찰이 생긴다.

## 4. 합리적 · 정서적 상담

### 1) 기본개념

인간의 신념이나 생각 등 인지적인 면들이 정서와 행동에 영향을 미친다는 점을 강조한 대표적인 이론인 합리적 · 정서적 상담(Rational Emotive Therapy : RET)은 Albert Ellis에 의해 창시되었다. 그에 의하면 비합리적인 생각이 부적절한 정서로 이어지고, 또한 부적절한 정서는 결국 부적절한 행동으로 이어지므로 합리적인 생각을 하도록 하여, 그러한 합리적인 생각이 적절한 정서와 행동으로 바뀌도록 하는 것이 RET의 핵심이라고 하였다. 어떤 사건에 대해 우리가 경험하는 정서나 행동은 그 사실에 대해 우리가 가지고 있는 신념이나 생각에 의해서 결정된다고 보고 있다. 따라서 내담자의 비합리적인 생각을 합리적인 생각으로 대치시키거나 최소화시켜서 내담자가 보다 합리적이고 융통성 있는 인생관을 가질 수 있도록 하는데 강조점을 두고 있다.

인간은 합리적이고 올바른 사고를 할 수도 있고, 비합리적이고 왜곡된 사고를 할 수도 있다. 사람들은 자기보존, 행복, 사고, 언어, 사랑, 다른 사람과의 대화, 성장과 자기실현 등의 경향을 가지고 있다. 동시에 그들은 자기파괴, 나태, 실수의 끝없는 반복, 미신, 완벽주의와 자기비난, 그리고 성장 잠재력을 무시하는 경향성도 가지고 있다. 인간오류를 범하지 않을 수는 없다고 인정하기 때문에 RET는 사람들을 계속 실수를 하면서도 좀더 평화롭게 사는 방법을 배울 수 있다는 사실을 인정하도록 도우려고 한다.

RET에서는 사고의 결과로 정서가 나타난다고 본다. 우리가 어떤 것을 나쁘다고 생각하면 우리는 그것에 대해 나쁘다고 느낀다. Ellis는 정서적 장애는 개인이 믿는 비합리적이며 비논리적인 신념에서 발생된 것이며, 그 결과 자기 패배적인 감정이나 행동을 나타낸다고 주장한다. 따라서 RET는 내담자에게 합리적인 생각을 갖도록 도와서 보다 적절한 정서와 행동이 이루어지도록 하는 것이 핵심 과제이다(Ellis, 1979 ; Corey, 1982).

정서는 적절한 정서와 부적절한 정서로 구분한다. 적절한 정서는 "~하기를 좋아한다." "~하기를 바란다." "~하기를 더 좋아한다"라는 생각들과 관련된 정서로써, 이 정서에는 긍정적인 정서와 부정적인 정서가 있다. 긍정적인 정서는 자기가 좋아하거나 원하는 것이 이루어졌을 때 생기는 행복, 호기심, 사랑 등과 같은 것이며 부정적인 정서는 자기가 좋아하는 것이나 원하는 것을 이루지 못했을 때 생기는 불쾌감, 걱정, 초조 등과 같은 정서를 말한다. 부정적인 정서도 적절한 정서라고 할 수 있다. 왜냐하면 이러한 감정이 있음으로써 앞으로 행동하는데 더 나쁜 결과를 초래하는 것을 방지하며, 자기가 더 바라는 바를 더 잘 성취할 수 있도록 하고, 자기가 바라지 않는 것을 더 줄일 수 있도록 주의하고 조심하게 해 주기 때문이다. 부적절한 정서는 "반드시 ~을 해야 한다." "반드시 ~이어야 한다." "절대로 ~해서는 안 된다."라는 식의 절대적인 명령이나 요구와 관련되는 정서이며 자기가 좋아하거나 원하는 일이 이루어지지 못할 때 느끼는 불안, 모욕감, 우울감, 절망감, 적대감, 무가치감 등과 같은 격렬한 부정적 감정을 말한다. 이 정서는 자기패배적인 생각, 즉 "나는 ~ 때문에 쓸모가 없는 사람이다." "~은 끔찍하고 두려운 일이다." "~은 참고 견딜 수가 없다." 등과 같은 생각과 관련되는 정서이다. 이런 정서에 극단적으로 집착하는 것은 나쁘다. 이들을 부적절한 정서라고 하는 이유는 이러한 정서가 바람직하지 못한 상황을 바꾸는데 전혀 도움을 주지 못할 뿐 아니라 오히려 악화시키거나 목적 달성에 방해가 되기 때문이다.

### 2) 상담의 목적 및 목표

상담의 목적은 내담자의 핵심적인 자기 파괴적 생각을 최소화하고 삶에 있어 더욱 현실적이고 관대한 철학을 갖도록 한다. 삶에 있어 바람직하지 못한 결과가 나왔을 경우 자기 자신이나 다른 사람에 대한 비난을 줄이며 자기 자신과 사회에 대한 관심을 촉진시켜 관용성 및 융통성을 기른다. 또한 불확실성과 자기자신을 수용 할 수 있도록 하며 유토피아적 생각을 갖지 않고 과학적으로 생각할 수 있도록 한다. 이처럼 합리적 생각을 지니는 동시에 어떤 일을 모험적으로 실행할 수 있도록 한다.

RET상담의 목표는 내담자가 지니고 있는 문제행동의 제거에 역점을 두기보다는 문제행동의 배후에 있는 핵심적인 자기 패배석인 신념과 비합리적 사고를 극소화 시키고 삶에 대하여 보다 현실적이고 합리적인 가치관을 갖게 하는데 있다.

### 3) 기본절차(A-B-C-D-E 모형)

#### (1) A : **선행사건**(Activating event)

개인에게 사고나 정서적 혼란을 일으키는 어떤 사건을 말한다. 가령 시험에 떨어졌거나, 실직하게 되었다든지, 여러 사람 앞에서 상사로부터 꾸지람을 들었다든지와 같이 인간의 생각과 정서를 유발하는 어떤 사건이나 행위를 의미한다.

#### (2) B : **신념체계**(Belief system)

문제 장면에 대한 내담자의 관점 또는 신념, 활동, 행동 또는 사건에 대한 개인의 신념으로 이성적, 현실적, 합리적 신념(rational beliefs : rB)과 비이성적, 비현실적, 비합리적 신념(irrational beliefs : iB)이 있다.

#### (3) C : **결과** (Consequence)

선행사건에 접했을 때 비합리적 태도 내지 사고방식을 가지고 그 사건을 해석함으로써 느끼게 되는 정서적 결과를 말한다. 비합리적인 사고방식을 지닌 사람들은 대개의 경우에 지나친 불안, 원망, 비판, 죄책감 등과 같은 감정을 느끼게 되고, 정신 장애와 질환을 앓게 되기 쉬우며, 주로 방어적 태세를 취하는 경향이 있다. 문제가 발생한 것을 내담자가 보고하는 신념에 대한 정서적, 인지적, 행동적 결과나 반응(consequence)으로 이성적, 현실적, 합리적 결과(rational consequence : rC)와 이성적, 비현실적, 비합리적 결과(irrational consequence : iC)가 있다.

#### (4) D : **비합리적 신념을 바꾸도록 돕는 과학적 방법을 적용하는 논박**(Dispute)

자신이 가지고 있는 비합리적인 신념이나 사고에 대해서 도전해 보고 과연 그 생각이 사리에 맞는 것인지를 다시 한 번 검토해 보도록 상담자가 촉구하는 것을 말한다. 상담자는 논리적인 원리들을 제시하여 내담자의 그릇된 신념들을 논박하여 내담자가 자기 패배적인 생각을 바꾸거나 포기하도록 도와 준다.

#### (5) E : **논의 또는 논쟁하여 획득하는 효과**(Effect)

내담자가 가진 비합리적인 신념(iB)을 철저하게 논박함으로써 합리적인 신념(rB)으로 대치한 다음에 느끼게 되는 자기수용적인 태도와 긍정적인 감정의 결과를 지칭한다. 논박의 효과에는 논박을 통하여 이성적으로 생각하게 되는 인지적 효과와 바람직한 정서로 바뀌는 정서적 효과 및 바람직한 행동을 나타내는 행동적 효과의 세 가지가 있다(Ellis, 1979 ; Shertzer & Stone, 1980 ; Baker, 1981).

### 4) 상담의 과정

Ellis는 "내담자의 중심된 자기 패배적 견해를 줄이고 더 실제적이며 아량있는 인생 철학을 습득하는 것"을 상담이라고 했다. 내담자들에게 그들 자신의 언어화는 정서적 혼란의 주요 원천(source)이 되어 왔고 아직도 그렇다는 것을 증명하는 것이 상담자의 주요 목표라야 한다는 것이다. RET는 인간문제는 철학적인 것에 근거한다는 가정을 기반으로 하여 철저히 철학적이고 관념론적인 재평가를 추구한다. 그러므로 RET는 일차적으로 증상의 제거에 목적이 있는 것이 아니라, 오히려 내담자의 가장 기본적인 가치관을 비판적으로 검토하도록 설계된다. 만약 내담자가 당면하고 있는 문제가 결혼의 실패에 대한 공포심이라면, 단지 그 특수한 공포심의 감소에 있는 것이 아니라 일반적인 실패에 대한 내담자의 과장된 공포심의 제거에 함께 노력하도록 시도한다. 요약해 보면 상담 과정은 비합리적인 것을 합리적인 것으로 변화시키는 과정으로 이루어진다(Corey, 1982 ; Patterson, 1980).

① 상담자는 내담자에게 문제점을 질문한다.

RET를 사용하는 상담자는 적극적인 자세로 임힘으로써 내담자의 문제를 곧바로 해결하는 치료방식을 사용한다. 내담자의 문제점이 정확하지 않을 경우에는 상담을 통하여 얻고자 하는 것이 무엇인가 알아본다. 1단계에서 상담자는 내담자가 자유롭게 이야기할 수 있는 분위기를 마련해 주어야 한다. 내담자의 문제를 정확히 알아야 상담목표를 설정할 수 있는데, 그러기 위해서는 내담자가 자신의 문제를 부담없이 이야기할 수 있게 해야 한다. 물론 RET에서는 상담자와 내담자 사이의 온정적 관계가 필요조건이나 충분조건 또는 필요충분조건으로 보지는 않는다. 그렇다고 내담자가 자신의 문제와 관련하여 부담없이 말할 수 있는 분위기를 조성하는 것 자체가 무의미하다는 것은 아니다.

② 문제점을 규명한다.

내담자가 자신의 문제와 관련하여 자유롭게 이야기하는 가운데 상담자와 내담자는 함께 내담자의 문제를 분명히 밝힌다. 특히 그 문제와 관련하여 내담자가 현재 경험하는 정서와 구체적인 행동을 밝힌다. 예를 들어, 여러 사람 앞에서 이야기하게 될 경우 불안하어(정서), 말을 이어가지 못한다(행동).

③ 부적절한 부정적 감정을 알아본다.

이 단계에서는 문제발생으로 인하여 야기되는 부적절한 감정의 결과(C)에 대하여 이야기해 본다. 그리고 그것을 견딜 수 있는가? 그리고 그러한 감정을 갖게 됨으로써 어떤 소득이 있는가를 평가해 보도록 한다.

④ 선행사건(A)을 찾아내고 평가한다.

구체적으로 내담자에게 어떤 사건이 있었는가를 간단하게 집약적으로 알아보도록 한다. 그리고 한 번에 한 가지 사건씩만 다루도록 한다.

⑤ 이차적 정서문제를 규명한다.

때로는 내담자가 안고 있는 일차적 정서문제에 대해 이차적 정서문제를 가질 수 있다. 앞에서 인용한 사례를 예로 들자면, 대중 앞에서 실수한 이후로 매우 불안한 감정을 경험하였다고 하자. 이것이 일차적인 정서의 문제다. 그런데 내담자는 발표를 하려고만 하면, 또다시 불안해질까봐 걱정하여 만성적인 불안감에 시달리고 있다. 이 때의 불안감은 이차적인 정서문제가 된다. 이와 같은 경우에는 이차적 정서문제를 먼저 다루어야 한다.

⑥ 신념(B)과 결과(C)의 연관성을 가르쳐 준다.

자신의 신념이나 사고에 의해 행동 결과를 가져올 수 있다는 것을 내담자에게 가르쳐 준다.

⑦ 비합리적 신념((irrational beliefs : iB)을 평가확인한다.

기본적인 비합리적 신념 중에 구체적으로 어떠한 것을 내담자가 가지고 있는가를 알아본다. 예컨대, "키가 작고 얼굴이 못생겨서 친구 사귀는데 소극적으로 임할 때마다 너는 무슨 생각을 하느냐?" 등의 질문을 내담자에게 던진다.

⑧ 비합리적 신념체제와 결과를 연관시켜 비합리적 신념을 확인시킨다.

상담자는 B－C(비합리적 신념으로 인한 부적절한 정서와 행동)의 연관성을 내담자가 이해하도록 유도한다. 내담자에게 비합리적인 생각과 대치되는 합리적 생각과 정서를 지니도록 자기언어로 진술해 보도록 한다.

⑨ 비합리적인 신념을 논박한다.

부적절한 정서와 관련된 생각이 아무런 합리적 근거가 없음을 밝히는 것을 말한다. 이 경우 비합리적 생각에 대해 의문문으로 진술한 후 그 근거를 찾아보려고 노력한다. 비합리적인 신념을 논박하는 구체적인 방법은 다음과 같다. 가령 "나는 기어코 성공해야만 한다"고 생각하고 괴로워하는 내담자가 있다고 하면 다음과 같은 질문을 한다. "반드시 성공해야 한다는 논리적 근거는 무엇인가?" "세상의 모든 사람이 성공하고 있는 증거가 어디 있는가?" "기어코 성공해야 한다는 생각을 고수함으로써 야기되는 결과(이득이나 손해)는 무엇인가?" 등에 대한 지나친 집념에서 탈피하도록 논박한다.

⑩ 합리적 신념체제를 내담자가 학습하고 심화하도록 한다.

미약한 신념은 변화를 촉진시켜 주지 못하므로 합리적인 신념을 더욱 강화시켜 주도록 한다.

⑪ 새로 학습된 신념체제를 실천에 옮기도록 내담자를 격려하고 연습시킨다.

내담자에게 부적절한 정서와 행동을 경험하게 하는 비합리적 생각과 대치되는 합리적 생각에 근거한 합리적 자기언어를 짧은 문장으로 구성하여 진술해 보도록 한다. 이때 합리적 생각과 자기언어의 합리성을 내담자 자신의 논리로 상담자에게 설명해 보도록 한다. 즉 내담자의 자기언어가 그 나름의 논리성을 갖추어야 하며 그렇게 할 수 있도록 상담자가 내담자를 도와 주어야 한다. 상담자가 일방적으로 내담자에게 강요한 합리적 생각이나 자기언어는 내담자가 수용하기 어렵기 때문에 효과가 적을 가능성이 크다.

비합리적 생각과 대치된 합리적 생각과 그러한 합리적 생각에 근거한 합리적인 자기언어를 적용할 수 있도록 한다. 즉 하고자 하는 행동을 하기 전이나 도중에 합리적 생각이나 자기언어를 진술하면서 행동한다. 처음에는 큰 목소리로 하다가 점차 마음 속으로만 한다.

⑫ 합리적 인생관을 확립하게 한다.

상담자는 내담자가 제기한 정서나 문제행동과 관련된 비합리적 생각이나 자기언어를 합리적 생각과 자기언어로 바꾸는데 그치지 말고, 이를 보다 일반화시킬 수 있도록 도와야 한다. 그래서 결국은 내담자가 합리적인 생각과 자기언어에 근거해서 자신의 삶도 살아갈 수 있도록 돕는다.

### 5) 기법과 절차

#### (1) 인지적 기법

**1 비합리적 신념에 논박하기**

RET에서 가장 많이 사용되는 인지적 방법은 상담자가 내담자의 비합리적인 신념을 적극적으로 반박하는 것이다. 상담자는 내담자들이 어떤 사건이나 상황 때문이 아니라 이 사건들에 대한 자신의 지각과 진술의 성질 때문에 장애를 입고 있다는 것을 그들에게 알려 준다. 상담자는 "너의 신념에 대한 증거가 어디 있느냐? 삶이 네가 원하는 식으로 되어가지 않는다고 해서 곧 그것이 끔찍하고 무서운 것인가? 네가 상황을 이겨낼 수 없다는 것이 어디에 쓰여져 있는가? 왜 당신이 생각하는 가장 나쁜 상황이 일어난다고 해도 정말로 그것이 끝장인가?"와 같은 질문을 함으로써 그 비합리적인 신념을 즉각적으로 공격한다. 일련의 반박을 통하여 상담자는 내담자의 의식을 보다 더 합리적인 수준으로 끌어올린다는 점에서 도구적이다. 내담자가 일상생활에서 체계적인 방식으로 중요한 비합리성을 반박하도록 돕는 것이 좋다. 내담자들이 비합리적인 신념을 버릴 때까지 또는 적어도 신념을 약화시킬 때까지 구체적인 "해야 한다", "당연히 해야 한다", "절대로 하지 않으면 안 된다"라는 당위를 반복적으로 반박한다.

### 2 인지적 과제

RET내담자들은 자신의 문제 목록표를 만들고, 그에 대한 절대론적 신념을 규명하고, 그 신념을 논박해야 한다. RET에서는 내면화된 자기 말의 일부인 절대적인 "해야만 한다" "하지 않으면 안 된다" 등의 말을 경감시키기 위해 내담자들에게 과제를 부과한다. 숙제에는 RET의 A－B－C－D－E 이론을 많은 일상생활 과제에 적용하는 것도 포함된다. RET의 자기 도움 문항들을 채우기도 한다. 내담자들이 자기의 제한적 신념에 도전하는 모험을 하도록 격려한다.

### 3 내담자의 언어를 변화시킴

부정확한 언어가 왜곡된 사고와 신념체계의 한 원인이라고 주장한다. 상담자들은 사고는 언어를 조성하고, 언어는 사고를 조성한다고 보기 때문에 내담자들의 언어패턴에 특별한 주의를 기울인다. 내담자들은 "해야만 한다. 당연히 해야 한다. 하지 않으면 안 된다"라는 절대적인 말들을 "그렇게 되면 더 낫다"라는 상대적인 말로 대치할 수 있다는 것을 배운다. 무력하고 자기징벌적인 언어양상을 버리고 내담자들은 새로운 자기진술의 언어패턴을 학습할 수 있다.

**4** 유추의 기법을 사용

항상 미루는 습관이 있다거나 지각하는 습관이 있는 사람은 그러한 행동이 자신의 어떤 행동특성 때문에 나타나는지 추적해 보도록 내담자에게 촉구한다. 이 기법을 사용하는 목적은 내담자로 하여금 자신의 특성을 이해하여 불행한 습관의 원인들을 깨닫도록 해주는데 있다.

### (2) 정서적 기법

**1** 합리적 정서 상상

내담자는 그들이 실제생활에서 생각하고 느끼고 행동하기를 원하는 방식으로 생각하고 느끼고 행동하는 자신을 상상한다. 그들에게 일어날 수 있는 가장 최악의 것들 중 하나를 상상하는 방식과, 이러한 상황에 대해 부적절한 혼란감을 느끼는 방식, 그리고 나서 경험을 적절한 감정으로 변화시키는 방법을 볼 수 있다.

**2** 역할연기

문제행동과 관련된 장면에서 어떤 일이 일어났는지 알기 위해 역할 놀이로써 그 장면의 행동을 시도해 본다.

**3** 수치감-공격 연습

사람들이 어떤 행동에 대한 비합리적인 수치감을 제거하는 연습을 하는 것이다. 자신을 주위사람들이 어떻게 생각할지에 대한 두려움으로 하지 못하는 행동이 있으면 실제로 해 보도록 한다.

**4** 유머의 사용

내담자가 너무 진지하거나 과장된 사고를 함으로써 겪고 있는 정서적 혼란에 대하여 일상생활에 대해 유머를 잃지 않도록 한다. 때때로 적절한 속담이나 유머가 효과적이라는 것을 설명한다.

### (3) 행동적 기법

이 기법은 내담자에게 어떤 행동을 하게 하여 그의 신념체계를 변화시키고,

이 변화된 신념체계를 통해 혼란된 정서를 벗어나게 하며, 역기능적인 증상에서 보다 생산적인 행동을 할 수 있도록 돕는 기법이다. RET는 인지적 행동적 상담의 한 형태이기 때문에 조작적 조건화, 체계적 둔감법, 도구적 조건화, 생체 기기 제어, 이완 등의 행동적 상담기법을 모두 사용할 수 있다. 그러나 행동적 기법에서는 내담자의 생각이나 정서와는 상관없이 행동의 변화에만 초점을 두지만 RET에서는 행동의 변화뿐 아니라 생각 또는 더 나아가 정서까지도 변화시키려는데 주안점을 둔다.

## 5. 형태주의적 상담

### 1) 기본개념

형태주의란 독일어의 Gestalt라는 용어에서 사용된 것으로 전체(whole) 또는 형태(configulation)를 의미한다. 이 상담의 기초원리를 세운 Fredrick Perls는 이 말을 부분들이 지각적 전체로 통합되는 독특한 양식이라는 뜻으로 사용하였다(Perls, 1969). 인간은 사고, 정서, 행동의 전체성과 통일성을 추구하는 존재이며 과거의 경험이 현재의 장에서 어떻게 영향을 미치는가를 인식할 수 있는 능력을 갖고 있다고 보는 현재 중심적 인간관이다. 따라서 내담자가 현재 해결하지 못한 문제에 대해 지각을 촉진하도록 하는 것이다. 치료장면으로 내담자가 지금-여기에서 "무엇을" "어떻게" 느끼는가를 강조하는 것으로 전체로서의 유기체를 다룬다. 즉 전체로의 통합과정은 인간유기체의 기본적 기능으로서 유기체와 환경(물리적, 사회적)간의 통합에 대한 유기체의 자각이 중요시된다. 형태주의 상담은 현재의 성격발달에 영향을 주는 미해결 과제와 감정을 강조하는 지금 여기에서의 느낌과 경험을 자신이 스스로 자각하도록 하여 자신의 존재를 충분히 경험하도록 하는 방법이다.

내담자 자신의 각성의 질과 양에 따라 전체 상담의 성패가 달려 있다고 볼 수 있다(Shilling, 1984). 인간은 환경의 일부로서 단순한 반응자(reactive)가 아니라 자신이 창조하고 행하는 자(proactive)이다. 그러므로 그는 외부자극에 대한 자기의 반응을 스스로 결정할 수가 있다. 또한 인간은 과거와 미래가 아닌 오직 현재에서만 자기를 경험할 수 있고 본질적으로 선하지도 않고 악하지도 않은 존재이다(Passons, 1975).

모든 유기체는 전체 혹은 완성을 지향하는 경향이 있다. 전체(Gestalt)를 방해하거나 파괴시키는 것은 유기체에게 해롭다. 그러므로 인간의 모든 측면들은 하나의 형태를 형성하는 방향으로, 즉 미완성된 상태에서 완전한 완성의 상태로 나아가게 된다. 만약 이것이 실패하면 인간의 성격의 전체성은 파괴되며 개개의 측면들은 의미를 상실하게 되고 또 부적응이 일어나게 된다. 부적응, 불균형을 경험하게 될 때 인간에게는 다시 그 균형을 회복하려는 동기가 일어난다. 이처럼 미완성 상태 또는 불완전한 상태를 두 가지의 측면이 관계 될 수 있는데 그것은 자아조절(self-regulation)과 외부조절(external-regulation)이다.

건강한 사람은 타인의 욕구나 요구, 사회규범의 구속과 같은 외부의 힘에 의한 외부조절로부터 간섭을 받지 않고 대신 스스로에 의한 자아조절이 가능하다(Schultz, 1977). 성격은 자아(self), 자아상(self-image), 존재(being)의 세 가지로 구성되며, 성격은 개인의 지각된 환경과의 상호작용을 통해서 형성되어 간다고 한다(Hansen et al., 1977, Shilling, 1984).

부적응 행동의 원인을 살펴보면 다음과 같다.

### (1) 각성의 결여

자기가 무엇을 원하고 어떻게 해야 할지 보다는 다른 사람에 의해 형성된 자아상에 따라 행동하는 경우이다. 이로 인해 환경에 적응하고 대처할 수 있는 창조적인 능력을 상실하고 되는대로 살아가게 된다.

### (2) 책임의 결여

자신의 문제를 스스로 해결하기 보다는 타인에 의존하는 경향이 강하다.

### (3) 환경과의 접촉상실

삶을 유기체와 환경간의 상호작용으로서 환경은 끊임없이 변화하므로 개인도

이에 맞추어 변화해야 하나 그렇지 못할 때 환경과의 접촉상실이 유발된다. 즉 외부환경으로의 유입을 허용하지 못할 때 접촉상실감을 느낀다.

#### (4) 형태의 미완성

개인은 선입관이나 충동적 행동, 근심, 기타 자기 파괴적인 행동들로 괴로움을 당한다. 이와 같이 미완성된 혹은 미해결된 일들이 개인으로 하여금 계속적으로 그 일들을 마무리짓도록 충동한다. 미완성된 일들로 사로잡혀 있는 개인은 현재 상황에 필요한 충분한 각성을 할 수 없다.

#### (5) 욕구의 부인

사회적으로 용납될 수 없는 욕구들을 아예 인정하지 않고 없는 체하려 한다. 욕구로부터 생성되는 힘을 건설적인 행동으로 바꾸려고 하는 대신에 욕구의 존재 자체를 부인함으로써 그 욕구로부터 발생될 수 있는 힘을 상실한다.

#### (6) 자아의 양극화

자신을 지각하는 모습이 강하거나 약하거나, 또는 남성적이거나 여성적이거나, 강력하거나 무기력한 것 등과 같이 양극화되는 것을 말한다. 이와 같이 자아의 양극화는 갈등을 계속해서 겪게 됨으로써 부적응 현상을 유기체가 끊임없이 변화하는 환경과의 접촉을 통해 상호작용해야 하지만 그렇지 못할 때에는 신경증적인 장애를 유발할 수 있다.

### 2) 상담목표

인간이 성장하기 위해서는 자신의 생활양식을 발견하고 책임감을 수용해야 한다. 내담자로 하여금 현재의 느낌과 경험을 자신이 스스로 어떻게 방해하는지를 자각하도록 하여 여기에서 현재적 자신의 존재를 충분히 경험하도록 하는 한편 원인과 목적에 대한 어떠한 인지적 설명이나 해석은 가능한 한 피한다. 내담자가 순간순간의 경험을 자각하도록 돕고 내담자로 하여금 외적인 지원에 의존하지 않고 내부적인 지원을 위한 책임성을 수락하도록 도전하게 한다(Corey, 1982).

상담자는 내담자에게 해석해 주지는 않지만 자신이 스스로 해석하는 방법을 배우는 것을 돕는다. 내담자는 현재의 기능을 간섭하는 과거의 미해결과제를 확인하고 해결하는 작업을 하는 것으로 과거의 외상경험이 마치 현재에서 다시 일어나고 있는 것처럼 재경험하는 것이다. 내담자가 자신과 세계를 조직화하는 과정에서 갈등이 양극 사이에 존재하는데 이 양극을 통합하는 것이 기본적인 치료 목표이다. 이렇게 하여 내담자로 하여금 소외되었던 자기 자신이 되고자 노력할 때 변화가 나타난다.

내담자 자신이 사회나 환경에 맞추어가도록 하기 보다는 오히려 그러한 환경 속에서 자신을 발견하도록 도와 주는 것이기 때문에 상남의 목표는 사회에의 적응으로 보지 않는다. 구체적으로 말하면 내담자의 각성을 증진시킨다. 각성을 통해 외부에 의한 조정에 좌우되지 않고 자아를 조절함으로써 진실된 자기가 되며 자아통합이 가능해진다. 또한 여기 – 지금(here and now)의 삶을 살아가도록 돕는 것이다. 인간이 과거나 미래에 집착해서 살게 되면 자신의 삶에 대한 책임을 운명이나 다른 사람들에게 전가시키게 된다는 것이다. 그러므로 '여기 – 지금'이 우리에게 유일한 진실이므로 순간순간 마다 완전히 자신의 느낌에 몰두하고 그 경험에서 무엇인가 얻어낼 수 있어야 한다. 내담자로 하여금 지금 여기의 순간순간의 경험에 유의하도록 도우려고 하는 것이다.

### 3) 상담과정과 전략

상담과정이란 지금 여기에서 나와 당신이 함께 경험함으로써 내담자가 자기를 충분히 각성하여 자기의 부적응 행동의 본질과 그것이 어떻게 자기의 삶을 방해해 왔는지를 알도록 돕는 과정이라고 할 수 있다. 치료 장면에서 감정과 행동을 실제로 실연하는 실험을 통해 개인 생활에서의 어려움을 직면하도록 한다. 이러한 전략은 다음과 같은 것이 있다.

#### (1) 상연(enactment)

내담자의 문제 본질의 어떤 측면을 극으로 표현하여 미해결된 과제나 특성, 양극성 등이 자료가 된다. 이에 대한 자각(또는 통찰)은 내담자의 '아하(Ahha)' 하는 경험으로 표현한다. 개인의 문제와 대화하도록 함으로써 소외되었던 자아의 부분들을 경험하는 경험적 이해형태로 통찰이 오게 되는 것이다.

#### (2) 지시행동

상담자는 내담자의 의식으로부터 차단된 행동 측면을 밝히는 어떤 일을 하도록 지시하는 것이다. 지시행동(directed behavior)을 통해 깊은 자기자각을 얻게 되고 새롭고 창조적인 방법으로 행동할 수 있다.

#### (3) 환상의 실연

환상은 저항된 사상, 감정, 개인적 특성, 미해결된 상황과 접촉하면서 실행하게 된다. 미해결된 상황이 완성되어 해방감을 느끼게 된다.

#### (4) 꿈의 작업

꿈에서 나타난 인물이나 사물들은 모두 내담자의 소외된 자기 부분들이 투사되어 상징적으로 나타난 것이라고 본다. 꿈을 다루는 방법을 내담자로 하여금 투사된 것들을 동일시하게 함으로써 이제까지 억압하고 회피해 왔던 자신의 욕구와 충동, 감정들을 다시 접촉하고 통합하도록 한다.

### 4) 상담의 기법

내담자의 자각을 촉진시키기 위한 다양한 기법들은 다음과 같다.

### (1) 현재각성 기법

내담자로 하여금 항상 현재를 경험하도록 한다. "당신의 손에서 지금 무엇을 느끼고 있습니까?", "화가 나면 어떻게 합니까?" 라는 단순하고 직접적인 질문을 통해 내담자의 각성을 촉진하고 내면의 세계에 접하도록 한다.

### (2) 대화 놀음

대화 놀음은 내담자가 자신의 부정적인 성격 측면을 수용하여 통합된 기능을 하도록 하기 위해 이용된다. 개인의 분리된 양극성(상전 대 하인, 공격성 대 수동성, 남성성 대 여성싱, 신힌 사람 대 약한 사람)에 적용하여 이런 분리된 부분들이 서로 대화할 수 있도록 한다. 즉 내담자가 빈의자를 앞에 놓고 어떤 사람이 실제 앉아 있는 것처럼 상상하고 상상인물의 반응을 예상하면서 이야기를 하는 것이다.

### (3) 책임 놀음

내담자가 어떤 행동에 대하여 진술하게 한 뒤 그 행동에 대해 책임을 지겠다고 진술하도록 한다. "난 싫증이 났어요. 그 싫증에 대해서 책임을 지겠어요." "난 지금 무슨 말을 해야 할지 모르겠어요. 그리고 그것에 대해서 책임을 지겠어요." 이 기법은 자각의 연속선을 확장시켜 주며 자신의 감정을 다른 사람에게 투사시키는 대신에 그 감정을 인식하고 받아들이는 것을 돕도록 고안되었다.

### (4) 투사 · 연기하기

내담자가 자기의 투사에 대해 의식하지 못할 때 다른 사람이 잘난 체 한다고 비난한다면 그 스스로가 잘난 체 하는 행동을 해 보도록 한다. 내담자가 "나는 당신을 신뢰할 수 없소" 라고 했을 때, 치료자는 내담자의 내적 갈등이 어디에서 연유되었는지를 발견하기 위해 내담자에게 타인을 신뢰하지 못하는 사람의 역할을 해 보도록 한다. 내담자가 그런 사람과 같은 태도를 보이면 이를 다시 재연해 보도록 한 후, 그와 같은 태도가 바로 내담자의 특성이 아닌가 질문한다.

### (5) 신체표현으로 활용하기

자신의 신체적인 행동을 각성시키고 촉진시키기 위하여 그의 신체적인 표현을 관찰하고, 그것에 초점을 두는 방법이다. 예를 들어, 내담자가 고개를 숙이고 손을 만지작거리고 있다면 그것을 지적해 주고 행동이 무엇을 의미하는지 말해 보게 한다.

### (6) 역전기법

외형적으로 나타나는 행동이 내재적 욕구(잠재적인 충동)와 정반대 방향으로 표현될 수 있음을 내담자에게 자각하도록 함으로써 문제되는 징후에 접근하는 방법이다. 예를 들어, 소심하고 말이 없는 내담자에게 적극적으로 말을 해 보도록 하거나 소심한 증상을 노출하는 사람의 역할을 하도록 요구한다. 이러한 방법을 통해 오랫동안 숨겨져 온 내면적 부분과 접촉이 가능하게 한다.

### (7) 빈 의자 기법

내담자로 하여금 그가 지니고 있는 감정들은 빈 의자(또는 빈자리)에 투사하게 함으로써 그 감정을 스스로 확실히 체험하고 각성할 수 있도록 하는 것이다. 예를 들면, 내담자가 자기 어머니에 대한 불만과 원망을 갖고 있다면 빈 의자에 어머니가 앉아 있다고 생각하고, 자신의 감정을 표현해 보도록 한다. 반대로 자신이 어머니 입장이 되어 어머니의 역할을 하게 할 수도 있다. 이는 일종의 역할연기(role play)인데 이렇게 해봄으로써 자신이 미처 파악하지 못한 점이나 부정적이었던 내면세계와 접할 수 있게 될 뿐만 아니라 자기를 객관적으로 바라볼 수 있게 된다.

### (8) 언어적 접근 기법

일상 언어 중에서 일정한 부분을 바꾸어 사용하게 함으로써 자신에게 책임이 있다는 것을 각성하도록 하는 기법이다.

**1 일인칭 대명사로 바꾸기**

자신으로 하여금 구체적인 책임감을 느끼도록 일인칭을 사용한다. 그것 → 나, 당신 → 나, 우리 → 나

**2 동사 바꾸기**

자신의 생각과 의지를 각성하게 하는 방법이다. 예를 들면, '할 수 없다'를 '하지 않겠다', '필요하다'를 '원한다'로 바꾸기, 수동태를 능동태로 바꾸기 등이다.

**3 문장을 바꾸기**

예를 들면, '그러나'를 '그리고'로 바꾸기, '의문형'의 문장을 '진술문'으로 바꾸기 등이다.

**4 기타 언어적 접근**

'왜'를 '어떻게'와 '무엇'으로 질문하기 등이다.

### 9) 과장 놀음

내담자가 신체적으로 나타내게 되는 행동이나 언어를 좀더 과장되고 격렬하게 표현해 봄으로써 내담자가 무심코 또는 습관적으로 보여주는 행동의 의미를 분명히 파악하게 한다.

제 3 장

# 집 단 상 담

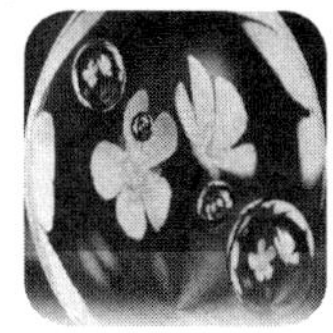

## 1. 집단상담의 의미

상담은 주로 개인의 문제를 해결하는 것으로 인식되어 온 것이 사실이다. 때문에 상담은 곤란한 사태에 직면하여 고민하는 사람이 경험이 풍부한 사람의 조력을 얻어 해결방법을 스스로 결정하는 과정으로 보는 개인 대 개인의 인간적, 역동적 관계로서 개별지도에 중점을 두어 왔던 것이다. 그러나 상담을 개인으로 하여금 적당한 환경을 선택하게 하거나 적응에 필요한 기능의 학습을 계획하게 하거나 주체의 태도를 전환시키는 지도방법이라고 하는 관점에서 보면 오히려 집단생활의 배경이 문제해결의 실마리가 될 가능성이 크다고 보겠다. 즉 개인으로 하여금 주어진 환경을 개조하도록 하는 방법과 주체의 태도를 전환시키는 방법으로 어떤 부분에서는 집단생활의 특징인 역동성을 적용하는 것이 효과적일 수 있다는 뜻이다.

집단상담이 치료절차로 인정된 역사는 길지만 보편화된 것은 최근의 일이다. 심리문제 뿐 아니라 위기의 경험이나 자기인식의 문제, 대인관계의 기능의 수준을 높이려는 건강한 사람들 모두에게 다양한 집단상담이 이루어지고 있다. 집단의 종류에는 알코올이나 약물 중독자를 위한 갱생집단, 여성집단, 이혼 적응집단, 가족치료 집단, 아동집단, 자기주장 훈련집단 등이 있다. 또한 교류분석 집단, 게스탈트 집단과 같이 지도자의 이론적 지향에 따라서 집단의 특성을 구분하기도 한다(김충기 외, 2001).

Mahler는 집단상담은 깊은 자기이해와 자기수용을 보다 효과적으로 수용하기 위하여 집단의 상호작용을 적절히 유지하는 과정이다. 여기에는 상호존경을 필요로 하며, 각 개인은 행동의 의미와 새로운 방식을 탐구하게 되는 것이다. 집단상담에서 다루어지는 문제는 병적인 장애나 현실적인 문제보다 구성원의 발달과업에 초점을 맞춘 것이라고 한다(Mahler, 1969). 또한 자기이해 뿐만 아니라 개인의 행동변화를 돕기 위해서 집단 상호작용을 이용하는 것이라고도 한다(George & Dustin, 1988).

집단상담은 한 사람의 상담자가 동시에 몇 명의 내담자들을 상대로 내담자 개인의 관심사·대인관계·사고 및 행동양식의 변화를 가져오는 노력이다. 상담에서 집단구성원은 여러 면에서 공동의 태도와 가치와 상호수용하고 나누면서 서로 관련짓기를 하는 것이다. 집단내의 구성원들은 집단의 규칙을 준수하고 서로 수용하면서 집단원 의식이 형성되고 각자의 문제해결이나 인간적 성장을 꾀하게 된다. 그러므로 집단에 관심있는 학생들은 집단에 참여하기 전에 집단이 자신에게 필요한지 또는 자신이 얻고자 하는 바가 집단의 목적과 부합하는가를 면밀하게 고려하여 집단참여 여부를 결정해야 한다.

집단과정을 통해서 집단에 참여하는 학생 개개인의 행동이나 태도에 있어서 변화가 일어나려면 적어도 그 집단은 공동 목표를 수립하고 일정기간 지속적으로 모여야 하며 집단에 참여하는 학생들이 의욕을 가지고 자발적이고, 적극적으로 참여함으로써 신뢰에 기초한 밀접하고 활발한 상호작용을 경험할 뿐만 아니라 학생들이 준수해야 할 집단의 규준이 발달되어야 한다.

집단상담을 통해 학생들은 상담교사와 더불어 서로의 관심사와 느낌을 탐색함으로써 태도와 가치관을 수정하여 개인의 발달과 교육 환경에 보다 더 잘 적응할 수 있게 되는 것이다. 집단상담은 개인상담과 달리 여러 학생들을 동시에 상담할 수 있기 때문에 상담교사의 시간을 절약할 수 있어서 경제적이고 실용적이다. 상담교사의 수가 한정되어 있는 실정을 감안할 때 보다 많은 학생들에게 상담지도의 혜택이 나누어질 수 있다는 점에서 매우 유용한 도구라고 하겠다.

집단은 개인상담과는 다른 치료적인 요소를 지니고 있다. 집단구성원 간에 눈에 보이지 않는 다양한 힘, 즉 치료적인 힘이 발생하게 되어 구성원 개개인이 건설적인 변화를 유발하게 된다. 집단의 치료적 요소에는 수용과 보살핌, 모험에 대한 의지와 신뢰, 응집력, 자기개방, 피드백, 직면, 희망과 기대감, 힘, 변화에 대한 책임감 수용 그리고 감정정화 등이 포함된다(Corey & Corey, 1997 ; Yalom, 1995).

또한 집단원과 심리적 상호작용을 통해 자신의 사고와 행동 및 생활방식을 탐색할 수 있고, 안전한 분위기에서 새로운 행동을 시도해보고 피드백을 받을 수 있다는 장점이 있다. 학생들 간에 사적인 문제들을 함께 협의하면서 도움을 주고 받게 되면서 보다 긍정적인 자아개념을 형성하게 되는 이점이 있다. 또한 또래 학생들의 경험 · 감정 · 관심 등을 알게 됨으로써 학생 자신의 관심사나 문제를 보다 깊이 탐구할 수 있는 집단 내의 상호작용을 통해 자연스럽게 의사소통 기술이 향상되기도 한다.

그러나 집단상담의 한계도 있다.

① 내담자 중에는 기본적인 개인 문제를 해결해야 하는 경우가 있을 경우 상담자의 역할이 분산되므로 내담자 개인적인 문제는 등한시하게 될 수도 있다. 따라서 지나치게 소심해서 집단상황에 제대로 적응하지 못하거나 상담교사의 개인적인 주목이 더 필요한 학생은 개인상담이 더 효과적일 수 있다.

② 집단에 대한 신뢰감을 발전시키는 것이 어려울 수 있으므로 자신의 솔직한 감정, 태도, 가치관과 행동 등을 논의의 대상으로 제기하지 못할 수도 있다. 학생들이 집단의 규준과 기대치에 부응하고자 하는 압박감을 느껴 자율성을 제한받을 수 있다.

③ 개인상담에 비해 많은 학생들 사이의 역동성을 파악하고 다룰 수 있는 유능한 집단상담 교사를 확보하기가 쉽지 않다. 즉, 집단원들이 다수이기 때문에 지도자가 통제력을 잃을 경우 심리적으로 상처받기 쉽고 상당한 고통을 느낄 수도 있게 된다(Corey & Corey, 1977). 또한 어떤 내담자의 문제 유형이 집단상담이나 개인상담에 유리한지 아직까지는 정보가 많이 부족한 실정이다(Shertzer & Stone, 1974).

## 2. 집단지도 · 집단상담 · 집단치료의 비교

우리 나라에서는 1970년대에 들어오면서 학교와 산업체 등에서 집단상담에 대한 활발한 연구와 실제로 적용 추진되어 상당한 실효를 거두고 있는 상황이고 보면 앞으로 과학화, 기계화된 현대사회에서 더욱 필요한 문제해결 방법이 아닐 수 없다. 개인 상담으로서는 현재 상담의 역할을 크게 기대할 수 없을 뿐만 아니라 과밀학급 등 수많은 학생들을 상담하기에는 너무나 벅찬 부담이 작용하므로 자연적으로 집단상담의 방향으로 돌려야 할 문제가 많다고 본다. 집단상담과 유사한 용어로는 집단지도, 집단치료가 있는데 이는 집단의 활동을 이용한 상담의 독특한 형태라고 볼 수 있다.

집단이란 두 사람 또는 그 이상의 사람들로서 그들 사이에 제도화된 심리적 상호작용의 양식이 이루어진 것을 집단이라 한다. 집단은 그 구성원들 및 다른 집단의 사람들과의 독특한 형태의 집단행동 때문에 하나의 실재(entity)로서 인정받고 있다. 집단지도의 성격을 분명히 하기 위해서 집단상담과 집단치료와의 차이점을 비교해 볼 필요가 있다.

Mahler(1971)는 집단지도 · 집단상담 · 집단치료 사이에는 상당한 공통점이 있으나 이 세 가지는 분명히 구별되는 면이 있다고 주장하고 있다.

### 1) 집단지도(group guidance)

집단지도는 주로 정보제공을 포함한 교육적 경험의 내용을 주제로 취급한다. 학교장면에서의 집단지도는 성인들의 생각에 학생들이 알아야만 한다고 인정되는 내용을 학생들에게 제공하는 방향으로 이루어진다. 즉, 학교라는 장소에서 학생들을 대상으로 하며 지도자는 집단의 관리, 방향, 활동, 조직에 대한 책임을 지며 교육적, 직업적, 사회적 지도와 여가활동, 성격문제와 관련된 프로그램, 심리교육, 직업알선, 이성교제 등에 관한 정보를 제공하여 예후지도도 하여야 한다는 점이다 (김충기, 1990). 비록 집단지도에서 취급되는 주제들이 집단상담에서도 취급될 수는 있으나 집단지도에서는 정보제공의 모든 책임이 주로 교사에게 있다.

### 2) 집단상담(group counseling)

집단상담의 중심은 구성원 개개인 자체이다. 또한 집단상담의 주 목적은 집단지도에서처럼 일반행동의 변화에 대한 정보제공이 아니라 성원 개개인의 실제적 행동의 변화이다. 한 사람의 상담자가 동시에 여러 사람의 피상담자와 상담관계를 맺으며 피상담자의 수는 6~8명이 적당하다고 보고 있다. 집단 구성원간의 역동적 관계를 바탕으로 내담자 개개인의 문제해결 및 변화가 이루어지는 집단적 접근 방법이다(이장호, 1982).

집단상담은 훈련을 받은 전문가인 상담자와 비교적 적정범위의 적응수준에 속하는 사람들을 대상으로 그들의 태도를 수정함으로써 보다 능률적으로 발달된 문제가 취급될 수 있도록 상호간의 문제를 탐색, 조사하여 의식적 사고와 행동, 허용적 현실에 초점을 두어 상호 신뢰, 이해, 수용 등의 치료적 기능을 포함하는 역동적 대인간의 과정이라고 정의를 내릴 수 있다.

### 3) 집단치료(group therapy)

집단치료는 심리적 갈등을 가진 두 사람 이상의 개인을 동시에 치료하는 방법을 말한다. 집단치료에서 다루는 문제는 정상에서 이탈되었거나 성격이상이나 정신신경증과 같은 경우이며 치료를 하는 사람은 임상심리학자나 정신의학자 등의 전문가이다. 즉, 집단치료에서는 무의식적 동기에 더욱 관심을 기울인다. 따라서 피상담자가 가지고 있는 문제의 심각성 때문에 치료의 과정은 수개월 혹은 수년간에 걸쳐서 진행될 수 있다. 이장호(1984)는 집단치료란 한 사람의 상담자가 동시에 4~5명 이상의 내담자들을 대상으로 심리적 갈등을 명료화하여 문제행동을 수정해 가는 일련의 집단면접이라고 정의한다.

주로 병원에서 이루어지는 집단치료는 다음의 네 가지 특성을 지니고 있다.

① 이 방법은 주로 치료적 목표를 갖는다.

② 보다 나은 자기 이해를 통해 심리적 긴장을 감소시킨다.

③ 치료자는 허용적이고 지지적 역할을 한다.

④ 부적응적 태도의 변화 및 심리적 문제해결에 직접적 관심을 둔다.

집단과정의 주목적이 정보제공에 있기 때문에 그 지도의 내용과 책임이 주로 교사나 지도자에게 있는 점이 집단지도의 주된 특색이라고 보겠으며 성원 개개인의 발달적 문제나 행동의 변화에 강조점을 두는 것이 집단상담의 특징이고, 무의식적 동기에 더욱 관심을 기울여 정서적 장애를 치료하는 것이 주목적으로 보다 장기간을 요하며 주로 의학적 환경과 관련된 점이 집단치료의 특징이다(이형득, 1983).

집단지도는 예방적이며, 정보제공의 기능이고, 집단상담은 예방과 치료의 중간 형태로서 자기이해, 정서적 문제해결이며, 집단치료는 병적인 문제, 심각한 정서장애를 오랜 기간을 통해 치료하는 과정으로 분류하고 있다(Gazda, 1971).

Gazda(1973)는 여러 집단과정과 접근을 예방적인 것에서 고정적인 것의 연속선상의 어떤 점에 있는 것으로 파악하였다. 연속선상의 한쪽 끝의 축에는 예방으로 집단생활지도, 인간관계훈련, 만남의 집단 같은 것을 들 수 있고 다른 쪽의 교정의 축은 집단 심리치료에 해당한다. 교정과 예방의 중간에 집단상담을 놓았다. 따라서 집단상담은 예방적이며 동시에 교정적이라고 할 수 있다. 이러한 Gazda의 접근방법은 상담과 심리치료를 구별하여 보는 것에 근거하고 있다. 집단상담이라는 개념 속에 집단심리 치료까지 포함할 수도 있다는 사실이다. 집단상담을 광의의 입장으로 정의하면, 집단정보제공, 집단심리교육, 집단행동관리, 집단심리치료까지 포함하는 경우가 있다(박성수, 1991).

집단지도 · 집단상담 · 집단치료를 명칭 · 크기 · 목표 · 지도형태 등의 구체적인 사례를 중심으로 해서 제시하면 〈표 3-1〉, 〈표 3-2〉와 같다.

<표 3-1> 집단지도 · 집단상담 · 집단정신치료의 특징

| 집단지도 | 집단상담(카운슬링) | 집단정신치료 |
|---|---|---|
| · 예방적임<br>· 발달론적임<br>· 개인과 관련된 정보의 제공<br>· 인지적임<br>· 환경을 강조함<br>· 문제의 제시, 설명 및 토의 유도함<br>· 지도일지 중심 | · 치료적<br>· 정상적인 계층을 대상으로 함<br>· 사고 · 감정 · 행동 등을 평가<br>· 문제해결 중심적<br>· 집단구성원의 자의적 결정의사에 초점을 둠<br>· 욕구에 의해 조직되는 사례 중심적 | · 인격의 재구성 및 재교육 중심<br>· 인격의 변화를 유도함<br>· 과거의 기록을 중요시함<br>· 의식 및 무의식 파악을 중요시함<br>· 심한 신경증적인 갈등, 일탈행위, 심한 정서적 장애 문제 등을 취급함 |

| | | |
|---|---|---|
| · 과제 중심적<br>· 사전에 계획된 활동을 함<br>· 기술의 필요성 있음<br>· 참여자의 공동목표를 추구함 | · 구성원 상호간의 인간관계를 중요시함<br>· 감정이입과 지지적인 태도가 강조됨<br>· 주로 공통의 문제해결 중심적임<br>· 언어적 표현기술을 중요시함<br>· 감정 및 욕구를 강조함<br>· 의식의 파악을 중요시함<br>· 지도자는 촉진적인 입장만을 유지함<br>· 여기 – 현재 중심적<br>· 비의료기관 및 시설에서 실시됨<br>· 대체적으로 상담 실시 기간이 단기적임 | · 내담자를 환자로 취급함<br>· 장기적인 치료기간이 필요<br>· 이질적(heterongeneous), 또는 동질적(homogeneous) 집단으로 구성함<br>· 집단구성원의 정서적 관여도(emotional involvement)를 높임<br>· 심오한 분석 및 탐색이 필요함<br>· 주로 언어적 표현을 중요시함<br>· 일차적으로 각 구성원의 개인적 성장 및 변화를 중요시함<br>· 집단구성원들의 욕구(need)에 의거하여 촉진, 진행시킴 |

* 자료 : Trotzer, J. P.(1977). *The Counselor & the Group : Integrating Theory, Training & Practice* Monterey : Books-cole Publishing Co., 1977. p. 20(김충기, 1996 : 재인용).

<표 3-2> 집단의 분류

| 차원 \ 범주 | 지도집단 | 상담집단 | 치료집단 |
|---|---|---|---|
| 1. 보편적 이름 | 토론집단<br>정보 제공 및 생활안내 집단<br>진료집단 | 집단상담 | 집단상담<br>집단심리치료 |
| 2. 집단성원의 종류 | 취급되는 영역에 있어서, 지식의 필요에 의해서 자진 또는 타인이 선발 | 변화의 필요성을 지각해서 자진 또는 타인이 선발 | 장애적인 행동 때문에 자진 또는 타인이 선발 |
| 3. 크기(인원수) | 12～15 | 6～12 | 4～10 |
| 4. 초점 | 교육적 · 직업적 · 개인적 정보와 계획 | 관찰할 수 있는 행동, 집단성원의 상호작용의 유형, 여기 · 지금의 행동 | 집단 내외에서의 부적응 행동, 집단성원의 심리작용 |

| | | | |
|---|---|---|---|
| 5. 목표 | 의사결정을 돕기 위한 계획에서 환경적·개인적 경향에 대한 지식의 증가 | 자아탐색을 촉진하는 환경을 제공하고 대안적인 행동을 찾도록 함 | 성격의 변화 및 이상행동의 수정 |
| 6. 지도자 | 1명의 교사나 상담자 | 1명이나 2명의 상담자 | 정신치료자(임상심리학자, 정신과 의사, 사회사업가) |
| 7. 지도형태 | 지도자가 집단의 방향과 내용을 정함 | 지시적 또는 집단 중심적으로 접근 | 치료자의 경험, 훈련, 환자의 문제에 따라 다르나 대체로 분석적·지시적 |
| 8. 집단의 기간 | 전달된 정보나 자료의 성질에 따라 다름 | 집단의 성격에 따라 다르지만 대체로 5~25회 | 집단과 문제의 성격에 따라서 몇 주부터 몇 년간 지속됨 |
| 9. 면접시간 | 10~55분 | 1~2시간 정도 | 1~2시간 정도 |
| 10. 장소 | 교육기관(중등학교·대학교) | 교육기관, 종교기관, 지역사회 | 정신병원, 임상진료실, 정신과 의원 |

* 자료 : Shertzer, B. & Stone, S. C.(1980). *Fundamentals of counseling*(3rd ed). Boston : Houghton Mifflin.

## 3. 집단상담의 목표

집단상담의 목표는 내담자로 하여금 자기 자신에 대한 이해와 대인관계의 능력을 향상시키고 당면한 문제를 해결하고자 보다 현명한 선택과 적응을 할 수 있는 능력을 기르려는 것이다. 집단상담의 목적에 대한 학자들의 견해는 다음과 같다.

Gazda(1967)는 집단상담의 목표를 다음과 같이 제시하고 있다.

① 학생의 중대한 발달적 욕구를 충족시켜 줄 수 있도록 한다.

② 학생의 동일성 추구과정을 조력할 수 있게 관계를 수립한다.

③ 자신에 대해 이해하며 자신의 생활과 행동을 보다 더 효과적으로 이루어지도록 기회를 제공해 준다.

④ 학생들은 자신이 지각한 것을 함께 이야기하는 방법을 익히며 점진적으로

자신의 행동에 대한 책임을 받아들이는 것을 배우도록 격려해서 자신에 대해서 생각하도록 한다.

⑤ 자기 자신 및 다른 사람의 행동에 대해서 단순한 표면적 관찰로는 만족하지 않는 태도를 배우게 된다.

⑥ 학생으로 하여금 자신의 감정과 태도, 그리고 그들 자신의 세계에 대한 개념을 검토할 수 있는 기회를 제공해 준다.

⑦ 다른 성원들의 견해가 자신과 일치하지 않아도 그들의 의견과 권리를 존중하도록 도와 준다.

이혜성(1979)은 집단상담의 목적을 각자가 가지고 있는 잠재력을 키워가는 것이라고 하였고 구체적인 목적으로 ① 자기긍정 ② 자기결정 ③ 자기동기 ④ 타인에 대한 이해의 확대 등을 제시하고 있다.

이장호(1982)는 집단상담의 일차적 목표를 ① 개인으로 하여금 자기이해를 시키고, ② 대인관계의 능력을 향상시키고, ③ 보다 건강하게 적응할 수 있도록 환경을 조성시켜 주는 것이라고 하였다.

Dinkmeyer & Muri(1979)는 초등학교 아동을 대상으로 하는 집단상담의 목표를 다음과 같이 설정하였다.

① 정체감 탐색과정을 통해 학생들의 자기이해를 조력하기 위해서이다.

② 자기를 이해하게 됨으로써 자기수용과 개인의 가치감을 증진시키기 위한 것이다.

③ 개인·사회적 영역에서 발달과업에 대처하기 위한 사회기술과 인간관계 능력을 향상시키기 위함이다.

④ 자기지도, 문제해결, 그리고 의사결정 능력을 개발하고 이러한 능력을 정규수업과 사회생활에 전이시킨다.

⑤ 타인의 욕구에 대한 감수성을 길러 줌으로써 아동 자신의 행동에 대한 책임감을 갖도록 하기 위함이다.

⑥ 상대방이 말하는 것을 경청할 뿐 아니라, 말 속에 내재된 감정에 귀 기울이는 공감적 경청자가 되는 법을 학습하도록 한다.

⑦ 자기와의 일치를 이룸으로써 실제로 자신의 생각과 신념을 정확하게 전달할

수 있게 한다. 자신이 의미하는 바를 말함으로써 정확하게 전달할 수 있게 한다. 자신이 의미하는 바를 말함으로써 일치된 송신자가 되기 위함이다.

⑧ 집단구성원 개개인이 행동으로 관찰될 수 있을 만큼 구체적이고 측정 가능한 목표를 설정할 수 있도록 돕기 위함이다.

이와 같이 집단상담은 개인상담과 비교할 때 자기에 대한 타인의 지각과 반응을 알고자 하거나 알아야 될 경우 특히 대인관계에서의 자신감과 사회적 기술의 경험이 필요한 경우에 더욱 효과적이라고 볼 수 있다. 집단상담은 대인관계간의 수용적 상호교류의 분위기를 형성하여 인간관계의 향상을 위한 노력을 가능하게 해 준다 (이장호 외, 1992).

## 4. 아동을 위한 집단상담의 유형

집단의 진행방식이나 발생기원에 따라 참만남 집단, T그룹, 게슈탈트집단, 행동주의적 집단 등으로 나누기도 한다. 집단구성원들의 특성에 따라 다양한 집단구성이 원칙인 집단이 있는 반면, 공통된 경험이나 고통을 가진 사람들끼리 모여 서로 돕고자 하는 자조집단도 있다.

여기서는 집단상담 유형 중 가장 널리 보급되고 적용되고 있는 유형들을 알아보기로 한다.

### 1) 훈련집단 및 감수성 훈련집단(T-group & sensitivity training group)

T－집단으로 약칭되는 이 집단은 1946년 미국의 K. Lewin과 R. Lippitt에 의해서 개발되었다. 이 집단은 소집단을 통한 훈련이 이 프로그램의 핵심을 이루기 때문에 T－그룹(훈련집단)으로 불려지기도 한다. 비구조화된 소집단에서 집단원 모두가 직접 참여하여 스스로의 목표를 설정하고 상호간에 피드백을 주고받고 집단활동을 관찰·분석·계획·평가하는 등의 직접적인 경험을 통하여 주로 인간관계기술과 집단과정에 대해 학습하는 것이 이 모형의 특색이다. T-집단은 무엇보다도 참여자 개인의 잠재력 개발을 중요시하고 T－그룹을 요약하면 모호성과

비조직성에서 기인하는 욕구불만을 집단원들의 참여와 학습의 수단으로 삼고, 지금-여기의 직접경험을 학습의 기본 요소로 하여 집단원들로 하여금 집단 내에서 다른 집단원들의 행동을 관찰한다.

### 2) 만남집단(encounter group)

이 집단의 형태는 T-집단 원리의 일부를 보완하여 개발시킨 모형이다. T-집단과 다른 점은 비언어적 표현과 가벼운 신체적 접촉(touching technique)을 사용한다는 점이다.

대면집단이라고 번역하기도 하는데 다른 사람과의 관계 및 예기, 자신에 대한 심리적 과정을 탐색·경험하는 훈련집단이다. 집단에서는 면 대 면이 상호작용이 강렬하게 일어날 수 있도록 6~20명 정도의 소집단 활동을 원칙으로 하며 지금-여기의 상황에 초점을 두고 개방성과 정직성, 개인의 맞닥뜨림, 자기노출 그리고 직접적인 강한 정서적 표현을 격려하며 지성화를 피하도록 한다.

정서를 이끌어내고 정서를 충분히 표현하도록 함으로써 사람들로 하여금 현재에 살도록 하는데 초점이 주어진다. 타인과의 친밀감을 증진시키고 잠재력의 실현을 막고 있는 내면의 장애를 탐색할 수 있다. 이렇게 현재의 정서를 자각하고 표현하다 보면 더욱 활기차게 되고, 자발적이 되며, 더욱 총체적으로 경험을 자각하게 되어, 소외감을 극복할 수 있다.

참만남 집단은 원래 언어적인 방법에 주로 의존하였으나 최근에는 상호작용을 촉진하는 비언어적 방법을 사용하기도 한다. 신체적 접촉이나 환상을 이용하기도 하며, 특수하게 고안된 참만남 게임을 활용할 수도 있다.

### 3) 자조집단

공통의 관심사, 유사한 정서적·신체적 고통, 행동문제를 가진 사람들이 심리적 스트레스로부터 자신을 보호하고 인생을 변화시킬 유인가를 제공할 수 있는 지지체계가 될 수 있는 집단이다.

자조집단에서는 집단구성원들 간의 상호작용이 변화를 위한 촉매가 아니다.

집단자체의 수용적 · 지지적 분위기가 더 중요하다. 집단구성원들은 공통의 관심사 또는 고통을 가진 사람들이며 지도자도 대체로 집단원들과 같은 문제를 가진 사람인 경우가 많다. 따라서 비전문가로서 집단원들과 유사한 고통을 겪었지만 현재는 극복한 상태에 있는 사람이 지도자가 되기도 한다. 집단원들끼리 서로 경험과 고통을 공유하며 문제해결을 위한 노력을 서로 지지하고 격려한다. 즉, 자조집단에서는 공통의 생활상황에 의한 공통의 정체감이 강조되며 그것이 바로 치료적인 요인이 된다.

### 4) 구조적 집단

구조적집단(Structured group)에서는 집단의 목표를 달성하기 위해서 일정한 주제를 집단에서 다룬다. 예를 들면, 초등학교 입학을 앞둔 자녀의 교육이라든지 학습지체아 문제, 인생의 전환기인 중년을 맞이한 여성들의 문제, 스트레스 관리, 완벽주의(그 양면성) 같은 특수한 문제나 주제를 이해하거나 특수한 기술을 학습하기 위한 집단이다. 구조적 집단에서는 인생의 어떤 문제에 대한 자각을 증진시키고 더 나은 대처기술을 가질 수 있도록 돕는 것이다.

구조적 집단은 T-그룹이나 참만남 집단에 비해 비교적 단기간(4회~8회 정도)에 끝나며 집단의 목적이나 지도자에 따라 다양한 형식이 있겠지만 대체로 처음에는 관련 주제나 문제에 대한 집단원들의 수준을 파악하기 위해 질문지에 응답하도록 하고 다음으로 관련된 구조화된 활동이 부과되며 과제가 주어진다. 끝으로 평가과정이 있다.

## 5. 집단상담의 과정과 실제

### 1) 집단상담의 단계

#### (1) 참여단계

집단상담에서 새롭고 의미있는 경험을 가지도록 이끌어준다. 구성원들은 자유로

이 각자의 의견과 느낌을 나누도록 격려한다. 이 시기에는 상담자의 적극적인 참여가 필요하지만 교사와 같이 가르치는 역할을 하는 것은 아니다. 상담자는 내담자들로 하여금 스스로 집단의 규범과 상호 협력적인 자세를 갖추도록 함으로써 효율적인 집단분위기를 만들 수 있다. 상담자 자신의 말과 행동은 집단상담의 분위기를 만들고 유지하는데 도움이 되는 것이라야 한다. 그렇게 하기 위해서는 상담자가 상담을 시작하기 전에 각 구성원들이 남의 말을 깊이 듣고 다른 사람이 말할 수 있도록 도우며 자기 문제에 관련된 감정을 공개하며, 바람직한 행동을 탐색 · 실천하는데 시간을 보내도록 제의할 필요가 있다. 상담자 자신은 인간행동에 대한 자기의 신념과 태도를 분명히 할 필요가 있다. 집단지도자 자신이 명백한 원리를 가지고 있을 때 내담자들도 다른 사람의 다양한 신념을 받아들이게 되고 신념과 견해의 차이를 존중하게 됨으로써 개인의 존엄성을 수용하게 된다.

### (2) 과도기적 단계

참여단계에서 생산적 작업단계로 넘어가는 과도기적 과정인 것이다. 이 단계의 주요과제는 집단원들로 하여금 집단에 참여하는 과정에서 일어나는 망설임, 저항, 방어 등을 지각하고 직면하도록 도와 주는 것이다. 자기의 행동결과에 대한 예측은 쉬운 일이 아니다. 상담자는 구성원들 간의 진정한 느낌이 교류되도록 격려하는데 노력을 집중해야 한다.

집단원들은 느낌과 지각내용의 상호교류가 얼마나 이로운가를 배우게 된다. 초기의 불안이 어느 정도 감소되고 나면 각 집단이 얼마나 집단을 잘 이용할 수 있을까에 대한 상담자로서의 '가벼운 불안'을 갖는 단계에 들어간다.

이 시점에서 상담자는 집단원들의 수용도 및 준비도에 따라 자신의 지도력을 적절히 그리고 제때에 발휘해야 한다.

### (3) 작업단계

작업단계는 집단상담의 가장 핵심적인 부분이다. 앞 단계들이 잘 조정되면 작업단계는 매우 순조롭게 집행되고 지도자는 한발 물러나서 집단원들에게 대부분의 작업을 맡길 수도 있다. 대부분의 집단원들이 자기의 구체적인 문제를 집단에 가져와서 활발히 논의하며 바람직한 관점과 행동방안을 모색한다.

집단원들이 자기 자신을 위해 어떻게 집단을 이용하며, 다른 사람들을 돕기 위해 어떻게 자기의 생각과 기술을 활용할 것인가에 대해 분명히 알게 되었을 때 작업단계에 들어섰다고 볼 수 있다. 집단원들은 상담자의 태도를 관찰·모방함으로써 문제 및 상황의 핵심적 측면에 대해 배운다.

상담자는 구성원들이 대인관계를 분석하고 문제를 다루어 나가는데 자신감을 얻도록 도와 주는 존재라고 말할 수 있다. 상담자는 다른 집단원에 의해서 내담자 스스로의 생각이나 선택이 좌우되는 것을 막아야 할 것이다.

작업단계는 행동변화를 위해 통찰과 행동의 실천이 필요하다. 이를 위해 집단원들로 하여금 실천의 용기를 북돋아 주고 특히 어려운 행동을 실행해야만 하는 구성원에게 강력한 지지를 보내도록 한다. 즉 한 개인이 직면한 문제를 다른 동료가 이해하고 공감해 주며, 각자의 비슷한 경험에 비추어 문제를 같이 해결하려는 노력이 이루어지기 때문이다.

### (4) 종결단계

상담자와 집단원들은 집단과정에서 배운 것을 미래의 생활에 어떻게 적용할 것인가를 생각하게 된다. 집단원들은 각자의 첫 면접기록과 현재의 상태를 비교한 후 일정한 정도의 진전이 있다면 상담자는 종결을 준비한다. 이러한 판단은 적어도 집단에 참여할 때 약정되었던 목표가 달성되었을 때 가능하다. 다시 말하면 자신을 사랑할 수 있고 문제 상황에 융통성 있게 대처하며 자신의 가치를 신뢰하고 이를 추구하게 되었다면 집단상담을 종결시켜야 한다. 집단원들 간에 의미 있는 관계가 형성되었을 경우 종결을 섭섭하게 여기는 것은 당연한 현상이다.

종결단계에서는 대부분의 사람들이 집단의 구성원으로 참여했던 것에 만족해하며 집단에서 자유스럽게 자기의 감정, 두려움, 불안, 좌절, 적대감 등 여러 가지 행동을 표현할 수 있었던 것에 만족해 한다. 상담자의 역할은 집단원들로 하여금 종결에 대한 준비를 시켜야 하며 상담의 전과정에서 집단원들이 각자의 행동에 대한 자기 통찰을 향상하도록 훈련시키고 앞으로의 행동방향에 대해 경험하고 배운 것을 일상생활에 적용할 수 있도록 돕는 것이다.

### 2) 집단상담에서 상담자의 역할

① 집단활동의 시작을 돕는다. 상담을 처음 시작할 때 집단원들은 서먹함을 느끼고 어떻게 할 바를 모른다. 이때 지도자는 그들로 하여금 상호작용을 시작하도록 이끌어 주어야 한다. 지도자는 솔선하여 자신의 느낌을 먼저 털어 놓음으로써 모범을 보여야 한다. 즉 지도자 자신이 가지고 있는 불안이나 집단에 대한 기대 등을 이야기함으로써 비교적 낯선 사람들이 처음 만나 느끼게 되는 불안·긴장·수줍음·갈등 등에 대하여 이야기할 수 있는 길을 터놓게 된다. 적당한 때에 지도자는 그 순간의 자신의 느낌을 이야기함으로써 그 침묵을 깨뜨려야 한다. 이를 통해서 집단원들도 각자의 느낌을 이야기하게 될 것이다.

② 집단의 방향을 제시하고 집단규준의 발달을 돕는다. 집단지도자는 집단의 초기 단계에 그 집단이 나아갈 방향을 제시하고 일반적인 오리엔테이션을 제공해 줄 책임을 지고 있다. 집단상담이 효과적으로 운영되려면 적당한 집단규준을 발전시켜야 하는데 집단지도자는 솔선하여 그 규준의 발달과 유지에 도움을 주어야 한다. 집단 수준에서 볼 때 규준이란 집단원들이 그 집단에서 느끼고 행동해야 할 표준이다.

③ 집단의 분위기 조성을 돕는다. 집단상담의 주된 목적이 집단원으로 하여금 스스로의 문제를 스스로의 힘으로 해결함으로써 보다 생산적인 인간으로 성장·발달하게 하는데 있으므로 집단지도자의 과업은 주로 그러한 발달이 이루어지도록 도움이 될만한 집단 분위기를 조성해 주는 것이다.

④ 행동의 모범을 보인다. 바람직한 행동의 모범을 보이는 것이 집단지도자의 가장 중요한 기능 중의 하나이다. 집단원에게 바라는 그러한 행동을 지도자 자신이 먼저 시범을 보임으로써 집단원도 그렇게 하도록 돕는다.

만약 집단 과정이 최대한으로 효과적이 되려고 하면 집단원들 상호간에 터놓고 직접적으로 의사를 소통하지 않으면 안 된다. 그렇게 하기 위해서는 집단지도자가 먼저 행동의 모범을 보여야 할 것이다.

⑤ 의사소통 및 상호작용을 촉진시킨다. 집단지도자의 중요한 역할들 중의 하나는 집단으로 하여금 의사소통을 방해하는 요인을 극복하고 원활한 상호관계를 발달시키도록 도와 주는 일이다. 이를 위하여 집단지도자는 항시 집단원 간에 의사소통의 통로를 막고 있는 장애물을 찾아내도록 도와 준다. 때로는 의문을 제기하고 때로는 문제를 명료화하고 또 모든 집단원이 가능한 한 모두 참여하도록 도와 줌으로써 상호간의 이해와 의견의 일치를 발달시킬 수 있다.

⑥ 집단원을 보호한다. 집단지도자의 중요한 역할들 중의 하나는 심신의 위험으로부터 집단원을 보호하기 위하여 보살피는 일이다. 예를 들면, 만약 어떤 집단원이 어떤 활동에 참여하기를 원치 않거나 특별한 개인적인 문제를 깊이 파고드는 일을 꺼려한다면 지도자는 그의 거절의 권리를 인정해 주어야 한다. 그리고 집단원 중 몇 사람 혹은 전원이 그 집단원에게 부당하게 압력을 가할 때 집단지도자는 즉시 개입하여 그 집단원을 보호해 주어야 한다.

⑦ 집단활동의 종결을 돕는다. 집단은 약속한 시간에 시작하여 예정된 시간에 마쳐야 한다. 이를 통하여 집단원들은 정해진 사실을 지킬 줄 알게 된다. 집단원들이 집단에서 학습한 것을 실제 삶에 적용하는데 대한 시사를 주고, 모임과 모임의 사이와 집단 전체가 끝난 후에도 계속적인 노력을 기울이려는 계약을 맺게 하고 집단을 떠난 뒤에 그들이 직면하게 될 심리적인 문제를 위하여 준비를 시키며 추후지도를 위한 집단모임을 계획하게 하며, 추가적인 집단상담을 받을 수 있는 곳을 알려 주고 그리고 집단상담이 종결된 후에도 개인상담의 가능성을 시사해 주는 것이 바람직하다.

제 4 장

# 진 로 상 담

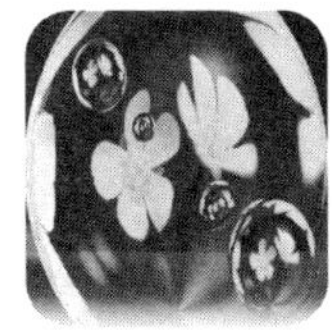

## 1. 진로상담의 기초

### 1) 진로상담의 개념

진로(career)란 한 개인이 생애동안 일과 관련해서 경험하고 거쳐 가는 모든 체험을 의미하는 것으로 발달적인 개념에서 생각할 수 있다. 진로상담은 생애발달 과정상에 나타나는, 즉 단순한 직업선택 뿐만 아니라, 전 생애에 걸친, 교육과 직업적, 사회적 경험, 직업의 선택, 결혼, 이직, 퇴직 등 모든 것을 포함한다. 발달의 기본 논리는 인간의 다른 신체적, 정신적 발달과 마찬가지로 진로에 대한 지식, 태도 및 기능도 어려서부터 발달하기 시작하여 청년기에 성숙해진다는 것이다.

개인의 진로발달에는 다양한 개인적 특성과 심리적 변인 및 환경적 · 상황적 변인이 복잡하게 영향을 미친다. 진로지도 및 상담에서 무엇보다도 선행되어야 할 것은 학생들이 자신의 신체적 조건, 적성, 흥미, 성격, 능력, 가치관 등에 대해서 정확하게 이해할 수 있도록 도와 주어야 한다.

진로상담은 진로교육의 이론과 실제를 현실 적응에 필요한 실천적 활동으로 학생들의 정의적 성숙과 진로발달의 과정을 도와 주는 체계적이고 전문적인 활동이다.

이재창(2004)은 진로상담은 진로지도를 위한 수단의 하나로 개인의 가치관과 태도의 탐색 뿐만 아니라 개인에 관한 정보와 자료가 일반상담보다 더 중시된다고 하였다. 한편 진로상담의 목표는 다섯 가지로 규정되어지는데, 첫째는 자신에 관한 보다 정확한 이해 증진, 둘째는 직업세계에 대한 이해 증진, 셋째는 합리적 의사결정, 넷째는 정보탐색 및 활용 능력 방안의 모색, 다섯째는 일과 직업에 대한 올바른 가치관 및 태도의 형성을 말한다.

진로상담에서는 모든 상담에서 상담자와 내담자의 관계가 중요하듯이 내담자와 상담자 간의 긍정적이고 생산적인 관계가 필수불가결한 조건이다. 내담자의 이야기를 들어주고 공감하는 기술이 특히 중요하며 이는 상담자가 내담자의 욕구, 관심사, 가능성 등에 관심이 있음을 내담자에게 보여주는 것이다. 일단 긍정적이고 생산적인 관계가 수립되면 진로상담 전 과정을 통하여 발전시켜 나가야 한다. 인간에게 있어서 실제적인 도움의 효율성을 따져 본다면 신뢰관계가 형성되었을 때 효과적이다.

상담자는 내담자 자신만의 독특한 생존방법을 갖고 있으며 진로상담에서 이 생존방법을 알아내는 것이 중요하다. 특히 진로상담은 내담자가 처해 있는 상황에서 출발하여야 한다. 내담자가 다양한 연령대와 환경에 속해 있으므로 내담자가 제공하는 정보와 행동에 대한 이해력을 동반한 청취력이 필요하다.

① **진로** : 한 개인의 생애동안 일과 관련해서 경험하고 거쳐 가는 모든 체험들이다.

② **직업** : 일반적으로 보수를 받는 것을 전제로 한 일을 의미한다. 그러나 경우에 따라서 무보수의 자원봉사, 복지사업, 가사 등도 포함된다.

③ **진로교육** : 개인의 진로선택, 적응, 발달에 초점을 둔 교육으로 각 개인이 자기 자신과 일의 세계를 인식 및 탐색하여 자기 자신에게 적합한 일을 선택하고, 선택한 일을 잘 수행할 수 있도록 취학전부터 시작하여 평생 동안 학교, 가정, 사회에서 가르치고, 지도하고, 도와 주는 활동이다.

④ **진로상담** : 개인의 진로발달을 촉진시키거나 진로계획, 진로/직업의 선택과 결정, 실천, 직업적응, 진로변경 등의 과정을 돕기 위한 활동이다.

⑤ **진학상담** : 상급학교 진학과 관련하여 학교선택, 계열선택, 학과선택 등을

돕는 활동이다.

### 2) 진로상담의 목표

① 자신에 관한 정확한 이해를 증진시킨다.
② 직업세계에 대한 이해를 증진시킨다.
③ 합리적인 의사결정 능력을 증진시킨다.
④ 정보탐색 및 활용능력 방안을 모색한다.
⑤ 일과 직업에 대한 올바른 가치관 및 태도를 형성한다.

## 2. 진로상담의 이론

### 1) Parsons의 특성요인이론

개인차 심리학과 응용심리학에 근거를 둔 특성이론은 이 분야에서 가장 오래된 이론이다. 특성요인이론은 개인의 특성과 직업을 구성하는 요인에 관심을 두는 이론이다. 특성요인이론의 선구자인 Frank Parsons는 개인의 이해, 직업세계의 이해, 그리고 이들 정보에 기초한 합리적인 선택 등 세 가지 요소로 구성된 직업지도 모형을 제시하였다.

Parsons(1909), Hull(1928), Kitson(1925) 등이 주류를 이루었던 이 접근방법의 요체는 사람과 직업을 짝지어 주는 것인데, 개개인이 지닌 제 특성을 심리검사 등의 객관적인 수단에 의해 밝혀 내고, 각각의 직업이 요구하는 제 요인을 분석하여 개인의 특성에 적합한 직업을 선택하게 하는 것을 말한다. 이때 직업선택의 타당성에 대한 준거(準據)는 개인이 지닌 특성이 그 직업에 성공적으로 종사하고 있는 사람의 특성과 어느 정도 일치하느냐가 된다.

특성이론은 한때 심리검사의 개발 등으로 상당한 각광을 받아왔고 현재도 진로지도에 공헌하는 바가 크며, 특히 직업선택에서 적성을 고려하도록 한 것은 이 이론의 큰 공헌이라 할 수 있다. 이 이론은 그 이후 다양한 연구를 자극하였는데,

적성검사 연구가 그 대표적인 것으로, Strong의 직업흥미검사, Kuder의 직업선호 검사 등이 여기에 속한다.

특성요인이론의 기본적 가설은 다음과 같이 요약할 수 있다(Kelin & Wiener, 1977).

① 인간은 신뢰롭고 타당하게 측정할 수 있는 독특한 특성을 지니고 있다.

② 비록 다양한 특성을 지닌 개인들의 주어진 직무를 성공적으로 수행하는 경향이 있지만, 직업은 직업적 성공을 위해 매우 구체적인 특성을 지닐 것을 요구한다.

③ 직업선택은 다소 직접적인 인지과정이며, 개인의 특성과 직업의 특성을 짝짓는 것이 가능하다.

④ 개인의 특성과 직업의 요구사항을 서로 밀접하게 관련을 맺을수록 직업적 성공의 가능성은 커진다.

진로선택시 개인의 특성을 고려하도록 한 것이 이 이론의 큰 공헌이다. 특히, 특성요인이론에 의해서 강조된 표준화 검사도구와 직업세계의 분석과정은 진로상담에 매우 유용하다.

그러나 이에 못지않게 이 이론은 많은 결함을 내포하고 있다. 가장 대표적인 것은 개인이 특정직업에 성공할 확률을 점치는 예언타당도(豫言妥當度)가 극히 낮다는 점이다. 이 이론의 접근방법이 주로 심리검사를 통해서 개인의 특성을 평가하는데, 이러한 측정도구에서 밝혀진 결과가 어떤 직업에서의 성공 여부를 정확하게 예언해 주지 못한다는 것이다. 이 밖에 직업선택을 일회적(一回的)인 행위로 간주하여 장기간에 걸친 인간의 직업적 발달을 도외시하고 있는 점, 개인이 가지고 있는 제 특성간의 역동성 및 개인이 그 많은 요인 중 어느 것을 우선적으로 고려하느냐에 따라 직업선택이 달라질 수 있다는 점을 고려하지 못한 점 역시 이 이론의 단점으로 지적할 수 있다.

### 2) 사회이론

개인을 둘러싼 사회·문화적 환경이 개인의 행동에 영향을 미친다는 이 이론의 주개념은 가정, 학교, 지역사회 등의 사회적 요인이 직업선택과 발달에 영향을 미친다는 것이다. Blau(1956), Hollingshead(1949), Miller와 Form(1951) 등에 의해서 대표되고 있다.

이 이론에 따르면 개인이 속해 있는 사회계층은 이에 지대한 영향을 미친다. 사회계층에 따라 그 속에서 생활하고 있는 대다수 사람들의 사회적 반응, 교육받은 정도, 직업적 야망, 일반 지능수준 등을 결정하는 독특한 심리적 환경을 조성하게 되는데, 이것이 결과적으로 직업선택 및 발달에 영향을 미치게 된다는 것이다.

그래서 저소득층 가정의 자녀들이 열망하는 직업과 그들이 실제로 가질 수 있으리라고 예상하는 직업간에는 상당한 차이가 나타나게 된다. 이러한 현상은 그들의 빈약한 교육수준이나 무능력에 기인하는 수도 있지만, 보다 근본적인 이유는 자신이 원하는 직업에 접근하는 것을 주위환경이 허용하지 않을 것이라는 생각에 기인한 것이다. 즉, 환경을 의식해서 자신의 열망을 추구해 보지도 않고 체념해 버리는 것인데, 이러한 경향 때문에 충분히 발전할 수 있는 능력이 있음에도 불구하고 자신의 능력에 비해 보잘 것 없는 일에 머물러 버리는 사람들이 있게 된다. 그러나 부모들이 어떠한 가정 분위기를 조성하느냐에 따라 자녀들의 직업적 야망의 성취 여부는 얼마든지 달라질 수 있다. 이 이론에서는 특히 부모가 진로선택에 영향을 미치는 중요한 요인으로 간주하고 있다.

이러한 점을 감안해서 진로상담을 전개할 때에는 다음과 같은 사회적 요인들을 고려해야 할 것이다(Lipsetti, 1962).

① **가정의 사회·경제적 지위** : 부모의 직업, 수입, 교육 정도, 주거지역, 주거양식 및 윤리적 배경이다.

② **가정의 영향력** : 자녀에 대한 부모의 기대, 형제간의 영향, 가족의 가치관 및 개인(내담자)의 태도이다.

③ **학교** : 학업성취도, 동료 및 교사와의 관계, 학교에 대한 태도이다.

④ **지역사회** : 개인이 속한 지역사회에서 주로 하는 일, 그 지역사회 집단의 목적 및 가치관, 그 지역사회 내에서 특수한 경험을 할 수 있는 기회 또는 영향력이다.

⑤ **압력집단** : 교사, 동료, 친지 등의 특정 개인이나 부모가 내담자로 하여금

어느 한 직업에 가치를 두도록 영향력을 지니고 있는 정도이다.

⑥ **역할지각** : 자신의 다양한 역할 수행에 대한 개인의 지각 및 이것이 그 사람에 대한 타인의 지각과 일치하는 정도이다.

이상에서 간략하게 살펴본 바와 같이 이 이론의 특징은 개인이 통제할 수 없는 요인들이 진로선택에 중요한 영향을 끼친다는 것이다. 즉, 개인이 가지고 있는 진로선택의 재량권은 다른 이론에서 가정되는 것보다 훨씬 적다(Osipow, 1983). 무엇보다도 중요한 것은 이 사회 이론에 근거한 상담은 개인을 둘러싸고 있는 제반 상황에 대한 충분한 파악을 토대로 이루어져야 한다.

### 3) Holland의 인성유형론

개인의 행동양식이나 인성유형이 직업선택과 발달에 주요한 영향을 미친다. 직업을 선택할 시기에 있어서의 개인은 타고난 유전적 소질과 문화적 · 개인적 요소(동료, 부모, 사회계층 등) 간의 상호작용의 소산이다.

Holland는 자신의 이론을 보다 잘 설명하기 위하여 직업환경과 적응방향을 현실적(근육노동적), 지적, 사회적(봉사적), 전통적(동조적), 기업적(설득적), 예술적(심미적)인 6개 범주로 각각 분류하고 있다(그림 4-1 참조).

유형론은 다음과 같은 7가지 기본 가정에 기초를 두고 있다. 이런 가정은 개인, 환경, 개인과 환경간의 상호작용에 대한 유형론을 개발하기 위해 충분히 검토된 것이다.

① 대부분의 사람들은 6가지 성격 유형(R : 실재적, I : 탐구적, A : 예술적, S : 사회적, E : 기업적, C : 관습적) 중 한 가지 유형으로 분류할 수 있다. 이 유형은 한 개인을 비추어 볼 수 있는 모델이 될 뿐만 아니라 이론적이고 개념적인 유형이다. 진로탐색검사의 RIASEC이라는 6가지 척도는 각 성격유형에 대한 한 개인의 닮은 정도를 평가한 것이다. 한 개인과 가장 닮은 순서대로 3가지 유형을 RIASEC의 세 자리 코드로 요약해서 제시해 준다(예, RIC, RCE 등). 세 문자로 요약된 코드는 개인의 복잡한 성격을 설명해 줌과 동시에 개인을 한 가지 유형으로 분류하는데 있어서 생기는 문제점을 감소시킬 수도 있게 해준다.

문화적 개인적 영향력 부모, 사회계급, 문화, 물리적 환경은 갖가지 다양한 방법으로 개인에게 영향을 주고 또 독특한 성격을 형성케 한다. 이러한 경험을 통해서, 개인은 먼저 다른 사람들의 활동을 배우고자 한다. 다음으로, 이런 선호된 활동들은 자신의 강한 흥미가 되고, 이것은 다시 특정한 유능성을 창출해 낸다. 끝으로, 개인의 흥미와 유능성은 특별한 방법으로 사고하고, 인지하고, 행동하는 독특한 성격적 특성을 나타낸다. 이런 발달적 연속성은 청소년 시절에 끝나는 것이 아니라 평생 동안 경험하는 갖가지 환경에 부딪히면서 계속적으로 발달해간다.

② 우리들의 생활환경에는 실재적, 탐구적, 예술적, 사회적, 기업적, 관습적인 것과 같은 6가지 환경이 있다. 각 환경은 주어진 성격 유형에 의해 지배되고 또한 어떤 특수성이 있는 물리적 환경에 의해 특징지워진다. 예를 들면, 실재적 환경은 기계나 사물 등과 상호작용한 것을 요구하고 사회적 환경은 사람들을 돕고 가르치는 활동을 하도록 요구한다.

사람들은 자신들의 흥미, 유능성, 포부 등이 같은 사람들을 자기주변에 두려고 하는 경향이 있다. 따라서 사람들이 모이는 어디에서나 그들은 그들의 성격을 반영하는 환경을 만들기 마련이다.

③ 사람들은 기술과 능력을 시험해 보고 자신의 태도와 가치를 표현하고, 기꺼이 문제와 역할을 수용할 수 있게 해주는 환경을 찾는다. 실재적 유형은 실재적 환경을 추구하고, 사회적 유형은 사회적 환경을 추구한다.

④ 개인의 행동은 자신의 성격과 환경 특성간의 상호작용에 의해 결정된다. 이것은 개인의 성격 패턴과 환경 패턴에 기초하고 있으며, 대체로 이 같은 상호작용의 결과는 성격 유형과 환경 모델의 지식을 통해 예견할 수 있다. 이와 같은 결과는 직업 선택, 직업 변경, 직업 성취, 개인의 유능성, 교육적이고 사회적 행동 등으로 나타난다.

진로탐색검사는 이러한 이론에 바탕을 두고 개인이 살아오는 동안에 형성된 성격유형을 평가하여 거기에 맞는 세 자리의 코드유형을 할당하는 것이다. 예를 들면, SI형의 개인은 SI직업을 만족해 할 것이다. 왜냐하면, SI 직업종사자들이 나타내는 성격 활동, 유능성, 지각, 가치, 성격특성 등은 SI형의 근로자들의 성격 활동, 유능성, 가치, 기질들과 유사하다.

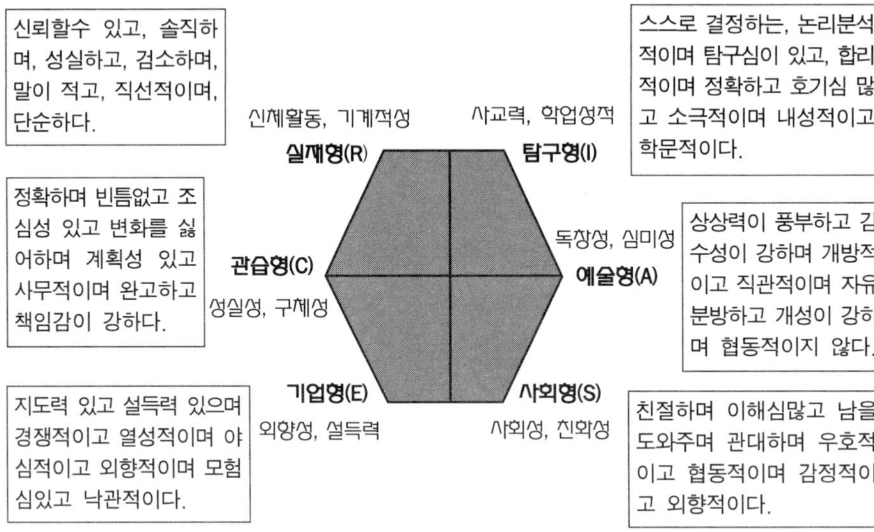


〈그림 4－1〉 Holland의 6각형 모형 및 직업성격유형

⑤ 개인과 직업(환경)간의 일치도(congrunce or agreement)는 6각형 모형에 의해 평가되어질 수 있다. 성격유형과 직업 유형간의 거리가 짧으면 짧을수록 양자간의 관계는 밀접하다. 예를 들면, R형의 사람과 R형의 직업은 거의 일치되어 있고 반대로 S형의 직업에 종사하는 R형의 사람은 일치도가 가장 낮다.

⑥ 개인 혹은 환경 내 일관도(consistancy) 역시 6각형 모델을 활용하여 얻을 수 있다. 6각형에서 인접해 있는 유형들(R : 실재적, I : 탐구적, A : 예술적, S : 사회적)은 가장 일관도가 높고, 흥미, 성격적 특성, 혹은 직무 등이 관련성이 높다. 6각형에서 대각선의 서로 반대되는 유형끼리는 일관도가 가장 낮고 성격적 특성이나 직업 기능이 거의 관련이 없다. 진로탐색검사 결과에서 프로파일의 일관도는 보다 안정적인 직업 경력을 가진 사람에게서 볼 수 있으며 역시 이러한 일관성은 직업성취와 자신의 목표가 분명한 사람에게서 나타날 수 있다.

⑦ 개인이나 환경의 분화도를 알 수 있다. 예를 들면, 한 개인이 어떤 한 개의 유형에 매우 유사하고 다른 유형들에 대해서는 그 유사성이 현저하게 떨어질 수 있다. 반대로, 어떤 개인은 6가지 유형 각각에 비슷한 정도로 나타나서 유형이

뚜렷이 구별되지 않을 수도 있다. 뚜렷하게 규정된 성격유형과 환경은 그들의 코드로 성격 등을 쉽게 잘 예견할 수 있는 반면에 불분명한 성격유형이나 환경은 성격이나 환경의 영향을 명확히 예견하기가 어렵다. 진로탐색검사에서 분화도는 가장 높은 점수와 가장 낮은 점수간의 차이로 정의된다.

### 4) Super의 진로발달이론

진로발달이론은 Ginzberg, Ginsburg, Axelrad 및 Herma(1951), Super(1953), Tiedeman(1961) 등에 의해 대표된다.

Super는 진로행동 및 발달영역에 통합적인 접근을 시도하였는데, 그에 의하면 진로란 생애(life-span)와 생활공간(life-space) 속에 존재하는 것으로, 발달 · 차이 · 사회 · 성격 · 현상학적 심리학에서 적용되는 주요이론과 자아개념 또는 개인구성이론을 결합하여 진로발달의 특정측면을 취급하는 것으로 나타났다(Super, 1990).

Super는 개인의 생애를 자아실현의 과정으로 보고, 생애진로 발달단계를 주요사건이 일어나는 5개의 하위단계로 나누어서 설명하였다.

① **성장기**(growth stage, 0~14세) : 이 기간 중에는 가정과 학교에서의 주요인물과 동일시함으로써 자아개념을 발달시킨다. 이 시기의 초기에는 욕구와 환상이 지배적이나, 사회참여와 현실검증이 증가함에 따라 흥미와 능력을 중요시하게 된다.

이 단계는 세 가지 하위단계인 환상기(4~10세), 흥미기(11~12세), 능력기(13~14)로 나뉘어진다. 환상기는 욕구가 지배적이며 역할수행이 중요시된다. 흥미기는 개인의 취향이 곧 활동의 목표 및 내용, 진로목표 선정시에 결정요인이 된다. 능력기는 자신의 능력을 보다 중요시하며 이를 고려해서 진로를 선택하려 한다. 또한 직업훈련의 요구조건을 고려하게 된다.

② **탐색기**(exploration stage, 15~24세) : 학교생활, 여가활동, 시간제 일을 통해서 자아검증, 역할시행, 직업적 탐색을 행한다. 탐색기는 다시 잠정기(15~17세), 전환기(18~21세) 및 시행기(22~24세)로 구분한다.

잠정기는 흥미, 욕구, 능력, 가치, 직업적 기회 등을 고려하기 시작하며, 잠정적인 진로를 선택하고 그것을 환상 속에서나 토의, 일, 기타 경험을 통해서 시행해 본다. 전환기는 개인이 취업을 하거나 취업에 필요한 훈련, 교육 등을 받고, 직업선택에서 보다 더 현실적인 요인들을 고려하게 되며 자아개념이 직업적 자아개념으로의 전환을 야기하게 되는 시기이다. 시행기는 개인은 직업을 갖게 되며, 그 직업이 자신에게 적합할지의 여부를 시험하게 된다.

③ **확립기**(establishment stage, 25~44세) : 자신에게 적합한 분야를 발견하고 거기에서 영구적인 위치를 확보하기 위한 노력을 한다. 이 단계는 다시 시행기(25~30세)와 안정기(31~44세)로 나누어진다.

시행기는 자신이 선택한 일의 분야가 적합하지 않을 경우 적합한 일을 발견하게 될 때까지 몇 차례의 변화를 겪게 되며, 영구적인 직업을 확보할 때까지 노력을 계속하는 시기이다. 안정기는 진로유형이 분명해짐에 따라 그 직업을 안정시키고, 직업세계에서 안정과 만족, 소속감, 지위 등을 굳히기 위한 노력을 한다.

④ **유지기**(maintenance stage, 45~64) : 이미 정해진 직업에 정착, 그것을 유지하기 위한 노력을 한다. 즉, 개인은 직업세계에서 자신의 위치를 확고히 하고, 유지하려는 시기로 가장 안정된 생활 속에서 지낼 수 있게 된다.

⑤ **은퇴기**(decline stage, 65세 이후~ ) : 정신적 · 신체적 힘이 약해짐에 따라 직업전선에서 은퇴하여 다른 활동을 찾게 된다.

이 시기는 일의 수행속도가 느려지고, 직무에 변화가 오거나 혹은 일의 능력이 쇠퇴하는 데 알맞게 변화가 요구된다. 이 시기의 사람들은 시간제 일을 찾고자 한다. 이들은 시간제 일, 자원봉사자 혹은 여가활용 등으로 이직하게 된다.

### 5) Roe의 욕구이론

Roe(1957)는 부모 · 가족간의 관계가 어떻게 아동의 직업선택에 영향을 미치는가와 아동기 때의 초기 경험이 어떻게 욕구들을 강화시키거나 약화시키고 아동의 직업발달에 영향을 미치는지에 관한 탐색이 대부분이어서 가족 및 체계적 접근법으로 분류되기도 한다.

Roe의 성격발달이론은 Maslow(1954)의 욕구위계론 및 직업선택에서의 욕구들과의 관계성에 기초하고 있는데, 다음과 같은 명제를 제시하였다. 첫째, 유전은 모든 특성의 발달 잠재성에 제한을 가하지만 어떤 특성이냐에 따라 유전적 통제의 정도와 성격에는 차이가 있다. 둘째, 유전된 특성의 개발 방법이나 정도는 개인의 독특한 경험뿐만 아니라 문화적인 배경과 가정의 사회경제적 지위와 모든 측면에 의해서도 영향을 받는다. 셋째, 상대적으로 통제력이 미미한 흥미, 태도, 그리고 다른 성격 변인들의 발달 양식은 주로 무의식적인 주의를 통해 특정한 방향으로 나아가게 하는 개인의 경험에 의해 결정된다. 넷째, 주의력의 견지에서 볼 때 정신에너지의 궁극적인 양식은 흥미의 주요 결정요소이다. 다섯째, 욕구들의 강도는 성취에 대한 동기유발의 정도를 결정하는 주 요인이다(이재창, 2004).

Roe는 직업선택은 부모－자녀간의 상호작용을 통해서 발달되는 심리적인 욕구에 기초하는 것으로 부모의 양육태도는 다른 실재적인 부모행동보다 중요하다고 보고 부모의 양육태도의 범주를 세 영역으로 분류하였다. 첫째, 자녀에 대한 감정적인 집중은 과보호적이거나 과요구적으로 될 수 있다. 둘째, 자녀에 대한 회피는 감정적인 무시와 거부로 표현된다. 셋째, 자녀에 대한 수용은 무관심한 수용과 애정적인 수용으로 나타난다. 그 내용을 좀더 구체적으로 살펴보면 다음과 같다.

### (1) 자녀에 대한 감정적 집중

#### 1 과보호적 분위기(overprotecting climate)

부모가 자식을 특별히 소중히 여기고 지나친 보호를 하려 하며, 자식도 부모에게 의존하기를 기대한다. 이러한 부모들은 자녀의 낮은 수준의 요구는 즉시 들어주나, 상위의 요구는 아이의 행동이 부모나 사회의 기대에 일치할 때에만 들어준다. 이러한 분위기에서 자란 아이들은 훗날 타인에게 의존적이며 일반적으로 동조적인 행동을 많이 나타내게 된다.

#### 2 과요구적 분위기(overdemanding climate)

자식이 부모의 요구에 부합되고 성취를 한 경우에 부모는 자녀를 사랑하고 귀히여긴다. 부모는 자식이 무슨 일을 하든 남보다 뛰어나길 바란다. 그래서 자식에게 엄격한 훈련을 시키게 되고, 취학 후에는 우수한 성적을 받아오도록 무리한 요구를 하게 된다.

#### (2) 자녀회피

**1 무시적 분위기(neglecting climate)**

자녀와의 접촉 및 자녀에 대한 부모로서의 책임을 회피하려는 경향이 있으며, 자녀의 욕구 충족을 위해서 별로 노력하지 않는다. 자녀에 대한 관심이 적으나 감정적으로 거부하지 않는다.

**2 거부적 분위기(rejecting climate)**

자녀의 행복을 전적으로 무시하고 자녀들의 신체적 · 심리적 필요를 충족시켜 주려는 노력을 거의 하지 않는다.

#### (3) 자녀수용

**1 무관심한 분위기(unconcern climater)**

부모가 자식을 수용하기는 하나 부모와 자녀관계가 별로 밀착되지 않는다. 그러나 자녀들의 필요나 욕구에 대해서는 비교적 민감하다.

**2 애정적 분위기(loving climater)**

무관심한 분위기와 유사하나 그보다는 부모-자녀 관계가 더 튼튼하며, 부모는 자녀가 어떠한 것을 요구하든 들어주려고 노력하며 무관심한 분위기에 비해서 부모는 자녀에게 더욱 사려깊은 격려를 한다.

### 6) Ginzberg의 발달이론

Ginzberg, Ginsburg, Axelrad, Herma(1951, 이재창, 2004 재인용)는 경제학자, 정신의학자, 사회학자, 심리학자로 진로발달은 개인의 생애 초기 20년 동안에 일어나는 직업선택의 과정이라고 생각하고 직업선택은 발달적 과정이다. 단 한번의 결정이 아니라 수년에 걸쳐서 이루어지는 일련의 결정들이다. 이 과정에서 각 단계는 서로 관련되어 있다고 주장하였다. 직업행동과 관련된 최초의 이론인 이 이론에 의하면 직업선택은 개인의 가치관, 정서적 요인, 교육의 기회와 성취(양과 종류), 실제 상황적 여건(지리적 위치, 고용기회 등) 등의 영향을 받고, 이 요인들은 직업선택을 결정하는 태도에 영향을 미치게 된다고 설명한다.

Ginzberg 등은 진로발달 단계를 환상기(환상적 직업탐색 단계), 잠정기(시험적 직업탐색 단계), 현실기(현실적 직업탐색 단계)의 세 단계로 구분하여 제시하고 있다.

#### (1) 환상기

11세 이전까지의 시기로, 개인의 욕구와 충동이 직업선택과 동일시되어 자신이 원하면 무엇이든지 될 수 있다고 생각하는 단계이다.

#### (2) 잠정기

11~17세에 해당되는 시기로, 개인의 흥미, 능력, 가치관 등이 진로선택 과정에서 고려되지만 현실적 요인이 적절하게 고려되지 않았기 때문에 잠정적으로 본다.

#### (3) 현실기

18~20대 초반에 해당되는 시기로 자격요건이나 교육기회와 같은 현실적 요인이나 개인적 요인을 고려하여 타협이 이루어지고 실제로 직업선택을 하게 된다.

### 7) Bandura의 자기효능감이론

자기효능감이론은 Hackett와 Betz(1981)에 의해서 처음으로 진로상담에 적용해 온 이래 진로발달과 관련된 다양한 변인들과의 관계연구가 이루어졌다.

자기효능감은 사회학습이론에서 외적 자극의 영향을 무시하지 않으면서도 인간의 인지적 재과정의 중요성을 강조한다. 즉 자기효능감은 여러 인지적 과정을 대표하는 중심개념이다. Bandura(1986)는 자기효능감(self-efficacy)을 특정한 수행을 하는데 필요한 행동과정을 조직하고 집행하는 개인의 능력에 대한 스스로의 판단이라고 정의하였다. 즉 자신의 능력에 대해서 스스로 어떻게 평가하는가를 말한다.

Bandura(1986)의 자기효능감 모델에 의하면, 일반적으로 사람들은 자기효능감에 대한 정보를 네 가지 원천, 즉 수행성취, 모방학습, 정서적 각성, 언어적 설득이나 격려 등을 통해서 획득하게 된다. 낮은 자기효능감을 가진 사람들은 자신이 그 과제를 잘 수행할 수 없을 것으로 생각하고 미리 낙담하게 되므로, 실제 자신의 능력과 자기효능감에 차이가 있을 수 있다. 개개인은 특정 진로영역에 대한 결정 행동을 수행하기 위해서는 그 결정에 영향을 주게 되는 개인적인 신념이라는 중재변인에 기초하게 된다. 따라서 진로결정 행동은 일차적인 중재변인인 개인의 자기효능감에 대한 기대 수준에 의해서 결정된다.

이러한 Bandura의 이론을 바탕으로 하여 진로발달의 한 모델을 발달시킨 진로자기효능감은 Betz와 Hackett(1986)에 의해서 진로선택과 적응에 필요한 여러 가지 행동과 관련된 자기효능감 기대의 전체적인 수준으로 정의하였다. 자기효능감 기대는 세 가지 차원으로서, 수준(개인이 수행할 수 있다고 느끼는 임무의 어려움에 대한 정도), 강도(자신의 주장에 대한 스스로의 확신), 보편성(효과적이라고 느끼는 상황의 범위)으로 구성된다. 아울러 자기효능감 기대와 상호작용하는 변인으로는 결과기대와 동기를 들 수 있는데, 자기효능감 기대가 부족할 때 효과적이고 만족스러운 선택이나 계획, 그리고 성취를 제대로 달성할 수 없으며, 장애에 직면할 경우에도 이를 잘 극복하지 못하는 것으로 알려져 있다.

## 3. 진로상담과 지도의 실제

### 1) 진로문제의 유형

① **장래에 대한 무계획** (자신의 장래에 대한 준비나 계획없이 될 대로 되라는 식의 태도를 지니고 있는 상태)

㉮ : 앞으로 무엇을 할지 모르겠다. 될 대로 되라.

② **자기 인식 부족**(진로 선택에 있어서 가장 우선적으로 고려되어야 할 자기에 대한 인식, 즉 능력, 적성, 특기, 소질, 흥미 등에 대한 인식이 부족한 경우)

㉮ : 적성, 소질을 모르겠다. 내가 진짜 하고 싶은 것을 모르겠다. 재주가 없어서 고민이다.

③ **희망과 현실의 괴리**(자신의 현실적인 능력 수준에 부합되지 않는 진로를 희망함으로 인해 발생하는 문제나, 이와 반대로 현실적인 능력 수준에 맞추어 진로를 선택하다 보니 본인이 원치 않는 결과가 나타나게 되어 갈등하는 경우

㉮ : 가고 싶은 학교에는 성적이 딸린다. 성적 때문에 싫은 학교에 가야 한다.

④ **진로에 대한 두려움이나 압박감**(상급학교 진학이나 졸업을 하고 나서 사회에 진출했을 때 두려움을 갖는 경우)

㉮ : 좋은 직장에 갈 수 있을까, 졸업을 하면 무엇을 할까?

⑤ **진로 선택에 대한 갈등**(여러 가지 대안들, 즉 진학, 취업, 유학, 창업 등을 선택하는데 있어서 갈등하는 경우)

㉮ : 어떤 직업을 가져야 할지 고민이다.

⑥ **진로에 대한 정보 부족**(진로, 즉 취업이나 진학에 대하여 다양하고 구체적인 정보가 부족하여 문제가 되는 경우)

㉮ : 취업이 된다 해도 그것에 대한 정보가 부족하다.

⑦ **진로에 대한 부모님과의 갈등**(진로를 선택하는 데 있어 부모님과 의견이 다르거나 부모님의 기대에 따른 부담을 겪는 경우)

㉮ : 음악을 좋아하는데 부모님이 못하게 한다. 장남이라 대학이나 취업 문제로 부담이 된다. 나는 진학을 하고 싶은데 취업하기를 원하신다.

### 2) 진로지도 과정

| 과 정 | 지 도 내 용 |
|---|---|
| 자기 이해 | 개인 성찰을 위한 최적의 방법은 학생 자신이 그의 신체적, 정신적 특성과 가정적 환경에 입각하여 자기를 종합적으로 이해하는 데서 시작된다. 각종 표준화 검사, 관찰, 실습 등을 통해서 자기이해를 먼저 하도록 한다. |

| | |
|---|---|
| 일과 직업 세계의 이해 | 각종 진로 정보를 통하여 직업의 성질, 작업 조건, 요구되는 훈련 및 교육 정도(학력), 보수, 승진 및 직업적 전망, 기타 해당 직업에 관련된 직무를 이해해야 한다. |
| 진로와 학습 | 학생들이 자기 자신을 정확히 이해하고 일과 직업 세계에 대한 정보를 터득한 후 교육과 훈련의 관계를 자각하도록 한다. |
| 의사결정 | 이 단계에서는 나에게 알맞은 직업은 무엇인가라는 문제에 도달하여 스스로 계획하고 검토, 수정하는 과정을 거쳐 앞으로의 진로 방향에 결정을 내릴 수 있어야 한다. |
| 직업 준비 | 직업에 대한 의사 결정이 이룩된 후에는 직업 훈련에 착수하는 일이 남는다. 실제로 작업 현장에서 기술 습득을 위해 체험을 갖도록 여건을 마련해 주어야 한다. |
| 진로 결정 | 위와 같은 단계를 통하여 훈련과 체험이 동시에 이루어져 만족한 느낌을 갖게 되면, 이제 학생은 진로, 즉 직업이 확정되어 고용 조건을 갖추고 직업인으로서의 역할 수행이 가능하게 된다. |
| 역할 수행 | 이 과정은 생산적 직업인으로서 자신이 좋아하는 직업을 선택하여 훈련을 받고 또한 그 분야에 종사하게 됨으로써 만족한 삶을 누릴 수 있게 된다면, 자기 나름대로 성공한 것이다. |
| 사회 속의 나 | '사회 속의 나'라는 인식을 통해 나와 직업은 매우 밀접한 관계를 갖고 있으며, 나의 역할이 사회에 어떠한 공헌을 하고 있는가에 대한 가치관을 갖도록 해야 한다. |

### 3) 진로상담의 내용

Zunker(1998)는 진로상담에 대한 내용을 중학생과 고등학생으로 분류하여 제시하였다. 왜냐하면 초등학교 시기는 진로인식 단계를 바탕으로 진로탐색이 이루어지며, 중학교 시기는 진로탐색 단계에 해당되고, 고등학교 시기는 진로준비 단계에 해당되는 시기이다. 따라서 중학생의 경우에는 ① 의사결정 및 문제해결 기술 증진, ② 자아개념과 교육·직업목표와의 연계, ③ 개인의 장점과 능력 파악 및 활용, ④ 직업탐색 등의 활동은 중학교 시기에 이루어져야 할 내용으로 제시하였다. 즉, 자기 자신과 직업에 대한 탐색이 이루어지는 기회가 주어져야 할 것이다.

그리고 고등학생의 경우에는 ① 의사결정기술과 문제해결력의 심화, ② 직업세계에 대한 구체적인 지식 구비, ③ 직업윤리 및 타인들과 더불어 일하는 방법과 기술 등에 대한 학습, ④ 개인의 역할에 대한 이해, ⑤ 개인의 생활양식, 여가활동 등과 일과의 연계방법 학습, ⑥ 취업에 대비한 구체적인 취업활동 등을 주요 내용으로 제시하고 있다. 그러므로 고등학교에서의 진로상담은 자신의 능력, 적성, 흥미, 경제적 여건, 직업포부 등을 고려하여 자신의 진로를 선택하고 개척해 나갈 수 있는 탐색과 준비를 할 수 있는 기회를 제공해 주는 것이 바람직하다.

### 4) 진로상담의 과정

진로상담의 과정은 ① 관계수립 및 문제의 평가, ② 목표설정, ③ 문제해결을 위한 개입(내담자의 의사결정 수준에 따른 차별적인 개입), ④ 훈습(working through), ⑤ 종결과 추후지도(내담자의 변화에 대한 평가, 목표달성 정도의 평가, 남아있는 문제에 대한 예측과 논의, 상담의 종결에 대한 내담자의 태도 평가 등을 수행)의 5단계로 이루어진다(이재창, 2004).

### 5) 진로상담의 원리

진로상담이 효과적으로 이루어지기 위해서는 다음과 같은 기본원리가 적용되어야 한다(이재창, 2004).

① 상담자의 내담자에 대한 신뢰 및 공감적 이해
② 최종선택은 내담자 스스로 결정하도록 유도
③ 만성적 진로 미결정자의 조기발견
④ 내담자의 합리적인 의사결정 기법 획득 유도
⑤ 효과적인 진로관련 정보제공을 위한 상담자의 직업세계에 대한 숙지
⑥ 내담자의 결정수준에 따른 상담자의 차별적인 진단과 처치 등이다.

제 5 장

# 부모 및 가족상담

## 1. 부모 및 가족상담의 필요성

아동은 그들의 발달 특성상 자율적인 현실적응이 원활하지 않기 때문에 아동의 발달을 촉진시키기 위해서 자연스럽게 부모나 가족의 개입이 필요하게 된다. 부모 및 가족상담이란 아동이 현재 당면하고 있는 문제를 해결하기 위하여 상담자가 그의 부모 또는 가족을 만나 상담하는 것을 말한다. 즉 아동들의 부적응 행동을 원만하게 교정 및 발달시키기 위해서는 아동을 둘러싸고 있는 1차적 환경인 부모나 가족들에 대한 이해와 함께 부모에 대한 상담이 아동상담과 함께 병행되어야 하는 것이 자연스럽다고 할 수 있다.

특히, 아동 문제 행동의 대다수는 전체적인 가정의 분위기나 또는 부모의 양육태도, 혹은 가족간에 생기는 심리적인 갈등에서 비롯되는 경우가 많기 때문에 부모 및 가족상담이 아동상담과 같이 이뤄짐으로써 아동 부적응 행동에 대한 근본적인 지도가 가능해지게 된다. 아동은 발달 특성상 환경적인 지원에 따라서 문제해결 및 적응양식이 달라질 수 있다. 그렇기 때문에 아동의 원만한 적응을 위해서는 환경적인 자원구축도 상담을 진행하는 것 못지않게 중요하다. 왜냐하면 아동들은 가족이 한 구성원으로서 가정 내의 역기능적인 여러 환경적인 조건을 무비판적으로 받아들이게 되며, 그 과정 속에서 부적응 행동을 학습하게 되거나, 자기가 느끼게 되는 불안이나 공포 등이 원인이 되어 부적응 행동을 유발하기 때문이다.

따라서 아동상담을 통해 대상 아동의 부적응 행동을 고쳤다 하더라도 가정의 기능이나 역할이 개선되지 않은 채 종전과 같은 조건이라면 근본적인 개선은 어렵게 된다. 즉 가족상담을 통해 가족간의 심리적인 갈등을 해소시켜 주고 의사소통을 시켜줌으로써 아동을 둘러싼 1차적인 환경, 즉 가정을 아동에게 보다 좋은 환경으로 바꾸어 주는 것이 매우 중요할 것이다. 그리고 상담자는 무엇보다도 가족이 당면한 문제를 효과적으로 해결하기 위해 가족을 평가하여야만 한다. 가족을 평가하기 위해서는 가족문제, 가족체계, 가족환경 그리고 가정생활주기를 이해하는 것이 필요하다.

이와 같은 가족의 평가에 대한 Holman의 견해를 종합해서 살펴보고자 한다(옥경희, 1995).

① 내담자의 문제를 이해하기 위해서는 문제의 발생근원, 기간, 심각성, 상담자의 반응과 가족의 반응으로 나누어 보는 것이 바람직하다.

② 가족이란 가족원들이 서로서로 어느 정도 안정된 방법으로 연결되어 있는 체계이다. 가족의 수행과업은 세대, 성, 흥미, 능력 그리고 기능에 의해 나누어진 하부구조에서 이루어진다. 가족원 한 사람의 행동은 다른 가족성원 모두에게 영향을 주고 결과적으로 가족의 전반적인 균형에도 영향을 미친다.

모든 가족은 가족경계를 가지는데 경계의 종류는 개방, 부분 개방, 혹은 폐쇄로 분류된다. 가족경계에 침투성이 있는가는 가족이 새로운 성원이나 새로운 생각을 받아들일 수 있는 가능성이 있는가로 알 수 있다. 가족경계가 닫혀 있거나 가족원간의 관계가 소원한 대부분의 경우 가족은 역기능적인 현상을 보인다. 하부체계의 경계가 희미하다면 가족분화가 제대로 이루어지지 못했음을 의미하는데 경계가 과도하게 경직되었다면 가족원이 소외당하거나 가족원들이 필요로 하는 도움을 받을 수 없는 분리를 초래한다. 가족이 사용하는 언어적 및 비언어적 의사소통을 관찰하여 가족에 대한 중요한 정보를 얻는다. 어떤 주제를 가지고 누가 누구와 얘기하는가와 같은 가족간의 상호작용으로 가족의 가치와 태도를 엿볼 수 있다. 의사소통이 애매모호하거나 내용이 대조적인 이중구속을 사용하는 것은 심각한 가족문제가 일어날 수 있는 중요한 요인으로 작용한다.

가족구조는 가족원의 욕구충족을 위해 필요한 다양한 역할들로 이루어진다.

만약 주어진 역할이 확실하지 않거나, 융통성이 없거나, 역할 간에 갈등이 있을 때는 문제가 생기지만 역할이 일치하지 않거나 현재 문화적 규범과 다른 역할을 기대할 때도 가족문제가 발생한다. 형식적 혹은 비형식적으로 공인된 사회정서적 기능이 역할의 부여와 승인에 반영된다.

③ 가족 내에서 해결되어야 하는 가족의 중요한 욕구가 실제로 이루어지는가를 알기 위해서는 가족을 둘러싸고 있는 전체 환경을 살펴야 한다. 생태학적 관점의 가족평가는 물리적 환경과 사회적 환경을 모두 강조한다. 가족이 얻을 수 있는 자원으로부터 도움을 받는가와 가족이 자원과 맺고 있는 연계성의 파악이 상담자에게 주어진 필수적인 과제이다.

④ 가정생활주기는 가족이 당면하고 있는 생활단계를 평가하는 데 도움을 준다. 또한 가족의 규범과 행동이 현 생활주기에 적절한지를 평가하고 가족에서 발생할 수 있는 위기들을 예상할 수 있는 능력을 기른다. 한부모 가족을 상담할 경우 특수한 가족상황이 생활주기에 따른 역할과 과업에 미치는 영향을 참작하여 평가해야 한다.

한편 이장호(1995)는 다음과 같이 설명하고 있다. 가족 중에서 누가 어떤 상태에 있든지 가정적 기능이 불안정하고 가족들이 자주 당황하거나 긴장을 느끼게 될 때에 가족상담과 같은 노력이 필요하다. 구체적인 장면은 ① 어느 두 사람의 관계 때문에 다른 사람이 계속 긴장과 소외감을 가질 경우, ② 가족간에 서로 대화가 통하지 않고 서로 오해를 자주 산다고 생각될 경우, ③ 집에 있는 시간이 계속 불만스럽고 밖에 있는 시간보다 긴장을 더 느낄 경우, ④ 한 사람이 '문제'라고 생각되어 다른 식구들과의 관계가 계속 불안정할 경우, ⑤ 식구 중 한두 사람의 존재(위치)가 갑작스럽게 변화함으로써 가족 전체에 불안을 가져올 경우, ⑥ 또는 가정에 중대한 영향을 미치는 외부 사건의 발생으로 식구 전체가 긴장 속에 빠져 있을 경우 등이다.

이 같은 가족의 평가에 의해서 요구되는 부모 및 가족상담은 가족 모두가 자기의 의사나 감정을 솔직하고도 분명하게 표현하고 또한 다른 식구가 지니고 있는 생각이나 감정, 또는 처해있는 입장 등을 그대로 수용할 수 있게 도와 준다는데 의의가 있다. 이렇게 볼 때 결국 가족상담은 가족간에 원만한 의사소통을 이루고 정확한 의미를 전달하고 받아들이는 태도를 갖도록 도와 준다는데 그 목표가 있다. 이와 같은 목표가 달성되면 가족간의 인간관계의 양과 질적인 면에서의 상승을 가져오면 행복의 질과 더불어 아동의 경우에는 보다 원만한 발달과업을 통해서 개인의 적응능력 및 잠재능력을 향상시킬 수 있게 된다. 무엇보다도 중요한 것은 부모 및 가족상담은 한 개인의 문제해결에 그치는 것이 아니라 가족구성원의 원만한 관계를 유지 및 발전시키는데 더 커다란 의의가 있다.

## 2. 가족상담의 기본원리

① 가족체제의 문제성을 규명할 수 있도록 돕는다. 가족상담에서는 특히 가족 중 한 사람의 문제는 가족 전체의 문제성을 반영하는 것으로 간주한다는 것이 매우 중요하다. 하나의 가족구성원을 이해하기 위해서는 가족 전체의 심리적 특성을 염두에 두어야 한다. 그리고 가족체제로 인해서 파생되는 문제를 명확하게 규명하는 것이 상담진행에 있어서 기본적인 절차라고 할 수 있다.

② 문제 원인으로써의 가족관계를 파악할 수 있도록 돕는다. 개인의 행동에는 내면적인 동기가 있으며 가족관계는 각개개인의 내면적인 동기에 의해서 각각의 욕구를 충족시키고자 하는 다양한 방법들이 창조되고 있는 안정된 장소이기도 하다. 따라서 내면적인 심리적 과정에 의해서 이루어지는 관계가 가족관계라고 할 수 있으며, 가족상담에서는 부부관계 또는 가족관계가 심리적인 학대, 피학대, 또는 공격, 수용 등의 행동을 계속하게끔 만들고 있다고 한다.

③ 자녀행동과 부모 관계를 돕는다. 가족 안에서는 가족 구성원 개개인이 모두 비슷한 힘의 크기를 갖기는 기본 구조상 어려운 일이다. 부모들은 자신들의 위치와 역할에 따른 힘의 크기를 가지고 가족관계의 효율성 및 안정성을 가져올 수 있도록 함으로써 자녀와 부모관계 또는 자녀들의 발달과업을 달성할 수 있도록 촉진적인 도구가 되어야 한다. 부모들에 비해서 자녀들이 가지고 있는 힘의 비중을 살펴보면 자녀들이 상대적으로 약한 힘을 가지고 있기 때문에 자신들이 할 수 있는 역할들이 매우 제한적으로 이루어지기도 하다. 그래서 자녀들의 부적응 행동은 때로는 부모간의 갈등의 희생물이기도 하지만 오히려 부모의 비정상적인 관계를 유지시키는데

기여한다.

④ 현재상황에 초점을 둘 수 있도록 돕는다. 상담자가 현재의 상황을 이해할 수 없는 경우와 가족들이 과거의 맥락에서 이야기해야 쉽게 진행될 수 있는 경우에만 과거의 사건이나 경험을 파악하도록 한다. 즉, 현재 일어나고 있는 양상은 과거로부터 지금까지 오랫동안 반복되고 있다는 전제아래 '현재의 양상'에 상담의 초점을 맞춘다.

⑤ 진단에 앞서 관심사의 처리를 돕는다. 처음부터 '문제적인 측면'을 탐색하는 상담자는 저항을 받기 쉽다. 따라서 처음부터 가족문제에 대한 자세한 진단과 평가를 내리려고 하기보다는 가족상담에 대한 식구들의 각기 다른 기대를 알아보고 현재의 가장 큰 관심사를 이해, 수용하도록 한다.

⑥ 감정노출보다 생산적 이해를 돕는다. 가족상담은 적개심이 생기는 '관계적 장애'를 해소한다는 명제에서 출발하여야 하며, 가족관계에서 부정적인 감정을 노출시키거나 내면적 욕구를 지적하기보다는 바람직하지 못한 행동 및 심리를 이해하는 방향으로 또는 긍정적인 표현으로 어떻게 그런 행동이 필요했던가를 해석한다. 또한 바람직하지 못한 특정 상호관계를 수정하기 위해 서로간의 갈등을 명료화하는데는 적극적으로 임하지만 대체로 부정적인 측면은 강조하지 않는 것이 원칙이다.

⑦ 자율적 발언의 권장을 돕는다. 상담과정 중에 모든 식구들이 아무 때고 하고 싶은 말을 할 수 있도록 해야 하며 어린 자녀들이나 상담시간 중에 아무 말도 없는 식구들에게는 의도적으로 자기의 의사나 감정을 표현할 수 있는 기회를 주어야 한다. 또한, 이미 지나간 화제를 다시 다루는 것 (아까 제가 말한 것은~)은 가족상담의 흐름을 막기 쉽다.

⑧ 경험, 사건보다는 목표행동을 정하도록 돕는다. 가족 내에서 무슨 일이 일어나고 있고, 어느 식구들 간에 어떤 갈등이 있는가에 초점을 두기보다, 구체적인 상담목표에 비추어 보아 어떤 결과가 일어나고 있는가에 주목한다. 초심자의 경우, 가족역학, 가족사 등에 너무 신경을 써서 상담목표를 달성하기 위한 노력을 게을리 하는 경우가 없도록 한다.

⑨ 가족생태 및 행동양식의 발달을 돕는다. 단순히 식구들간의 감정 및 의사표현

이 향상되고 전보다 자유스러워지는 것을 상담의 목표로 삼기보다 '가족생태(가족 풍토)'의 변화와 구체적인 행동변화에 초첨을 두는 것이 바람직하다. 상담자의 접근방법은 가족의 문제 및 구성에 따라, 또한 상담과정 중 필요에 따라서도 달라질 수 있는 것이 가족상담의 특징이다. 또한, 가족문제를 식구 하나하나의 문제 또는 부모와 자식간의 문제로 나누는 것은 낡은 접근방식이며, 가족의 생태학적 테두리에서 새롭게 문제를 정의하고, 새로운 방법을 모색하는 것이 최근의 접근 경향이다.

⑩ 의사소통 체계의 변화를 돕는다. Satir는 가족치료란 의사소통체계를 수정하는 과정이며, 의사소통 훈련이 가족치료의 주요 내용이라고 주장한다. 가족 갈등의 주요 원인은 분명한 의미를 전달하지 않고서도 전달한 것처럼 착각하여 상대방의 반응에 실망하거나 정서적 의미를 미처 받아들이지 못하고 표면적 의미에만 반응하여 상대방을 실망시키는데서 비롯된다. 따라서, 가족상담은 자기의 의사를 분명히 말하되 마음으로는 다른 식구의 입장을 경청하고 받아들일 수 있도록 하는 것이다. 이 원리에 의하면, 가족상담은 의사소통의 정확한 의미 전달 및 받아들이는 태도의 훈련이라고 볼 수 있다.

이장호(1995)가 제시한 가족상담의 9가지의 원리를 살펴보면 다음과 같다.

① 가족의 문제는 한 사람에 대한 정신병리학적 관점에서보다는 다른 가족들과의 관계에서 이해되고 다루어져야 한다.

즉, 가족 중 한 사람의 문제는 가족체계의 문제성을 반영하는 것으로 간주된다. 예컨대, 한 자녀가 흥분 상태에서 조용한 상태로 바뀌면 어머니가 흥분하고, 자녀와 어머니가 조용해지면 아버지와 다른 자녀가 흥분하는 식이다. 하나의 가족원을 이해하기 위해서는 가족 체계 전체의 심리적 특성을 염두에 두어야 한다.

② 가족 관계가 식구들의 내면적인 심리의 산물(또는 투사)이기보다 내면적 심리 과정이 가족 관계의 산물이다.

③ 또한 한 아들(딸)의 행동이 부모간의 갈등의 희생물이기 보다 부모의 비정상적 관계를 유지시키는데 기여하는 경우가 많다.

④ 상담자가 현재의 상황을 이해할 수 없을 경우와 가족들이 과거의 맥락에서 이야기해야 쉽게 상담이 진행될 수 있다고 생각될 경우에만 과거의 사건이나 경험

을 묻고 듣는다.

즉, 현재 일어나고 있는 양상은 과거로부터 지금까지 오랫동안 반복되고 있다는 전제 아래 현재의 양상에 상담의 초점을 맞추는 것이다. 대개 가족상담의 초기 과정에서는 부모와 자녀들이 다같이 자기의 입장을 이해시키기 위해서 상담자를 향하여 많은 과거의 경험을 털어놓는다. 이렇게 과거에 관한 이야기를 상담자가 듣는 것은 가족상담에의 심리적 투자의 기회를 준다는 의미에서 초기에는 필연적인 과정이라고도 볼 수 있다.

⑤ 처음부터 가족 문제에 대한 각 식구들의 기대를 알아보고 현재의 가장 큰 관심사를 이해 · 수용해야 한다.

⑥ 가족관계에서의 부정적인 감정을 노출시키거나 내면적 욕구를 지적하기보다, 바람직하지 못한 행동과 심리를 이해하는 방향으로 또는 긍정적인 표현으로 어떻게 그런 행동이 필요했던가를 해석한다.

흔히 가족상담을 처음하는 상담자는 식구들이 서로 얼마나 싫어하거나 불만스러워하는지를 사실화하고 표현시키는 것이 중요하다고 생각한다. 그러나 내면적인 적개심을 분명하게 하는 것이 가족상담의 목적이 될 수 없고, 가족 문제를 해소하는 첩경이 될 수도 없다. 오히려 가족상담은 적개심이 생기는 관계적인 장애를 해소한다는 명제에서 출발하여야 한다. 따라서 노련한 가족상담자는 과거와 다른 행동을 시도하도록 설득하는 경우에만 기술적으로 해석적 반응을 하고, 그 외에는 별로 하지 않는다. 또한 바람직하지 못한 특정 상호관계를 수정하기 위해 서로 간의 갈등을 명료화하는 데에는 적극적으로 임하지만 대체로 부정적인 측면은 강조하지 않는 것이 원칙이라고 할 수 있다.

⑦ 한 사람이 말한 후에 그 다음 사람이 말하는 '앉은 차례대로 돌아가며 말하기식' 보다는 모든 식구들이 아무 때고 서로 하고 싶은 말을 할 수 있도록 해야 한다.

⑧ 가족 내에서 무슨 일이 일어나고 있고 어느 식구들 간에 어떤 갈등이 있는가에 초점을 두기보다, 구체적인 상담 목표로 보아서 어떤 결과가 일어나고 있는가에 주목한다.

경험이 적은 상담자는 흔히 가족 역사, 부부간의 심리적 갈등을 포함한 가족역학, 가족간의 복잡한 상호작용 등에 너무 신경을 쓰는 나머지 상담의 목표를 달성하기 위한 노력을 게을리하는 수가 있다. 즉 서로 얽히고설킨 심리적 지원 및 갈등 관계 자체에 '재미'를 느끼고 이를 뒷받침하는 여러 경험적 일화를 듣는데 많은 시간을 소비할 수 있다는 말이다.

⑨ 단순히 식구들 간의 감정 및 의사 표현이 향상되고 전보다 자유스러워지는 것만을 상담의 목표로 삼기보다, 가족생태(또는 가족 풍토)의 변화와 가족들의 구체적인 행동 변화에 초점을 두는 것이 바람직하다.

여기서 말하는 생태적 변화나 행동의 구체적 변화는 결코 상담자가 목표 및 결과를 과학적으로만 설정하고 평가해야 한다는 의미가 아니다. 그보다는 가족 관계가 변하고 있는지의 여부와 이와 관련된 가족 행동의 변화가 중요하다는 것을 뜻한다.

가족상담에 있어서는 가족 문제를 식구 하나하나의 문제로 보거나 성인(부모)한 사람과 자녀의 문제로 나누어 생각할 것이 아니라 가족이란 생태학적인 테두리 안에서 새롭게 문제를 정의하고 새로운 방법을 모색하는 것이 바람직하다.

## 3. 부모 및 가족상담의 기법

### 1) 정신역동적 가족치료

#### (1) 치료목표

Ackerman은 정신역동을 가족치료에 접목시킨 사람으로 가족생활의 정신역동이라는 가족의 진단과 치료에 관한 저서를 통해서 가족은 안정적이고 예측가능한 경우는 매우 드물다고 주장하였다. 그는 어려움을 겪는 한 개인을 가족에서 고립시키거나 격리시키기보다는 가족 안에서 치료할 때 보다 나은 변화를 할 수 있다고 역설하였다.

정신역동적 가족치료자의 주된 관심대상은 개인이다. 따라서 치료목표는 개인을 가족이라는 구성원으로 설 수 있도록 돕는데 즉, 가족성원을 무의식적 제약에서 벗어나게 하여 과거의 무의식적 이미지보다는 현실에 기초하여 가족이 건강한 개인으로서 서로 상호작용할 수 있도록 돕는 것이다.

### (2) 주요개념

#### 1 추동심리학

인간본성의 중심에는 성적, 공격적 추동이 존재하며 정신적인 갈등은 아동이 이러한 기본적인 추동을 표현하면 처벌받게 된다는 것을 학습할 때 나타난다. 갈등은 불안과 우울과 같은 불유쾌한 정서에 의해서 표현된다.

#### 2 대상관계이론

인간의 과거의 초기경험에 의해서 형성된 개인의 이미지를 토대로 현재 인간관계를 맺어나간다는 것이다. 대개의 가족은 스트레스에 직면해서 경직되고 역기능적 양상을 가지기 전까지는 적절히 기능한다. 가족이 견딜 수 있는 스트레스의 양은 가족의 발달단계와 구성원이 보이는 고착유형에 달려 있기 때문에 가족치료자는 현재의 어려움 뿐 아니라 고착과 퇴행적인 대처유형을 알아내야 한다.

그리고 가족성원의 분리와 투사현상이 다른 가족에 의해서 받아들여지도록 도와야 하며 가족이 서로 지지적이고 친밀한 관계를 맺기 위한 시도를 할 때 분리와 투사현상은 줄어들며, 개인 안에서의 좋은 모습과 나쁜 모습의 통합도 이루어질 수 있다.

#### 3 가족역동론

대인관계이론의 영향을 받은 Ackerman은 가족관계란 어느 한쪽의 일방적인 의사소통에 의해서 성립되는 것이 아니라, 두 사람이 주고받는 두 방향의 의사소통에서 이루어진다고 보고 부모와 자녀 또는 부부관계에도 상호작용이 있다. 즉 서로가 인지하며 정서나 욕구를 교환하며 그런 과정 속에서 서로 충족하며 갈등을 타협하여 일치해간다. 따라서 인간은 누구나 사회, 가족으로부터 기대되는 역할에 부응하려고 노력하여 자기의 정신 내의 역동적 균형을 유지하며 내적 자아실현을 시도한다는 역할이론을 강조하였다.

**4** 가족출납부

오랜 세월에 걸쳐서 채무나 부채가 상환되는 다세대적 체계를 구성한다는 것인데, 금전출납부의 적자를 메꾸기 위해서는 반드시 부채가 상환되어야 하는 것처럼 부정을 저지르면 언젠가는 심판을 받는다. 문제는 그러한 심판이 너무 적거나 불충분하게 실행되어 보복의 고리(chain of displaced retributions)가 발생하는 데 있다. 가족 중 누군가가 나타내는 증상은 우리 가계의 부정이 너무 많이 누적되어 있다는 것을 알리는 신호로서, 가족출납부에 의하면 개인의 이익은 집단을 위해 희생된다.

### (3) 치료기법

사고와 감정을 수정하는 것은 정신분석치료의 중요한 과제이지만 정신역동적 가족치료자는 행동의 변화를 파악하고 분석하는 데에 많은 관심을 가졌다. 특히 가족의 정신내적인 부분뿐 아니라 관계체계, 즉 가족성원간의 역동성을 고려하였다.

**1** 치료자의 태도

치료자의 기본적인 자세는 방해를 최소화하고 불필요한 개입을 배제하면서 개인의 반응을 면밀히 검토하는 것이다. 특히 가족들의 사고나 감정을 자유롭게 표현하는 것에서부터 기본적인 관심에 대한 중요한 단서를 제공받을 수 있다고 믿었기 때문에 가능한 한 개입을 배제하는 것이다. 그리고 가족성원이 자신들의 마음속에 있는 것을 언어화하면, 치료자는 언급된 것을 욕구, 방어, 자아상태, 감정전이의 파생물로서 간주하여 적극적으로 분석하게 된다.

**2** 감정정화의 기법

정신역동적 가족치료는 처리되지 않은 가족의 비밀을 명확히 하는 것으로 경청, 감정이입, 해석, 분석적 중립성의 유지라는 네 가지 기본적 기법이 사용된다(Nichols, 1984).

경청은 치료자에게는 가장 중요한 부분으로 가족의 말을 듣고 이해하는 것이다. 듣고 이해하는 과정을 통하여 이해의 부산물로써 변화가 파생되기 때문이다.

감정이입이란 치료자가 면담 도중 개입할 때, 가족이 개방할 수 있도록 하는 공감적 이해를 의미하는 것으로 치료자는 가족이 그들의 경험에 몰입할 수 있도록 가족을 안심시키면서 직면을 시도한다. 특히 개입은 가족성원이 마음을 열도록 돕기 위해서 감정이입적 이해를 나타낼 때 이루어지며 감추어지고 혼란된 경험을 분명히 하기 위해서 해석을 시도할 때 이루어진다.

가족치료에서 흔히 발생하는 저항은 치료를 방해하는 의식적 또는 무의식적 행동을 지칭한다. 그런데 가족치료에서 저항은 결탁적 양상을 띠기도 하며, 자주 드러난다. 저항의 흔한 형태는 개인상담을 원하거나 다른 가족구성원보다 더 많은 이야기를 하고 싶어하거나, 갈등의 주제를 회피하거나, 문제가 있는 상황에서 자신의 역할을 거부하는 등을 예로 들 수 있다. 그래서 가족치료자는 저항을 드러내는 초기에 그것을 해석함으로써 지항의 문제를 해결하려고 한다. 해석은 치료자가 가족의 통찰이나 이해를 적극적으로 돕게 되며 가족이 문제에 대해서 무엇을 할 것인지를 생각하도록 촉구한다.

정신역동적 가족치료자는 가족에 대한 사정에는 소극적이며 치료의 마지막에 이르러서야 최종적인 진단을 하려고 한다. 대부분의 정신역동적 가족치료자는 가족 중 언어적, 지적 수준이 높은 성인중심의 치료를 선호한다(김유숙, 1998).

## 2) 의사소통 가족치료

### (1) 치료목표

의사소통 가족치료자는 가족문제는 잘못된 의사소통에서 비롯되기 때문에 가족이 보다 바람직한 의사소통기술을 습득할 수 있도록 돕는 것이 치료의 목표라고 한다.

### (2) 주요개념

**1** 역설의 사용

병리적인 가족 의사소통의 가장 보편적인 특징은 역설의 사용인데, 가족 안에서의 역설은 보통 역설적인 명령의 형태를 가진다. 역설적인 의사소통은 일상생활에서 자주 볼 수 있는데 역설적 의사소통이 조금만 있을 때는 상대방은 그다지 위협적으로 느끼지 않으나 이중구속의 형태를 보이면 그 결과는 해로운 것이다. 이중구속(double bind)이란 말은 도망갈 곳 없는 가족상황에서 모순된 메시지가 계속 반복적으로 이어지는 경우에 발생한다. 이렇게 되면 메시지를 받는 쪽은 스트레스가 생겨서 그것을 해결하는 방법으로서 사고장애, 정서장애를 일으키게 된다는 것이다. 이중구속은 본질적으로 여러 수준의 의사소통이 있는데 어떤 수준에서의 명백한 요구가 다른 수준에서 무시되거나 또는 부인되는 것을 의미한다(Bateson, 1978).

### 2 의사소통의 화용론

의사소통은 구문론(syntax), 의미론(semantics), 화용론(pragmatics)으로 구분되는데 화용론은 특히 가족치료에서 강조된다. 구문론은 단어가 모여 구와 문장을 형성하는 방법을 설명한 것이며, 의미론은 의사소통의 의미에 관한 영역이다. 디지털 의사소통이라고도 하며 언어가 얼마나 명료한가의 여부와 특정 상황에서 언어사용을 규정하는 원리에 관여된다.

화용론은 의사소통의 행동적 효과에 대한 연구로 무엇이 이야기되고 있는가라는 의미내용만큼 또는 그 이상으로 행동이 중요하다는 것이다. 이는 아날로직 의사소통(analogic communication)이라고도 불리는데 비언어적이고 상징적인 특징을 가지고 있다. 특히 화용론은 가족체계 내의 어떤 행동을 이해하는데 기초가 된다.

### 3 대칭적 또는 보완적 관계

의사소통의 방식은 힘의 관계를 통해서 규정되는데 대칭적 관계와 보완적 관계로 나뉘어진다. 대칭적 관계란 서로 힘이 비슷한 관계를 의미하며 이러한 관계는 서로가 힘겨루기를 하게 되면 상승작용이 일어나 갈등이 첨예화되기도 한다. 보완적 관계는 힘의 관계에서 한 사람은 우위의 입장을 취하고 다른 한 사람은 의존적인 입장을 보이는 경우이다. 대칭적 관계와 보완적 관계는 고정된 관계가 아니라 동일한 사람들간에서도 상황에 따라 바뀌는 유연성을 가지고 있다. 하지만 병리적인 의사소통에서는 자신들의 의사소통의 관계를 어떻게 규정할 것인가에 대해 일치를 보지 못하거나 유연성을 상실한 채 경직되어 있는 경향이 있다.

### 4 보고와 명령

모든 메시지는 보고(report)와 명령(command)의 기능을 갖는데 메시지의 보고는 정보를 전달하는 데 반해, 명령은 관계의 정의에 대한 설명이다. 메시지는 전달기능만 있는 것이 아니라, 메시지를 주는 사람과 받는 사람의 관계를 규정한다. 그런데 암시적인 명령을 제시하는 경우가 있는데 암시적인 명령은 모호하다는 사실이다. 이야기를 주고받는 사람들 사이의 관계는 명령적 의사소통에 어떻게 반응하는가에 상당한 영향을 미치게 된다.

### 5 의사소통의 연속성

의사소통이란 끊임없이 계속되는 연속선상에 있는 것이며, 우리가 대화를 하고 나서 어떤 것이 자극이고 어떤 것이 반응인지 분석하기 어려울 만큼 의사소통은 계속 이어지고 있다. 가족은 이처럼 연속적인 흐름인 의사소통을 자신의 입장과 관점에 따라 달리 끊는다. 연속적인 흐름인 대화는 토막이 나게 되고 서로에게 유리한 방향에서 그 토막이 이용된다. 이것을 마침표의 원리(principle of punctuation)라고 한다.

## (3) 치료기법

의사소통 가족치료기법의 가장 큰 특징은 가족간에 존재하는 의사소통 과정을 중시했다는 점인데 가족간에 오가는 의사소통의 의미를 명확히 인식할 수 있도록 돕는 것이다. 즉 치료자는 메시지를 보내는 사람이 의도하고 있는 것과 메시지를 받아들이는 사람의 이해가 일치되도록 가족을 돕는 것이다.

따라서 의사소통 가족치료자의 치료 절차는 지극히 단순하다고 할 수 있는데 치료자는 가족에게 명확한 의사소통 규칙을 가르치고 가족이 사용하고 있는 의사소통 유형을 분석하고 설명함으로써 가족의 의사소통 상호작용을 조절한다.

한편 가족 문제의 새로운 인식에 대한 접근방법으로 재명명화(relabeling)와 증상처방이라는 역설적인 기법을 사용한다. 재명명화는 가족을 위해 문제를 재구성하는 것이다. 즉 가족이 다른 측면에서 상호작용의 역동성을 볼 수 있도록 돕는 것이다. 재명명화는 의사소통이론의 중추적인 기법이다. 증상처방이란 가족이 그 가족 내에서 문제시해온 행동을 과장하여 계속하도록 하는 것이다.

## 3) 경험적 가족치료

### (1) 치료목표

경험적 가족치료의 목표는 가족원들이 직접적이고 분명하며 정직한 의사소통을 하며 그런 경험을 토대로 하여 개인이 가족 속에서 자아존중감이 증진되고 성장하게 되는 것이다. 즉 가족치료는 가족을 안정된 상황에 머무르게 하는 것이 아니라 성장시키려는 것이다. 따라서 경험적 가족치료의 목표는 감수성, 느낌의 표현, 자발성과 창조성, 확실성의 성장이다.

Satir는 이와 같은 치료목표가 달성되기 위해서는 가족체계에 다음과 같은 변화가 일어나도록 돕는 것이 중요하다고 한다. 첫째, 각 가족성원들은 다른 사람이 있는 데서 자기 자신과 다른 사람에 관해서 보고, 듣고, 느끼고, 생각하는 것에 관해 분명하게 말할 수 있어야 한다. 둘째, 각 개인은 자신이 다른 사람과 다른 점에 관해 말할 수 있으며 그것은 존중되어야 한다. 또한 어떤 것을 결정할 때 강요에 의해서가 아니라 탐색과 협상을 통해서 결정하도록 한다. 셋째, 서로의 차이점을 인식하며, 성장을 위하여 이러한 차이점을 사용하도록 한다.

### (2) 기본개념

경험적 가족치료자의 한 사람인 Satir는 가족치료의 주요개념은 가치체계, 자기존중감, 가족규칙, 의사소통 유형에서 찾아볼 수 있는데 4개의 전제를 기초로 한다. 첫째, 모든 행동은 합리적 또는 적절한 동기가 있다. 사람은 이미 학습된 것처럼 행동한다면 그것이 그 상황 속에서 그 사람이 할 수 있는 최선의 행동이다.

둘째, 모든 사람은 치유될 수 있으며 치유는 치료과정에 내재되어 있다. 내용보다는 과정이 치료에 도움이 되는 중요한 요소라고 생각하고 치료자는 일관된 행동으로 바람직한 의사소통을 하는 것이 중요하다.

셋째, 마음과 신체는 체계의 한 부분이며 신체적 활력과 정서적 안녕과는 연결되어 있기 때문에 치료를 할 때는 인간이 가지고 있는 모든 회로가 이용되지 않으면 안 된다.

넷째, 자존감과 효과적인 의사소통은 서로 관련이 있다. 자존감은 한 개인이 배우자를 선택, 부부관계의 방법, 부모-자녀관계의 요구, 스트레스의 반응, 사물에 대처하는 능력, 유연성, 차이나 애매함을 처리하는 능력, 성장하여 자유를 향유하는 데 영향을 준다. Satir에 의하면 자존감과 의사소통 능력은 비례하며 경험적 가족치료의 중요한 부분이 된다(Woods & Marin, 1984).

자존감이란 한 개인이 자신에 대해서 가지는 일종의 평가개념으로 자신의 사고, 가치관 그리고 행동에 많은 영향을 미친다. 우리의 내면에는 언제나 사랑받고 인정받고자 하는 욕구가 있기 때문에 어린 아동의 경우에 욕구충족의 대상은 부모이다. 부모를 통한 욕구충족의 과정을 거쳐서 가족과 친구 그리고 주위사람으로 확대되어 가는데 이 모든 관계는 사랑과 신뢰를 기초로 한다.

자존감의 형성은 가족구조와 부모-자녀관계가 중요하게 부각되는 인간의 어린 시절의 관계형성과정에서 특히 중요하다. 뿐만 아니라 부모가 역기능적 의사소통의 모델이 되고, 의사소통의 내용이 부정적일 경우 직접적으로 자녀의 자존감은 손상될 수 있다. 자존감은 우리가 자신에 대해 가지고 있는 감정으로 에너지를 만드는 중요한 요소이며 에너지는 자기 자신을 사랑하고 감사를 느낄 때 만들어지기 때문에 인간의 기본욕구이다. 또한 에너지를 조화롭고 긍정적으로 사용할 때 에너지가 강하고 유용한 것이 되어 현재 주어진 상황을 창조적이고 현실적으로 잘 극복할 수 있게 한다.

### (3) 치료기법

Satir는 치료자가 가족체계내에서 상호작용을 계속하면서 진단하고, 의사소통을 기초로 하는 치료기술에 초점을 두고 있다. Satir의 치료기술을 구성하는 몇 개의 개념들이 있는데 그것은 조각(sculpture), 비유(metaphor), 연극(drama), 재구성(reforming), 유머(humor), 접촉(touch) 등이다.

### 1 조각(sculpture)

조각은 Satir의 가장 대표적이며 경험적인 활동 중의 하나이다. 이것은 가족구성원들이 의사소통과 관계형태를 나타내는 거리감이나 밀착된 몸짓이나 자세를 취하므로 가족구성원들의 관계를 각 가족성원들이 조각하도록 하는 것이다. 행동적인 표현을 함으로써 조각의 효과는 언어적인 설명보다 가족의사소통을 좀더 정확하게 반영한다. 그리고 현재에서 과거의 경험을 재생하는 것이다.

### 2 비유(metaphor)

비유는 주관이나 생각을 있는 그대로 나타내는 단어나 문장을 직접 사용하지 않고 연결성이 있는 유사한 것으로 표현하도록 하는 것이다. 생각이나 연상의 유사성, 차이성, 애매한 것을 강조하기 위하여 무대를 바꾸어 변형시키는 것이다. 비유를 사용하는 것은 두 개의 사건, 생각, 성격, 의미를 연결시키고 한 형태에서 다른 형태를 경험해 봄으로써 새로운 지각을 발달시킬 수 있다. 비유는 말의 형식을 제한하지 않고 그 안에서 생활의 많은 영역을 발견할 수 있다.

### 3 연극(drama)

가족구성원들이 자기 자신이나 다른 사람의 생활을 단막극으로 표현하는 것이다. 연극의 언어는 무언극, 특별한 관계, 조각을 사용하는데, 단어를 사용하는 경우 상황의 직선적인 묘사 외에 내적인 상을 표현하도록 하고, 표현하기 힘든 내적인 상태는 비유적으로 표현을 하도록 한다. 참여자들은 배역을 바꾸어 해봄으로써 다른 사람의 내면의 생활을 알게 한다. 이것은 새로운 눈으로 상황을 보도록 하며 새로운 통찰력을 발전시키며, 관련된 사람과 새로운 관계를 발전시킨다.

### 4 재구성(reforming)

문제가 되는 행동과 반응을 재구성하고 긍정적인 의미와 긍정적인 성과를 명확하게 한다. 재구성의 목적은 가족구성원들이 행동에 대한 지각을 변화시키므로 좀더 바람직하게 상호작용하도록 하는 것이다.

### 5 유머(humor)

Satir는 긴장을 풀고 친밀감 있는 분위기를 만들기 위하여 유머를 사용한다.

사실상 조각과 연극을 할 때 유머가 많이 나타난다. 웃음은 가족이 자신을 바라보고 방법을 변화시킬 수 있는 강한 치료적인 도구이다.

**6** 접촉(touch)

Satir는 신체적 접촉이 강한 영향을 준다고 믿는다. 따라서 첫면접에서 의도적으로 모든 가족들의 손을 잡고 악수한다. 이렇게 접촉하는 것은 환영한다는 표현이다. 각 가족구성원들과 일단 관계가 형성되면 좀더 자유롭게 신체적 접촉을 하고, 비언어적 기술을 표현하기 위하여 접촉을 한다.

### 4) 행동주의적 가족치료

#### (1) 치료목표

행동주의적 가족치료는 현재의 증상을 완화시키기 위해서 특별한 행동유형을 수정하는 것이다. 특별한 행동유형을 수정한다는 것은 바람직하지 않은 행동을 제거하거나 가족에 의해서 확인된 긍정적 행동을 증가시키는 것이다.

#### (2) 주요개념

행동주의적 치료의 핵심적 전제는 행동은 결과에 의해 유지된다는 것인데, 어떤 새로운 행동이 결과에 대해서 많은 보상이 주어지지 않으면 행동은 변화를 가져오지 않는다. 행동이 가속화된 결과를 강화라고 하며, 반대로 행동이 감소된 결과를 처벌로 인식한다. 강화에 대해서 반응이 뒤따르지 않을 때 소거가 일어나는데 단순한 반응이 강화되는 양상을 인식하는 것은 쉽지만 복잡한 반응이 강화되는 방식을 인식한다는 것은 덜 명확할 수 있다. 이와 같은 과정을 학습하는 방법은 행동형성(shaping)과 모델링(modeling)이 있다.

행동주의적 가족치료자는 증상에 관심을 집중시키고 문제행동을 강화하는 환경반응을 조사하고 무시하면 사라질 것이라는 원칙을 가지고 가족성원의 바람직하지 않은 행동을 강화하지 않는다. 또한 잔소리나 협박과 같은 혐오에 의한 통제를 사용하는 것이 종종 문제를 야기하게 되므로 바람직한 방법에 대한 훈련이 요구된다고 한다.

### (3) 치료기법

#### 1 행동주의적 부모교육

행동주의적 치료자는 교육자의 입장에서 부모교육을 통해서 조작적 조건화를 통한 바람직한 행동을 학습하도록 돕는다. 조작적 조건화에는 행동형성, 토큰강화법, 유관계약, 타임아웃 등이 있다. 행동형성은 바라는 목표에 점진적으로 접근하는 방법이다. 추구하는 목표를 작은 단계로 나누어서 각 단계 내에서 강화하여 그를 통한 점진적인 변화를 시도하는 것이다. 바람직한 행동을 할 때마다 매번 즉각적으로 행동을 강화해야 하는 불편감을 덜기 위한 기법이 토큰강화법으로 행동주의 부모교육에서 주로 사용된다.

토큰강화법은 이미 정해 놓은 성공적인 행동을 했을 때는 아동에게 일정의 점수나 토큰 등의 보상이 부여되며 반대의 경우에는 점수나 토큰을 회수당한다. 이렇게 모여진 점수나 토큰을 가지고 자신이 원하는 것을 획득할 수 있게 하는 기법이다. 유관계약은 아동과 부모의 일종의 계약이다. 아동이 긍정적인 변화를 보인다면 그 변화에 뒤이어 부모가 어떤 확실한 변화를 조성하겠다는 약속을 하는 것이다. 어떤 행동을 감소시키기 위한 기법으로 자주 사용되는 것은 정적 강화로부터의 타임아웃이다. 근본적으로 이것은 아동이 나쁜 짓을 한 후에 아동을 무시하거나 고립시키는 것을 의미한다.

행동주의적 부모교육의 또 다른 특징은 치료과정에 있다. 치료자는 관찰실의 일방경 뒤에서 부모와 자녀의 상호작용을 관찰하는 것이다. 이 접근법을 통해서 부모는 자녀와 놀이하는 방법뿐만 아니라 자녀를 훈련시키는 방법, 자녀와 협상하는 방법을 배울 수 있다.

#### 2 행동주의적 부부치료

행동주의적 부부치료는 정교하고 구조화된 사정으로 시작하며 구조화된 사정을 통해서 임상적 상태, 특별한 표적행동에 대한 사정, 표준적인 부부관계를 사정하는 질문이 포함된 구조화를 한다. 구조화를 통해서 부부간의 부정적 통제비율을 감소시키는 한편, 긍정적 통제를 증가시키는 것이다. 다음은 의사소통을 증진시키는 것을 통해 문제해결 능력을 촉진시킨다. Stuart(1969)에 따른 구체적인 개입기법을 정리하면 다음과 같다(김유숙, 1998).

첫째, 부부는 각자를 막연하고 비판적인 불평으로 묘사하기보다는 분명하고 행동주의적인 묘사로 표현하는 것을 배운다.

둘째, 부부는 "나는 남편과 덜 싸우면 좋겠어요"와 같은 부정적 통제 대신에 "우리 부부는 서로 좀더 이해할 수 있었으면 좋겠어요"와 같은 긍정적인 통제를 강조하는 새로운 행동주의적 교환절차를 배운다.

셋째, 부부는 의사소통을 개선하도록 도움을 받는다.

넷째, 부부는 권력을 공유하고 의사결정하는 명백하고 효과적인 방법을 구축하도록 격려받는다.

다섯째, 부부는 치료에서 얻은 이익을 유지하고 확대시키는 수단으로서 미래의 문제를 해결하기 위한 전략을 배운다.

행동주의적 부부치료에서는 의사소통 기술을 중요시하는데 치료자는 자신이 원하는 것을 배우자가 알아차리기를 기대하기보다는 그것에 대해 요청하는 법을 배우도록 부부를 격려한다. 의사소통을 익히게 되면 치료자는 부부에게 유관계약의 원리를 소개하는데 유관계약은 변화를 일으키는 배우자에 대해서 어떤 변화를 약속하는 것이다. 유관계약은 2가지 유형이 있는데 하나는 보완적 계약인데 이는 한 배우자가 다른 배우자에게 선행된 변화가 있으면 자신이 어떤 변화를 일으키겠다는 데 동의를 하는 것이다. 또 다른 계약의 유형은 믿음을 바탕으로 한 계약이다. 즉 각각의 배우자는 상대방이 변화한다는 것에 대한 전제조건이 없이 변화를 일으키는데 동의하는 것이다. 문제해결 훈련은 교환협정 과정에서 부부가 지나치게 대립되거나 복잡한 문제를 다룰 때 사용된다. 성공적인 문제해결을 위한 열쇠는 부부간에 협조적인 자세를 개발하는 것이다.

### 5) Bowen의 가족치료

#### (1) 치료목표

정서적 관계체계가 Bowen이론에 있어서 중심개념이므로, 개입의 1차적 초점은 바로 가족의 정서적 체계에 있다. 따라서 가족치료의 일차적 목표는 가족자아집합체(Family Ego Mass)로부터 자신을 분화시키는 것이다. 둘째 목표는 가족성원 개인의 변화를 통해 가족정서체계의 구조를 변화시키는 것이다. 가족성원이 가족으로부터 분화하려면 우선 가족체계 내의 삼각관계로부터 이탈하여야 한다. 삼각관계는 가족체계 내에서의 정서적 융합을 나타내며, 모든 삼각관계는 다양한 방식으로 상호작용한다. 그러므로 가족정서체계에 있는 하나의 삼각관계 상호작용이 변화하게 되면 가족 전체에 변화가 일어난다고 Bowen은 보았다. 체계를 변화시키고 가족성원의 높은 분화수준을 성취하기 위해서 변화는 가족내 가장 중요한 삼각관계에서 일어나야만 한다.

이상적인 발달은 원가족과 자율적인 분화가 잘 이루어져 있고, 불안이 낮고, 부모가 그들의 원가족과 좋은 정서적 접촉을 할 때 일어난다. 이전 세대와 분화가 잘 된 사람은 원가족과 밀착 또는 격리된 사람보다 훨씬 안정적이다. 자기분화는 Bowen 가족치료에서 치료목표인 동시에 성장목표이다. 다시 말하면, 분화되지 않은 가족자아집합체에서 자신을 분리 독립시켜 정체감을 형성하고, 자기 충동적 정서적 사고와 행동에서 자유를 획득해 나갈 수 있도록 돕는 것이 치료의 목표이다.

### (2) 주요개념

가족내에 연합하고자 하는 힘인 연합성과 분리하고자 하는 힘인 분리성이 서로 균형을 이루고 있을 때가 이상적이다. 연합성의 불균형은 융합이나 미분화라고 하고 자율적으로 기능하는 능력인 분화는 사람이 극단적인 반응에 사로잡히지 않도록 돕는다.

#### 1 자아분화

Bowen이론의 중심개념인 자아분화는 정신내적인 면과 대인관계에 관련된 개념이다. 정신내적 측면에서 자아분화를 보면 지적 기능이 정서적 기능에서 얼마나 분화되어 있는가를 의미한다. 또한 대인관계적 측면에서 분화를 보면, 자아분화가 잘 이루어지지 못한 사람은 확고한 자아를 발달시키지 못하고 거짓자아가 발달하게 되므로 자신의 일관된 신념을 가지고 자주적이며 독립적인 행동을 하지 못한다.

다시 말해서, 정신내적인 분화는 감정과 사고를 분리시키는 능력이다. 그러므로, 분화된 사람은 사고와 감정 사이에 균형을 이룰 수 있으며 자제력이 있고 객관적이다. 반면, 분화되지 못한 사람은 자율성이 부족하며, 다른 사람에게 무조건 융해되려는 경향이 있다. 정서와 지성 사이의 확고한 분화능력이 없이 서로 융해되어 버리는 것이 클수록 다른 사람의 정서적 반응에 융해되어 버리기 쉽다. 융해된 사람은 확고한 신념과 확신을 못 가지며, 이성적 사고가 아닌 감정에 바탕을 둔 의사결정을 한다.

자아분화란 개인이 사고와 정서를 분리시킬 수 있는 능력 및 정서적 성숙과 그가 태어난 가정으로부터 개별화된 정도를 말한다(Kear, 1987). 자아분화는 두 가지 측면으로 나누어 생각할 수 있다(제석봉, 1989 ; Vanderkooi & Handelsma, 1984). 첫째, 개인내적 측면에서 볼 때 자아분화는 지적 기능이 정서적 기능에서 얼마나 분화되었는가를 말한다. 자아분화 수준이 낮은 사람은 정서적 과정에서 지적 과정이 분화되지 않고 융해되어 있어서 합리적이고 객관적인 과정보다는 주관적이며 감정적인 과정에 보다 더 의존하여 환경을 지각하고 대처하기 때문에 현실에 대해 올바르게 적응하지 못하고 갈등이나 스트레스 상황에 놓이게 되면 쉽게 부적응과 역기능적인 행동 및 비행을 일으킨다. 즉 감정에 지배되는 삶을 살며 사고와 추리 등의 인지적 기능이 결여되어 자기 자신의 감정과 사실 간을 잘 구별하지 못한다. 그리고 사랑과 인정에 대해 추구하고 타인과의 관계유지에만 과도한 에너지를 소비하기 때문에 자주적이고 독립적인 목표를 추구하지 못한다. 자아가 분화된 사람은 지적 체계와 정서적 체계도 분화되어 적절하게 기능하며 조화를 이룬다. 스트레스 상황하에서도 자주적으로 기능할 수 있기 때문에 비판적 상황에서도 정서적으로 반응하지 않고 지성을 바탕으로 자주적인 의사결정을 내리며 신념과 확신을 가지고 있다. 이러한 사람은 타인과의 관계도 중요하지만 여기에만 얽매이지 않고 목표 지향적인 활동을 할 수 있다.

둘째, 대인관계적 측면에서 볼 때 자아가 분화되지 못한 사람은 진자아(solid self)가 발달되지 못하고 대신 가짜자아(pseudo-self)가 발달되어 있기 때문에 이질적인 타인의 견해에 쉽게 동조하며 타인으로부터 사랑과 인정을 받고 공격이나 비난을 회피하는데 급급한 삶을 산다. 그러나 자아분화가 이루어진 사람은 지적 기능이 정서적 기능에서 분화되어 자기 자신과 타인과 외부세계를 객관적으로 정확하게 지각하며 대인관계에서도 정서적으로 융해되지 않고 자주적이고 독립적 입장을 취하며 스트레스 상황에서도 효율적으로 대처할 뿐만 아니라 목표 지향적 삶을 산다(Bowen, 1982 ; Hansen & L'Abate, 1982).

자아분화는 자아개념과 유사한 개념이나 구별되는 점은 자아분화에는 가족 내의 상호작용 요인이 포함된다. 자아의 분화수준이 높을수록 환경에 효율적으로 적응하여 건강한 생활을 하지만 자아의 분화수준이 낮을수록 환경에 효율적으로 적응하지 못해 여러 가지 역기능적인 증상을 나타낸다. 한 개인의 자아분화도는 그가 정서적으로 중요한 의미를 가지는 타인들과 맺고 있는 관계의 질 뿐만 아니라 그가 관계를 맺고 있는 그 사람의 자아분화 상태가 어떤 수준이냐에 따라서 달라진다고 할 수 있다. 이렇게 볼 때 개인이 나타내는 부적응적 행동이나 증상은 모두 자아가 분화되지 못한데서 발생한다고 할 수 있다. 그러나 개인의 자아분화는 그가 속한 가정의 가족체제에 의해 결정되며 미분화된 가족자아(undifferentiated family ego)가 가족성원 각자의 자아분화에 손상을 입힌다(제석봉, 1989).

Bowen(1978)은 부모에 대한 강력한 정서적 부착으로부터 자신을 떼어내기 위해 의식적으로 선택해 내는 과정을 강조했다. 가족 내에서의 개인의 분화는 Bowen에 의하면 두 가지 요인에 의해 영향을 받는다. 첫째로는 그 개인의 부모가 얼마나 그들의 원가족으로부터 정서적 분리를 성취했는가이며, 둘째로는 그 개인이 차지하는 가족 안에서의 위치와 부모, 형제 자매들과 어떤 관계를 맺고 있는가 하는 것이다(김정택과 심혜숙, 1993). 그는 탈삼각화의 과정이 개인을 그들의 부모와의 지나친 결합으로부터 자유롭게 하여 원가족과 그 영향으로부터 분리되는 자아 분화의 수준을 향상시킨다고 한다.

### 2 삼각관계

삼각관계는 어떤 두 사람이 또 다른 한 사람을 자신들의 정서적 문제에 끌어들이는 형태를 기술하는 개념이다. 삼각관계가 일어나는 주된 요인은 자아분화 수준과 경험하는 긴장정도이다. 즉, 자아분화 수준이 낮고 긴장이 심할수록 그런 현상은 두드러진다. 삼각관계의 일반적인 예는 부부가 그들의 문제를 해결하지 않은 채 자녀를 끌어들여 그에게 초점을 맞추면서 긴장을 완화시키는 것이다. 즉, 부부가 자신들의 문제로 반목하는 대신에 그들이 대화와 관심을 자녀에게 쏟는다. 긴장이 심화되면 이 같은 삼각관계화는 부모중 한 사람과 그 자녀 사이에 강한 애착관계를 야기시키게 된다. 만약 삼각관계에 휘말리는 자녀가 상처받기 쉬운 성향을 가진 자녀라면 여러 가지 문제증상을 보이게 될 것이다.

가족 내의 풀리지 못한 긴장은 일련의 중복된 삼각관계를 초래한다. 긴장이 더해지면 제삼자는 떠나고 네 번째 사람을 끌어들일 수도 있다. 때로는 가족 안에서 더 이상 삼각관계를 만들 수 있는 인물을 찾을 수 없을 때는 가족 이외의 사람과 삼각관계를 형성하기도 한다. 만약 가족 이외의 인물이 가족치료자라면 그는 정서적 삼각관계에 연루되지 않으면서 두 사람과 접촉할 수 있다. 이렇게 중립적이고 객관적인 관계를 의미하는 치료적인 삼각관계는 가족의 관계를 개선할 수 있다. Bowen 가족치료에서는 이와 같은 탈삼각관계를 치료의 목표로 삼고 있다. 치료자는 가족이 가진 문제를 직접 다루지 않고 바람직하지 않은 삼각관계의 과정을 지적한다. 치료과정을 통하여 가족으로 하여금 삼각관계가 가족문제의 병리적인 안정에 얼마나 큰 역할을 하고 있는지를 깨닫게 하여 가족이 자신들이 삼각관계에서 벗어날 수 있도록 도우며, 궁극적으로는 가족체계의 바람직한 변화를 초래하고자 하였다.

### 3 핵가족의 정서체계

원가족과 분화가 이루어지지 못한 부모는 자신의 부모와 정서적 단절이 생기면, 현재의 가족생활에 융해되어 안정을 찾으려 한다. 즉 자아분화가 낮은 사람의 결합일수록 두 사람의 자아가 융해되어 공동자아를 형성한다. 문제는 새롭게 형성된 이와 같은 융해는 불안정하며, 때로는 융해가 반대로 부부간의 정서적 거리감을 증가시켜서 자녀에게 문제를 투사하는 등의 여러 가지 부적응을 초래할 위험성이 있다는 것이다.

### 4 가족투사과정

부모가 자신의 미분화를 자녀에게 전달함으로써 미분화는 세대를 걸쳐서 진행된다. 투사의 대상이 된 자녀는 최소한의 자아분화만을 한 채, 부모와 밀착관계를 가지게 된다. 자아분화 수준이 낮은 부모는 미분화에서 오는 불안을 삼각관계를 통해 회피하려고 한다. 이러한 삼각관계화에서 볼 수 있는 공통적인 현상은 어머니가 특정 자녀와 공생적인 관계를 형성하여 미분화의 산물인 자기문제를 투사시킨다는 것이다. 투사는 어느 가정에서나 일어나는 것인데, 분화 수준이 낮은 가정일수록 투사경향이 심하다. 가족 투사과정은 다음 세대를 희생시키면서까지 이전 세대의 미분화에서 발생한 불안을 경감시키려고 한다.

**5 다세대 전수과정**

다세대를 통해 가족의 정서과정이 전수되는 것을 말한다. 자아분화의 수준이 낮은 사람이 자신과 비슷한 분화수준을 가진 사람과 결혼하면 다음 세대인 자녀에게 그들이 가진 미분화된 특징을 투사시키게 되어, 그 자녀의 자아를 더욱 미분화상태에 놓이게 한다. 이러한 투사과정이 여러 세대에 걸쳐 계속되면, 3대 혹은 그 이상의 세대에 가서 정신분열증이나 정서적 질환이 발생된다. 이처럼 다세대 전수과정은 개인의 자아분화 수준이 대대로 전달되는 것을 나타낸다. 이렇게 볼 때 정신분열증이나 역기능의 문제는 개인의 질병이 아니라 가족체계에서 누적된 자아의 미분화, 즉 융합의 결과인 셈이다.

**6 정서적 단절**

한 개인과 자신의 원가족 간의 미분화와 그것과 관련된 정서적 긴장을 설명한 것으로, 극심한 정서적 분리의 양상을 의미한다. 정서적 단절은 세대간의 잠재되어 융해된 문제를 반영하는 것이다. 따라서 세대간의 정서적으로 융해가 심할수록 정서적 단절의 가능성 또한 높다. 융해가 심한 사람은 가족과의 정서적 접촉을 회피함으로써 문제를 해결하려고 한다. 그러나 고립된 소외에서 오는 불안으로 다른 사람과 관계를 맺으면 또 다른 융해를 초래한다. 충동적으로 결혼한 사람은 정서적 단절의 좋은 예인데, 이러한 사람은 결혼을 통해 원가족에서 벗어난다 하더라도 진정한 독립을 얻은 것은 아니다. 왜냐하면 융해가 심한 사람은 결혼을 해도 새로운 가족과 다시 융해하여 원가족에서의 문제를 재연시키기 때문이다.

### (3) 치료기법

Bowen의 치료기법은 성숙하고 분화가 잘 된 한 배우자를 선정하고 일정기간 그 사람과 치료를 진행함으로써 그 사람이 전체 가족체계를 변화시킬 수 있다고 생각하였기 때문에 치료대상의 폭이 상당히 넓었다. 이 기법을 사용하기 위한 기본가정은 오랫동안 지속된 정서적 삼각관계를 깨뜨릴 수 있는 사람은 바로 가족 내에 있는 가족성원이라고 보았기 때문이다. 그리고 선택된 가족성원이 행동상에 변화를 취하게 되면 다른 성원들도 똑같이 행동하려는 경향이 있다고 보았다. 그리고 Bowen은 새로운 평형상태에 도달하기 전에 혼돈과 심한 변화를 경험하는 동안에 이전의 병리가 해결되고, 각 성원들은 더 높은 수준의 자기분화를 성취하게 된다고 믿었다.

Bowen이 지향하는 가족치료는 강한 정서적 표현이 없는 조용하고 직접적인 치료이다. 각 배우자는 상대방보다는 치료자와 이야기하며 배우자간의 정서적 긴장을 유발시키지 않기 위해 대결하고 직면하는 기술은 사용하지 않는다. 이런 방식으로 각 배우자가 생각하는 것은 상대방이 있는 가운데 표현되며 해석은 되도록 피한다. 대신에 부드러운 질문을 함으로써 감정을 완화시키고 어려움을 야기시킨 원인에 대해 생각하도록 한다. Bowen은 다른 사람을 질책하거나 해결책으로써 두 사람을 결합시키기보다는 각 성원 자신이 관계문제에서 어떤 역할을 하는가에 초점을 두도록 권고한다. 이와 같은 치료과정에서 두 성인과 치료자와의 삼각관계 상황을 지속시키면서 치료를 계속하는 것이 그의 중요한 치료기법이다.

탈 삼각관계 과정의 증상을 제거하거나 변화시키기 위해서는 역사적, 심인적 요소를 발견해야 한다. 한 개인의 현재 가족기능은 원가족의 경험과 관련되어 있다고 보았다. 따라서 만약 어떤 사람이 현재의 기능에 만족할 수 없으면 원가족 속에서 자신의 위치를 이해하는 것이 중요하다. 원가족과 해결되지 않은 문제가 남아 있을 것이다. 치료과정을 통하여 가족이 자신의 부모, 즉 조부모와 같은 확대가족과의 관계를 이해하고 받아들이는 것이 중요하다. 따라서 가족치료자는 가족성원이 자신의 원가족에게 돌아가도록 지도하는 코치와 같다고 생각한 것이다.

치료단위와 관계없이 Bowen의 치료목표는 자기분화에 있었다. 즉, 확대가족 내에서의 중립적인 정서적 관계를 갖도록 하는 것이다. 이러한 변화의 첫 단계는 원가족에 대한 이해로부터 시작된다. 이것을 위해 가계도(genogram)를 활발히 사용한다. 치료과정을 통하여 가족이 지금까지 무시해온 가족사에 대한 기본적인 지식을 조직화해 가는 것이다. 가족을 알기 위한 또 다른 의미있는 정보로는 가족체계 내에서 다양한 집단의 지리적 위치를 파악하는 것이다. 거주지의 물리적 거리는 드러나지 않은 정서적 유형을 알 수 있는 좋은 단서이기도 하다. 가족에 대한 정보가 많을수록 자아분화가 쉬어지며, 이것은 여러 가족성원과 대인관계를 확립하게 하는 이점도 있다. 궁극적으로 자아분화는 자신과 관련된 삼각관계를 인식하고 거기로부터 탈삼각화하는 것이므로 얻어진 정보에 의하여 자신들의 삼각관계를 인식하는 것이 중요하다. 주로 감정의 상승효과를 억제시키거나 장점을 보다 객관화하여 표현하게 하거나 때로는 위험한 화제를 해독시켜 묻혀있는 비밀을 노출시키거나 무효화함으로써 탈삼각관계를 시도하기도 하였다.

치료자 역시 탈삼각화를 위해 노력해야만 한다. 치료자는 가족과 중립적이고 객관적인 자세로 적정 수준의 정서적 거리를 두어야 한다. 그리고 내용보다는 가족의 상호작용 과정에 관심을 집중해야 한다. 가족에게 정서체계가 어떻게 작용하는 지를 가르쳐 주고, 이들이 원가족과 원만한 관계를 가질 수 있도록 격려한다. 가족체계에 대한 지식을 통하여 가족성원은 자신의 문제를 분석할 수 있으며, 이것은 그들에게 자신의 변화를 지속시킬 수 있는 뼈대를 제공하는 것이기도 하다. 치료기간은 한 달에 한번 정도로 함으로써 지나친 의존성이 없어진다고 보았다.

### 6) 구조적 가족치료

#### (1) 치료목표

구조적 가족치료의 목표는 가족이 가지고 있는 문제를 해결하는 것으로 문제가족은 가족구조 내에 질병이 존재하는 것으로 본다. 즉 구조가 역기능적인가를 진단하는 기준을 구조상의 문제로 보았다. 역기능적 증상은 현재 가족구조의 불균형의 결과로 보고 있다. 다시 말하면 역기능적 위계질서와 영역에서의 불균형과 변화하는 요구(발전적, 환경적 욕구)에 대한 부적절한 반응을 하는 가족이 문제이다. 그러므로 구조적 가족치료의 목적은 가족구조를 재구조화하는 것이다.

첫째, 역기능적인 상호거래유형을 변화시키기 위하여 가족성원의 위치를 변화시키고 부모하위체계를 강화하는 것이다.

둘째는 명확하고 융통성 있는 경계선을 만드는 것이다.

셋째, 좀더 효과적으로 적응할 수 있는 대안을 발견하고 동원하는 것이다.

### (2) 주요개념

**1 가족경계(boundary)**

가족경계란 가족이라는 하나의 전체체제 속에 존재하는 하위체계들(sub-systems)간의 가장자리를 말하는 추상적인 개념으로서, 가족관계 속에서 이루어지는 의사거래에 참여하는 방법과 영역, 권한 등을 규정하게 하는 역할을 한다.

**2 하위체계(sub-system)**

여기서 하위체계란 부부, 조부모, 형제, 남자, 여자와 같이 가족의 전체 체계를 구성하는 하위 집단을 의미하는데, 결국 경계란 이들 하위 체제 간을 구별시켜 주는 눈에 보이지 않는 경계선이라고 할 수 있다. 즉, 누가 어떤 하위체계 아래에서 어떤 방식으로 참가하는 가를 규정하는 숨은 규칙에 의해서 경계는 설정되어지는 것이다. 경계와 하위체계는 시간과 상황에 따라서도 변화한다. 이러한 경계는 경직되어 있는가, 유연한가, 애매한가 명확한가, 개방적인가 폐쇄적인가 등으로 분류할 수 있다.

그런데 건강한 가족은 하위체제들 상호간의 접촉이 가능하고 정보교환이 용이한 개방적 체제가 바람직하다. 이는 경계가 분명하여 가족간의 역할과 구분이 분명하면서도 서로간의 애정의 교환과 상호 의사소통이 가능하도록 경계가 투과성이 있어야 함을 의미한다. 경계가 애매한 가족은 문제에 모든 가족성원이 휘말려 있는 혼란을 초래한다. 후자의 가족이 보이는 상태를 밀착상태라고 부른다. 경계가 경직된 가족은 보통 소외된 가족성원을 포함한 격리된 상태를 보인다.

### (3) 치료기법

구조적 가족치료의 기법은 치료적 체계를 형성하기 위하여 합류를 하거나 가족체계를 재구조화하는 것이다.

### 1 치료체계의 형성

Minuchin은 치료적인 체계를 만드는 치료자의 방법과 지도자로서의 지위를 갖는 방법을 합류의 개념으로 보았다. 그는 치료자가 가족에 합류하고 치료적인 체계를 형성하지 않는 한 재구조화가 이루어질 수 없으며, 치료적 목표를 성취하기 어렵다고 하였다.

합류(Joining), 즉 가족의 상호거래에 치료자가 합류하는 것은 치료자의 역할을 활성화하고, 가족성원들 상호거래를 다루는 기술이다. 치료자는 전문적인 목적을 가지고 합류를 사용하며, 합류는 기계적이고 조작적일 수 있다. 가족에 합류하기 위해서는 치료자는 적응하는 능력을 갖고 있어야 한다. 치료의 초기과정을 단축시키고 치료를 촉진하는 방법에는 유지, 추적, 모방의 기술이 있다. 유지(maintainance)는 치료자가 가족구조를 이해하고 분석하며 계획된 지지를 하는 적응기술이다. 치료자는 가족성원의 상호작용을 파악하고 가족구조를 있는 그대로 유지하면서 가족성원들과 접촉하는 것이며, 가족하위체계의 특정한 상호거래유형에 접근하는 것이며, 가족하위체계를 확인하고 지지하는 것이다. 그리고 각 가족성원들의 장점과 잠재능력을 확인하고 지지하고 혹은 가족 내에서 가족성원들의 위치를 강화하는 것이다. 치료자가 약한 부분을 지지하고 유지시키면 강한 부분이 재구조화를 하게 된다. 자녀 하위체계가 지지를 받으면 부모 하위체계는 재구조화에 대한 암시를 받게 된다.

추적(tracking)은 치료자가 가족의 의사소통과 행동의 내용을 추적하고 계속하도록 권장하는 기술이다. 추적은 질문을 명확히 하고 의견을 수용하게 하고 초점을 확대하는 것을 의미한다. 치료자는 말하는 것에 대해 도전하거나 강요하지 않는다. 치료자는 반복, 질문, 관심을 표현하는 말(그렇군요, 네, 그러세요 등)로 계속해서 이야기하도록 하면서 의사소통의 방향을 조정한다.

의사소통의 내용을 추적하는 것은 가족구조를 파악하는데 유용하고, 의사소통 유형, 생활근거, 생활역사, 가족의 가치, 가족성원의 속성 등을 파악하는데 유용하며, 추적은 재구조화하는데 사용되는 전략이다.

모방(mimesis)은 치료자가 가족의 의사소통 방법이나 내용을 모방함으로써 가족에게 합류하는 것이다. 치료자는 가족이 의사소통하는 속도, 행동적인 방법, 말하는 태도, 몸짓에 적응함으로써 가족성원들과 비슷하게 될 수 있다. 치료자는 가족과 비슷한 경험을 하고 추적하고, 의사소통 유형이나 행동을 모방함으로써 가족에 합류하면서, 가족성원들이 치료자에게 동일시하도록 돕는 자기노출의 형태를 취하는 것이다. 이것은 모방에 의해 특정한 하위체계의 권위를 높여줌으로써 가족의 구조를 변화시키는 것이다.

**2 가족체계의 재구조화**

① **가족상호거래 유형을 실현화**(actualizing family transactional patterns) : 상호거래양식을 실현화한다는 것은 가족성원들이 치료자에게 설명하는 것을 실제로 당사자에게 직접 이야기하도록 격려하는 것이다. 예로서 "그 점에 대해 직접 남편에게 이야기해 보시죠"라고 함으로써 가족성원들이 설명하는 것 대신에 확실한 지식을 가지고 자기자신의 상호거래를 경험해 보도록 돕는 것, 그리고 더 나아가 상호거래의 방향을 재구조화함으로써 가족성원들이 치료자를 대상으로 이야기하는 것을 가족 상호간에 이야기하도록 한다. 위치를 재배치하는 것은 가족의 설명을 실현하는 또 다른 기법이다. 치료모임에서 가족이 앉아 있는 위치를 재배치함으로써 경직된 경계선을 완화시키거나 지나치게 간섭하는 것을 차단시킬 수 있다.

② **경계선 만들기**(boundary making) : 경계선이 밀착된 가족에서는 가족성원들의 개별화를 촉진시키기 위하여 경계선을 강화시키고 명확히 하여야 한다. 분리된 가족에서는 가족성원들간의 지지적이고 통제하는 기능을 강화하여 하위체계간의 교류를 촉진시키고 경직된 경계선을 완화시킨다.

개인의 자율성은 가족성원들이 상대방의 말을 경청하고 서로 이야기하지만 다른 사람에 관한 이야기는 하지 않으며, 다른 사람들에게 하는 질문에 대신하여 대답하지 않고, 본인이 없는 데서는 말하지 않는 등의 가족규칙을 세움으로써 보호되고 촉진된다. 치료자는 자녀들 사이의 개별화를 강조하여야 하고, 부모는 자녀의 발달단계에 맞는 요구를 하고, 자녀의 행동에 적절한 보상을 할 수 있도록 원조해야 한다.

③ **긴장을 고조시킴**(escalating stress) : 긴장을 고조시킴으로써 가족구조를 재구조화하는 기술은 첫째, 상호거래유형을 차단시키는 것이다. 치료자가 긴장을

조성하는 가장 간단한 전략은 의사소통의 통로를 차단시키는 것이다. 둘째, 가족구성원의 의견 차이를 강조하는 것이다. 치료자는 가족구조 내에서 발전해온 가족구성원들의 차이점을 강조함으로써 긴장을 조장할 수 있다. 셋째, 은폐하려는 갈등을 조장하는 것이다. 넷째, 가족구조 내의 제휴나 결탁에 합류하는 것이다. 일시적으로 한 가족성원이나 한 하위체계와만 합류함으로써 가족내의 긴장을 조성한다. 치료자는 가족성원들에게 번갈아 합류하는 것이다.

④ **과제를 줌**(assigning tasks) : 치료자는 가족상호거래에서 자연스럽게 발전될 수 없는 행위를 실현해 보도록 하며, 가족이 행할 필요가 있는 분야를 개발시키기 위하여 과제를 주는 것이다. 예로서 치료시간에 "3분 동안 방해하지 마세요"라고 지시하는 것이다. 그리고 치료시간 뿐 아니라 집에서 할 수 있는 과제를 줄 수 있다. 불장난하는 아이의 어머니에게 하루 5분간씩 어머니가 성냥 긋는 법을 가르치게 한다. 이것은 매일 야단치는 대신 유능한 교육자 역할을 하게 하여 기능적인 상호거래유형을 발전시키는 것이다.

⑤ **증상 활용**(utilizing symptom) : 역기능적인 가족을 가장 빠르게 변화시키는 길은 현재 환자의 증상을 다루는 것이다. 증상을 활용하는 방법으로는 몇 가지가 있는데, 첫째는 증상에 초점을 두는 것이고 두 번째는 증상을 강화하는 것이다. 치료자는 의도적으로 환자의 증상을 강화하기 위하여 치료자의 권위를 사용할 수 있는데 이것은 재구조화를 촉진시키기 위한 것이다. 세번째는 증상을 의도적으로 등한시하는 것이다. 네번째는 새로운 증상으로 관심의 초점을 돌리는 것이다. 다섯번째는 새로운 명칭을 붙이는 것이다.

⑥ **분위기 조작**(manipulation mood) : 세 명의 사춘기 자녀를 복종하게 하려고 지나치게 통제하며 소리지르는 강력한 어머니 앞에서 치료자가 더욱 공격적인 태도를 보여 결국 어머니가 태도를 부드럽게 하고 자녀에게 자치권을 주도록 한다. 이와 같이 치료자는 반응의 강도를 높여 가족에게 변화가 필요하다는 인식을 하도록 한다.

가족의 특성에 따라서 좀더 적절하게 반응을 하여야 하는데 통제에 관심 있는 가족을 치료할 때 치료자는 편안하고 수용하는 분위기를 사용할 수 있다. 또 지배적인 분위기에 관하여 다시 명칭을 붙이는 것도 도움이 된다.

지지, 교육, 안내는 일반적으로 합류하는데 사용되지만 재구조화 기능을 하며 가족체계를 유지하기 위해 필요하다. 치료자는 가족성원들이 상호간에 어떻게 순응하여야 하는지 가르친다. 그리고 부모들이 자녀에게 어떻게 개별적으로 반응하여야 하는지를 가르쳐야 하고, 각 가족성원들이 외부세계에 어떻게 적응하는지 가르쳐야 한다. 지지, 교육, 안내의 방법은 사회서비스기관을 활용하고 있는 가족을 다룰 경우에 서비스 사용에 관하여 자세히 가르쳐 줌으로써 효과를 가져 올 수 있다.

## 4. 부모 및 가족상담의 유의점

가족상담은 가족의 문제해결을 궁극적인 목표로 삼는다는 점에서 '문제중심적' 혹은 '문제해결 중심적' 성격을 갖는다. 최근에는 다양한 가족 형태들의 등장과 더불어 재혼가족, 독신가족, 노인단독가족, 입양가족, 한부모가족 등 다양한 가족들의 문제가 주요 상담 대상으로 부각되었고 사회변화와 함께 진행되는 가족구조 및 가족관계, 가족 역할 등의 변화가 내포하고 있는 많은 문제점들을 효과적으로 해결하기 위한 다양한 대안들이 논의되고 있다. 가족상담의 접근방법은 기본적으로 가족 전체를 치료 대상으로 하는 가족상담 및 교육을 통해 가족 내적인 갈등과 문제를 해결함으로써 가족의 역기능적인 측면을 제거하고 순기능적인 측면을 강화하여 건강한 가족으로의 변화를 돕고자 한다는 특징을 가지고 있다. 그런데 여기서 문제가 되는 것은 기존의 가족상담 모델과 기법이 가족 문제에 접근해온 제한된 방식이다. 최근 새로운 변화의 조짐이 발견되고 있는 것은 사실이지만 가족상담은 여전히 기본적으로 체계이론이라는 이론적인 배경을 가지고 발전되어 왔다. 체계이론에서 가족을 규정할 때 가장 핵심적인 전제가 되는 것은 가족이 부부체계, 부모-자녀체계, 형제체계 등으로 구성되는 하나의 유기적인 '전체'이고 그 하위체계 각각이 하나의 조직, 경계, 상호작용 유형을 가지고 있다는 것이다. 물론 체계로서의 가족이 자신을 둘러싸고 있는 환경과 상호작용을 하고 있다는 사실 역시 중요하다. 체계론적 사고에서도 환경과 체계와의 상호작용을 결코 간과하고 있지 않다.

그러나 체계이론에 근거한 가족상담에서는 이론적으로는 환경과 가족의 상호작용을 전제하면서도 실제 상담실 상황에서는 가족원들의 원가족에서의 경험과 관련하여 현재의 문제를 도식적으로 풀어낸다. 가족성원들 각각은 순기능적으로든, 역기능적으로든 가족 체제의 유지 및 존속에 기여하는 일종의 '기능'을 담당하고 있는 것으로 풀이된다. 부모의 어린 시절 경험은 순환적으로 가족 내에서 반복되고 그 순환고리는 그 자녀가 자신의 가족을 형성한 이후에도 지속되는 것으로 보이며, 가족성원의 현재 모습은 어린 시절 가족에서의 경험에 기반하여 모두 결정되는 것으로 설명된다.

이렇게 가족상담 영역에서는 가족성원의 개별적인 사회적 경험이나 주체로서의 능동성이 인정되지 않는다. 가족은 그 자체로 사회, 혹은 개인이 접할 수 있는 모든 것인 것처럼 그려지고 어디에도 개인과 상호작용하는 환경으로서의 '사회'는 존재하지 않는 것이다. 따라서 가족상담이 그 대상으로 하는 가족의 다양한 문제들 역시 단순히 개별가족의 문제로만 간주될 뿐 거시적인 차원에서의 개입이 필요한 '사회문제'로 다루어지지 못한다. 결국 기존의 가족상담은 가족 문제를 개별가족의 문제로 보고 그 가족 내에서 풀어내려는 시도만을 보여주고 있는 셈이다. 그러나 이제 가족 문제는 개별가족이 아닌 사회문제이며, 개별가족 차원과 정책 및 법제의 차원이라는 두 차원에서 함께 다루어져야 한다는 점이다.

마지막으로 많은 상담자들이 다음과 같은 경우에는 가족상담을 하지 말아야 한다고 한다(김유숙, 1996).

첫째, 가족상담에는 실제로 한정된 조건이 있다. 주요 가족원이 물리적 조건 또는 상담에 대한 동기가 없을 경우에는 상담에서 제외하지 않으면 안 된다.

둘째, 상담자 자신이 적절한 훈련을 받은 경험이 없어서 가족이 필요로 하는 것을 제공하지 못한다고 생각되는 경우 가족상담을 중단하는 것이 필요하다. 가족상담은 개인상담과는 달리 복수의 사람과 만나게 되며 이들 사이의 관계에 대한 이해가 있어야 하므로 때로는 복잡한 과정이기 때문이다.

셋째, 어려움을 겪어온 시기가 지나치게 오래되어 장애가 말기에 있다고 생각되면 가족상담을 하지 않는 것이 바람직하다. 시간이나 비용이 드는 것에 비해 예후의 예상이 상당히 어둡기 때문이다. 그러나 여기서 말하는 것처럼 장애가 말기인지 아닌지 여부를 판단하는 것은 상당히 어렵다.

넷째, 지나치게 불안정한 상태에서 정서적 균형이 유지되고 있는 경우 가족상담의 접근은 신중하지 않으면 안 된다. 이러한 경우 관계의 체계를 변화시키기 위한 개입이 한 가족원의 희생을 초래하게 되는 경우도 있기 때문이다. 이러한 가족의 경우 불안정한 스트레스를 가지고 계속 대응해 온 경우가 많다. 이 때 그들의 정서적 불균형을 변화시키려고 가족관계의 변화를 시도할 때 한 가족의 스트레스가 증대되어 지나친 희생을 감수하지 않으면 안 될 때가 있다.

다섯째, 가족상담자에 따라서는 가족원 중에 우울 또는 중대한 정서적 박탈이 있는 경우 가족상담을 금지하는 것이 바람직하다. 이들 가족의 경우에는 장애가족을 돕는 것에 지쳐 있기 때문에 가족상담을 하는 것조차 실패하는 경우가 있다. 최근에는 이러한 어려움을 갖고 있는 가족을 위한 심리교육적 접근이 시도되어 좋은 효과를 얻고 있다.

여섯째, 가족이 재판소나 학교와 같은 공공기관의 소개를 받고 왔을 경우에는 신중하지 않으면 안 된다는 주장도 있다. 이러한 경우 실제적으로 어떤 변화를 원한다기 보다 형을 가볍게 하고 싶다든다 퇴학처분을 모면하고 싶다는 부수적인 이득에 더욱 많은 관심을 기울이는 경우가 있기 때문이다.

제 6 장

# 유아 및 아동상담

## 1. 발달의 특징과 원리

현대사회는 다변화되고 있으며 특히 가정의 형태나 구조가 빠른 속도로 변화되고 있다. 이 같은 시대적인 요구에 의해서 전문가에 의존해야 하는 일들이 점차로 증가하고 있는 것 또한 사실이다. 특히 아동상담은 부모들이 자녀의 진로나 교육문제에 대해서 의논하고 이야기를 나누는 것이 아니라 전문가가 아동을 돕기 위한 전문적인 활동으로 자리를 잡아가고 있는 것으로 발전되고 있는 실정이다. 아동들은 발달단계상 그들의 신체적, 지적, 정서적인 형성과정에 있으며, 그들의 발달과업에 개인차가 크다. 이와 같은 개인차는 각각의 발달과업을 달성해 가는 과정에서 다양한 부분과 다양한 측면에서 적응상의 문제로 발전되어질 수 있음을 말해 준다.

한 개인의 발달은 출생에서 사망에 이르는 과정에서 지속적으로 이루어지는 일로써, 발달은 아동에 대한 논의에서 빠질 수 없는 주제이며 아동을 이해하기 위해서는 아동발달에 대한 이해가 선행되어야 한다. 아동은 지속적으로 발달하며 발달에 따라 특별한 욕구와 행동이 수반되고 변화한다. 따라서 아동들의 많은 문제는 발달 및 적응상의 문제로 야기되어질 수 있기 때문에 상담자는 아동의 발달과업에 맞게 아동에게 접근하여야 한다. 또 상담자가 아동에 맞는 현실적인 치료목표를 세우기 위해서는 아동들의 발달적, 사회적, 정서적 양상에 대한 철저한 지식과 이해를 지니고 있어야 한다.

### 1) 발달의 의의

발달은 개체발생에서부터 시작하여 성숙 또는 숙달에 이르기까지의 생활체(生活體)의 적극적인 변화(positive change)의 과정이며 진보적인 변화이다. 이 같은 정의는 발달을 생활체의 적극적·진보적·적응적 변화로 본 것이며, 단순한 변화가 아니라 양적 변화인 동시에 질적 변화로 본 입장이다. 그러나 질과 양에 있어서 적극적, 진보적, 적응적인 변화라 할지라도 그것이 도덕적 규범이나 교육적 가치에 합당한 변화라야만이 바람직한 발달을 도울 수 있는 변화라고 볼 수 있다(정인석, 1992).

Hurlock의 발달의 주요 형식을 살펴보면 다음과 같다(정인석, 1992).

#### (1) 크기의 변화

크기의 변화는 양적 증대 현상으로 표시되는데 특히 신체발달에 있어서 현저하게 드러나며, 이상조건이 정상발달을 저해하지 않는 한 연령증가와 더불어 매년 신장, 체중, 흉위(胸圍)의 증대를 가져오며, 거기에 따라 내부기관(심장, 간장, 위, 장)도 증대한다. 정신발달에 있어서도 이 같은 변화를 볼 수 있으며, 어휘의 수와 기억의 범위가 넓어지는 것도 이와 동일한 현상이다. 이런 뜻에서 발달은 양적 증대의 현상이다.

#### (2) 발달비율의 변화

신체적 발달은 각 부분의 크기의 변화가 한결 같지 않기 때문에 발달의 비(developmental ratio)가 다르다. 즉 어린이는 단순히 성인의 축소가 아니며, 몸 전체의 비율이 성인의 신체부분의 비율과 상이하다는 것을 알 수가 있다. Hollingworth(1927)는 신체비율의 변화를 살펴보면 두고(頭高)는 2배, 동체(胴體)는 3배, 팔의 길이와 뇌의 무게는 4배, 다리의 길이는 5배, 심장의 무게는

13배로 증대되고 간장의 무게는 20배로 증대되며 근육의 무게 비율은 2배로 증대되고 신경계의 무게 비율은 유아의 1/8 비율로 감소된다. 이 때 어린이의 신체의 부분비율이 성인의 발달비율에 접근해 가는 사실을 발달이라고 볼 수 있는데, 신체 각 부위가 저마다 발달비율을 달리하고 있기 때문에 볼 수 있는 현상이다. 즉 신체 각 부위는 그 자체의 성장비율을 가지며, 각 부위가 동일하게 성숙기에 달하지 않는다는 점에서 성숙된 성인의 신체구조와는 다른 구조를 가지고 있다.

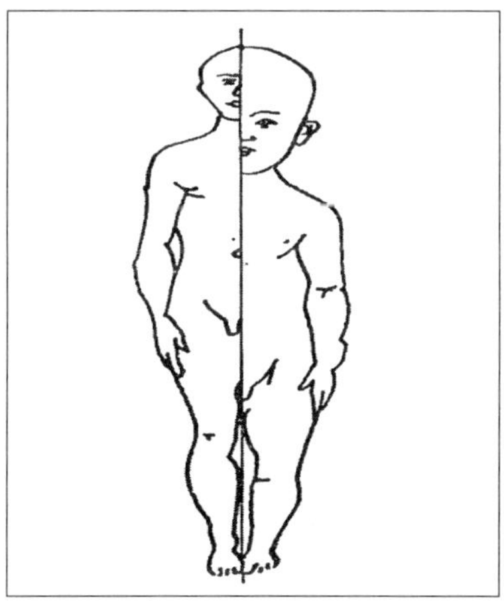

〈그림 6-1〉 신생아와 성인과의 신체의 비율(C. H. Stratz, 1923)

### (3) 낡은 특성의 소실(消失)

발달과정에서 볼 수 있는 제3의 변화형식은 발달을 저해, 지연시키거나 불필요한 특성의 소실을 들 수가 있다. 예컨대, 어린이가 성장하여 사춘기와 더불어 보이기 시작하는 흉선(胸腺, thymus)과 송과선(松果腺, pineal body)의 기능의 위축과 쇠퇴, 바빈스키반사(Babinski's relex)의 소멸과 유치의 영구치에로의 교체현상, 미숙한 정서적 반응이나 상모적(相貌的) 지각(physiognomic perception), 자기중심적 사고(ego-centric thinking), 물활론(animism)의 심리 등을 버리는 것도 모두가 발달에 저해가 되는 낡고 불필요한 것을 버리는 변화의 현상이다.

### (4) 새로운 특성의 획득

발달적 변화의 제4형식은 발달에 필요한 새로운 신체적, 지적, 정의적 특성의 획득에서 볼 수 있다. 그 중의 어떤 것은 학습에 의해서 획득되기도 하고, 어떤 것은 생득적인 특성이 발현되는 성숙과정에 의해서 획득되기도 한다. 신체적 특성에 있어서 영구치나 제2차 성징의 특징(secondary sexual characteristics) 발생과 지적 특성에 있어서 지식의 습득, 새로운 기술의 획득이나 정의적 특성에 있어서 가치관의 형성, 양심의 발달, 종교적 신앙의 확립 등은 모두 후천적인 노력에 의해서 얻어진 새로운 특성의 획득현상이다.

Lewin(1936)은 개체의 발달은 개체가 가지고 있는 변화가능성(지능, 적성, 학력, 태도, 가치관 등)과 환경이 가지고 있는 성질(지리적 환경, 행동적 환경 등)의 상승작용의 정도에 따라서 결정된다고 하였다.

## 2) 발달의 원리

① 발달은 연속적이고 점진적인 과정이다.

성장이나 발달의 과정은 미숙한 낮은 단계에서부터 시작하여 점차로 진보적인 고차원의 단계로 진행되며 나름대로 한 시기의 발달양상은 시간적인 흐름으로 보아 전단계의 발달을 이어받고, 동시에 다음에 진행될 발달을 촉진시켜 줄 기초를 닦는 역할을 하게 된다. 즉 인간의 발달은 쉬임없이 연속적으로 일어나며 점진적인 하나의 과정을 밟아가게 된다. 그러나 특정한 시기에 특정한 부분의 발달이 이루어지는 결정적인 시기(critical period)가 있다. 이와 같은 연속적인 발달과 결정적 시기에 이루어지는 발달에 문제가 생겨서 발달의 장애를 가져오는 경우도 있다.

② 발달은 일정한 순서가 있다.

발달의 방향은 일정하고 순서와 나름대로의 질서에 의해서 이루어지는데, 그 순서는 일반적인 것에서 특수한 것으로, 전체적인 것에서 부분적인 것으로 나타난다. 아이들은 머리가 먼저 발달하고 점차로 팔이나 다리, 손, 발, 그리고 손가락, 발가락 등의 순차에 의해서 발달하게 된다. 예를 들면, 달리기를 하려면 그 전에 걸어다닐 줄 알아야 하고, 걸어다니려면 그 전에 일어설 줄 알아야 하며, 일어서려면 그 전에 기어다닐 줄 알아야 한다. 이처럼 발달은 절대로 순서를 바꾸지 않는다. 발달은 처음에는 전체적이고 미분화된 상태에서 점차로 부분적이고 특수한 기능이나 기관으로 분화되어가면서 발달이 이루어진다.

③ 발달은 분화와 통합의 과정이다.

신체구조나 운동기능, 정신기능 등의 변화를 나타내는 발달은 분화와 통합의 과정을 거쳐서 이루어진다. 발달은 신체발달, 언어발달, 인지발달, 정서발달 등 모든 발달에는 동일한 원리가 적용된다. 발달은 전체적이고 일반적인 기능에서부터 부분적이고 특수적인 기능으로 분화해 가는 동시에 분화된 각 부분은 일정한 계열에 의해서 조직화되고 통합되어 전체적인 체제형성을 위해서 중심화를 이루어 간다.

④ 발달은 성숙과 학습의 상호작용의 산물이다.

성숙은 유기체가 유전적 내재법칙을 밟아서 발달하는 과정이며, 학습은 유기체 자신이 후천적으로 훈련과 경험을 통해서 행동 수준을 높여가는 발달과정이다. 즉 발달은 유전적인 요인과 환경적인 요인에 의해서 이루어지는 과정이다.

⑤ 발달에는 개인차가 있다.

⑥ 발달은 연령이 증가함에 따라서 발달 경향에 대한 예언이 점차적으로 어려워진다.

⑦ 장기적 발달은 계속되지만 단기적 발달은 불규칙적이다.

발달은 나름대로의 규칙과 법칙에 의해서 이루어지는 것이지만 단기적인 측면에서 살펴보면 순서가 언제나 일정하기 보다는 오히려 순서가 바뀌어 나타나는 경우도 있다.

## 2. 아동발달의 이론들

### 1) Freud의 심리성적 발달이론

Freud는 성격발달의 세 가지 기본원칙으로 정신적 결정론, 무의식의 중요성,

성적 에너지(리비도)를 제시하였다. 첫째, 정신적 결정론은 인간의 정신적 활동이 이전의 행동이나 사건에 의해 결정된다고 보는 것이다. 둘째, 인간의 행동이 의식적 과정보다는 인식할 수 없는 무의식에 의해 동기가 유발된다고 보았다. 셋째, 본능적인 성적 에너지가 행동과 사고의 동기가 된다고 간주하였다. 특히, Freud는 모든 본능이 근본적으로 성적인 것이라고 믿었기 때문에 인간의 성격발달이 성적인 욕구와 밀접한 관련이 있다고 믿었으며 이 성격발달을 심리성적 발달이라고 일컬었다.

#### (1) **구순기**(oral stage)

출생 후 대략 1년 동안에 해당되는 시기로서 리비도가 입에 있기 때문에 주로 빠는 행위를 통해 쾌감을 충족시킨다.

개체가 태어나자 마자 어머니의 젖을 빠는 본능적인 행동은 개체의 제1차 본능적인 생존욕(식욕)이라는 커다란 욕구 지향성 이외에도 아기의 입 속과 엄마의 젖꼭지와의 접촉을 통한 리비도의 발산을 추구한다. 이러한 기본 욕구가 순조롭게 다음 단계로 발전되지 못하고 욕구불만인체로 무의식화 되어버려 구순 고착화되는 것이다. 인공수유나 이유 등으로 구순 욕구 충족이 좌절되거나 반대로 과도하게 충족되는 경험을 하게 되면 구순 고착 성격을 갖게 된다. 이것은 후에 과식이나 과음, 과흡연 등과 같은 행동 특성으로 나타나기도 하고 때로는 타인에 대한 의존 혹은 분노 등으로 표현되기도 한다. 예를 들어, 나이가 들어서도 손가락을 빤다든지 종이를 씹는 등의 행동은 하나의 습관을 만들어 낸다. 이러한 습관은 출생 후에 유아가 모유를 충분히 먹고 자랐느냐 아니면 우유에 의해서 성장했느냐에 따라서 크게 발전된다고 보았다. 유아의 빠는 활동과 깨무는 활동의 결합은 이후에 성격특성의 원형이 된다. 이러한 구순기는 성감대가 입술로 모이기 때문에 구순성욕이라고 한다. 이 때의 특징은 자기중심성, 의존성, 선정성으로 표현할 수 있다.

유아들의 발달에 있어 갓난 아기들도 나면서부터 육체적인 쾌감을 경험하며 성적인 태도가 형성되기 시작하여 한두 살이 되면 입을 통해 자기나름대로의 세계가 반영되어 가므로 부모들은 입을 통해 쾌감을 느끼도록 해 주어야 한다. 즉 먹고 싶을 때 욕구가 무시되면 수동적으로 길들여질 것이며 매사에 자기 뜻이 관철될 때까지 울며 떼쓰는 어린이로 성장하기 쉽다. 뿐만 아니라 분노로 인한 격렬한 감정의 소유자가 되기도 하므로 먹고 싶어할 때 충분히 수유하는 것이 좋다.

### (2) **항문기**(anal stage)

대략 2, 3세에 해당되는 시기로서 주로 배설 행위를 통해 쾌감을 얻는다. 이 시기는 빨아들이는 데서 만족을 취하고 긴장해소를 하던 리비도의 방향이 이번에는 먹는 것을 쏟아내는 부분, 즉 항문으로 이동하게 된다. 이 시기에는 보통 대소변 가리기 훈련이 시작되는데 이때 유아는 처음으로 본능적으로 욕구 충족을 통제받는 경험을 하게 된다. 성감대가 항문으로 이동한 이 단계에 있어서의 유아는 대소변의 과정에서 생리적인 자극에 의한 성적 쾌감을 느끼게 된다.

대소변훈련을 위한 행동은 성적인 발달에 영향을 미치는데 성급한 훈련은 아이에게 패배감을 갖게 할 우려가 있다. 대소변 훈련과 관련하여 너무 엄격하고 강압적인 경험을 하거나 반대로 너무 느슨한 경험을 하게 되면 항문 고착 성격을 갖게 된다. 항문 고착 성격은 항문 폭발적 성격과 항문 강박적 성격으로 구분된다. 전자의 경우는 보통 지저분하며 정돈되지 않으며 낭비벽이 있는 행동 특성을 나타내고, 후자의 경우는 고집이 세고 완고하며 검소한 반면에 인색한 특성으로 나타난다.

육체와 감정이 발달함에 따라서 아이들은 성기에서 쾌감을 느끼며 남녀를 구별하게 되면서부터 장차 남성 또는 여성으로서의 동일시의 기초를 형성하는 시기로 성기를 만지작거리며 손장난을 하게 되는데 이 때 부모들은 아이들이 왜 성기를 만지게 되었는지 그 원인을 알고 지도해야 한다. 이 때 아동에게 지나친 공포감이나 수치감, 엉뚱한 거짓말로 죄의식을 가지게 하는 것은 바람직한 성교육이 될 수 없다.

### (3) **남근기**(phallic stage)

4, 5세경에는 리비도가 항문에서 성기로 옮아간다. 따라서 성기를 통한 리비도의 만족을 추구하게 된다. 프로이드는 남근기의 아동들이 이미 심리적인 이성관계를

몽상하게 되므로 생리적인 호르몬의 분비작용이 활발해지고 여성적인 성격과 남성적인 성격이 형성되기 시작한다고 보았다. 그래서 지금까지의 무성적(non-sexual)이던 심리작용이 이성화(sexualization)되면서 이성을 인지하게 되고 부끄러움을 알게 되면 성에 대한 호기심이 움트게 된다고 보았다. 이 시기에 남아에게는 외디프스 콤플렉스(Oedipus-complex) 현상이 나타나고 여아에게는 엘렉트라 콤플렉스(Electra-complex)가 나타난다. 남아의 경우 이성의 부모인 어머니에 대해 성적인 욕망과 애착을 느끼며 아버지를 경쟁자로 생각하는 외디프스 콤플렉스를 나타낸다. 이러한 과정에서 남아에게 거세불안이 유발되는데 이 불안을 감소시키기 위해 어머니에 대한 성적인 욕망과 아버지에 대한 적대감을 억압하게 되며 아울러 아버지에 대한 동일시를 통하여 남성다움을 발달시켜 간다. 여아의 경우 이성의 부모인 아버지에 대해 성적인 애착을 느끼게 되는데 이를 엘렉트라 콤플렉스라 부른다. 남근기에 고착된 남자는 경솔하고, 과장이 심하며, 야심이 강하고 여자는 난잡하고, 유혹적이며, 경박하다.

#### (4) **잠복기**(latency stage)

6세부터 11, 12세 무렵까지를 말하며 초등학교 재학 시기와 대략 일치한다. 이 시기는 외디푸스 콤플렉스를 극복하고서 성적 욕구나 갈등이 억압되는 평온한 시기라고 볼 수 있다. 아동은 지적 활동이나 운동 등 사회적으로 용인되는 활동에 많은 에너지를 투입하며, 특히 지적인 탐색이나 주위 환경에 대한 탐색이 활발하게 나타난다. 잠복기에 고착되면 성인이 되어서도 이성에 대한 친밀감을 갖지 못한다. 즉, 이성과의 성적 관계를 회피하거나 정서적인 감정 없이 단지 공격적인 방식으로서 성적 행동을 하게 된다.

#### (5) **생식기**(genital stage)

사춘기 이후 전 생애에 걸쳐 계속되는 시기로서 리비도가 다시 성기로 돌아오고 성행위를 통한 성적인 만족을 추구한다. 이 시기에 이르면 이성에 대해 진정한 관심을 가지고 성숙한 사랑을 할 수 있으며, 이 단계에 이르기까지 순조롭게 발달한 사람은 이타적이고 원숙한 성격을 지니게 된다. 이상적인 생식기적 성격발달을 위해서는 근면을 배워야 하고, 즉각적인 만족을 지연시켜야 하며, 책임감이 있어야 한다. 아동기 초기에 경험한 심각한 외상으로 인해 성적 에너지의 고착이 있으면 생식기에서의 적응이 어렵다.

### 2) Erikson의 심리사회적 발달이론

Erikson의 발달 이론은 심리사회적 측면이라는 기준을 가지고서 생을 여덟 단계로 구분하고 있다. 각 단계는 적응적 대처 양식과 부적응적 대처 양식이라는 양극적 측면을 가지고 있다. Erikson의 심리사회적 자아발달 이론은 세 가지 특징을 가진다. 첫째, 일생에 걸친 성장을 논하고 있다. 둘째, 인간이 생물학적 환경적 영향에 전적으로 좌우되지 않는다고 가정하였다. 셋째, 개인의 성장에 문화가 기여하는 것을 주목하였다. 한편 Erikson은 발달의 점성적 원리를 주장했는데, 즉 인생주기의 각 단계는 이 단계의 과업이 우세하게 출현하는 최적의 시간(결정적 시기)이 있고 그리고 모든 단계가 계획대로 전개될 때 완전한 기능을 하는 성격이 형성됨을 암시한다.

#### (1) **신뢰감 대 불신감(유아기 : 0～1세)**

유아와 엄마의 상호작용을 통한 사회적 관계는 유아가 세계를 신뢰하느냐 그렇지 않으면 불신의 태도로 보느냐를 결정하게 된다. 엄마가 유아의 신체적 욕구에 매우 반응적이고 애정적이며 충분한 사랑과 안정감을 제공한다면 유아는 주위 세상을 신뢰하기 시작할 것이며, 이러한 기본 신뢰감은 타인에 대해서 뿐만 아니라 자신에 대한 태도를 특징짓게 된다. 반면 엄마가 거부적이고 무관심하며 행동에 일관성이 없을 때 유아는 주위 세상에 대한 불신의 태도를 발달시킨다.

#### (2) **자율성 대 회의감 및 수치심(아동전기 : 2～3세)**

아동은 다양한 신체적 및 정신적 능력을 발달시킨다. 따라서 최초로 아동은 많은 일들을 스스로 할 수 있게 되며 이 과정에서 자율 의지를 경험하게 된다.

Erikson은 특히 아동에 있어서 잡아두고 내보내는 능력을 강조하였으며 이를 통해 아동은 어느 정도 선택을 실천할 수 있다고 주장하였다. 아동이 자율적인 의지를 실천하도록 허용되지 않으면 타인과의 관계에서 수치심을 느끼거나 자신에 대한 회의감을 발달시킨다.

### (3) 주도성 대 죄책감(아동후기 : 4～5세)

아동의 운동 능력이나 지적 능력이 더욱 완전하게 발달함으로써 많은 것을 행할 수 있으며, 활동의 목표나 계획을 세워 이를 달성코자 노력하게 되는 과정에서 주도성이 발달하게 된다. 이 새로운 자기주도적 활동이나 환상에 대해 처벌하거나 금기시하고 혹은 나쁜 것으로 느끼도록 하면서 죄책감을 발달시킨다. 외디푸스 콤플렉스와 관련하여 아동은 더욱 현실적인 목표로 인도될 수 있으며 이를 통해 성인과 같은 책임감과 도덕성을 발달시키게 된다.

### (4) 근면성 대 열등감(학동기 : 6～11세)

이 시기에는 아동의 세계가 상당히 확대되고 집 밖에서 새로운 영향을 받게 된다. 집이나 학교에서 활동하면서 근면성을 학습하기 시작하는데 이것은 주로 타인으로부터 인정을 받고 과제의 완수로부터 오는 즐거움을 얻기 위한 수단으로서 작용한다. 이러한 새로운 기능들은 주로 부모나 교사의 태도에 의해 결정되는데, 건설적이고 교훈적인 칭찬이나 강화는 근면성을 길러 주지만, 조롱하고 거부적인 태도를 보이면 부적합감이나 열등의식을 발달시킨다.

### (5) 자아정체감 대 역할혼돈(청소년기 : 12～18세)

이 시기의 청소년은 급격한 신체 변화와 사회적 요구에 당황하게 되며 자신의 존재에 대한 새로운 탐색을 시작한다. Erikson은 이 시기를 개인의 자아정체감이 해결되어야 하는 중요한 시기로 간주하였다. 정체감이 형성된 개인들은 확신을 가지고 다가오는 성인기에 대비하지만 실패한 개인들은 정체감 위기, 즉 역할혼돈에 빠진다. Erikson은 정체감 발달에 있어서 청소년이 동일시하고자 하는 인물이나 사회 집단의 영향력을 강조하였다.

#### (6) 친밀성 대 고립감(성인전기 : 19～35세)

이 시기에는 부모로부터 독립을 성취하여 직업을 선택하고 배우자를 찾으면서 성숙하고 책임있는 성인으로서의 역할을 시작한다. 생산적인 일에 종사할 뿐만 아니라 우정 혹은 성적 결합의 형태로 타인과 친밀한 관계를 수립한다. 친밀한 관계를 수립하는 데 실패한 개인의 경우 고립감을 가지고서 타인과의 접촉을 회피하거나 자신에게 위협적으로 느껴지는 사람에게 거부적이며 공격적인 태도를 보이기도 한다.

#### (7) 생산성 대 침체감(성인 후기 또는 장년기 : 35～50세)

주로 다음 세대를 가르치고 지도하는 데 능동적이고 직접적으로 관여하게 된다. 자신의 자녀가 없는 경우에 다음 세대를 위한 사회봉사 등을 통해 생산성을 발휘하게 된다. 또한 자신이 종사하는 분야와 관련된 직업적인 성취나 학문적·예술적 업적 등에서도 이러한 생산성이 나타날 수 있다. 이러한 생산성의 형성에 실패한 개인은 침체감에 빠지고 따분함을 느끼며 빈곤한 대인관계 등을 나타낸다.

#### (8) 자아통정감 대 절망감(노년기)

노년기에는 신체적인 노쇠와 직업으로부터의 은퇴, 친한 친구나 배우자의 죽음 등으로 인하여 무력감에 빠지기 쉽다. 이 단계는 자아통정감 혹은 절망의 시기로서 이것은 개인의 전 생애를 조망하는 방식을 결정한다. 만일 성취감과 만족감으로 생을 회고하며 성패에 잘 적응했다면 자아통정감을 갖게 되는데, 이것은 자신의 위치와 과거를 수용하는 것을 의미한다. 반면에 자신의 삶이 무의미한 것이었다고 느끼게 되면 절망감에 빠지게 된다.

### 3) Piaget의 인지발달이론

Piaget는 인간이 태어날 때 유전에 의해 가장 기본적인 것만을 가지고 태어나지만 환경과 상호작용하는 가운데 연령이 증가함에 따라 인지가 발달한다고 보았다. Piaget는 조작의 유무 및 유형에 따라서 인지발달을 네 단계로 구분하였는데 이 인지발달 단계는 몇 가지 특징을 지닌다. 첫째, 단계별 성취연령은 개인차가 있기 때문에 제시된 연령이 반드시 들어맞지 않는다. 둘째, 모든 아동은 단계를 순서대로 통과하여 발달하며, 절대로 단계를 뛰어 넘을 수 없다. 셋째, 다음 단계로 이동하는 과도기에는 두 단계의 인지적 특성이 함께 나타날 수 있다. 넷째, 형식적 조작기에 도달한 아동이나 고도로 인지발달이 된 성인도 때로 낮은 단계의 사고를 한다.

### (1) 감각 운동기(0～2세)

이 단계에서 인지발달은 감각과 신체적 운동으로부터 얻어진 정보에 기초한다. 이 시기는 하위 6단계로 구분되며 유아는 반사적 행위로부터 점차 목표 지향적 활동으로 나아가게 된다. 즉 초기의 외현적, 감각 운동적 행위로부터 점진적으로 내재적인 행위로 발달해 간다. 이 기간 중에 중요한 지적 성취의 하나가 대상영속성(object permanence)의 획득인데, 이것은 모든 대상들이 독립적인 실체로서 장소가 옮겨지거나 시야에서 사라지더라도 계속 존재한다는 사실에 대한 인식을 말한다.

#### 1 제1단계 : 반사기(0～약 1개월)

생득적 반사로써 그 주위 환경에 적응하려는 시기이다.

#### 2 제2단계 : 1차 순환반응(1～4개월경)

순환이란 우연히 일어났던, 흥미를 끄는 행동을 반복한다는 의미에서 붙여진 이름이며 일차적이란 이러한 행동이 생물학적인 반사에 그 근원이 있기 때문에 붙여졌다.

#### 3 제3단계 : 2차 순환반응(4～8개월경)

순환반응이 유아 자신의 신체에 한정된 것이 아니라 주위에 존재하는 물체에까지 확대된다. 2차 순환반응은 환경에 대한 인식의 시작으로 우연히 했던 행위가 재미있었다면 똑같은 결과를 얻기 위해 행동을 반복하는 것이다.

**4** 제4단계 : 2차 순환반응의 조정(8～12개월경)

특별한 목적을 달성하기 위해 여러 가지 도식을 새로운 상황에도 사용하게 된다.

**5** 제5단계 : 3차 순환반응(12～18개월경)

탐색과 시행착오를 통하여 새로운 수단과 목표를 결합시킨다. 정교화 된 모방행동이 가능하다.

**6** 제6단계 : 표상적 사고(18～24개월경)

문제를 해결하기 위해 실재의 물체뿐 아니라 상징이나 이미지를 인지적으로 조합하고 조정하기도 한다.

### (2) 전조작기(2～7세)

유아는 언어 사용과 함께 어느 정도 정신적 표상에 의한 사고가 가능하기는 하지만 개념적 조작 능력이 부족하다. 이 시기는 두 하위 단계로 나누어지는데, 그것은 전개념기(2～4세)와 직관적 사고기(4～7세)이다. 전개념기의 유아는 성인들과는 달리 미숙한 개념을 활용하며 직관적 사고기의 유아는 반성적 사고의 과정을 거치지 않기 때문에 잘못된 판단을 하는 경우가 많으며 물활론적 사고(사물이 모두 살아있고 각자의 의지에 따라 움직인다고 믿는 생각)를 지닌다. 자기중심성(ego-centrism)은 이 시기에도 지속되는 강력한 특성이다. 이 밖에도 이 시기에는 꿈과 현실을 명확히 구별하지 못하며, 한 가지 관점에서 사물을 판단하고 분류하는 중심화 현상이나 사고가 한쪽 방향으로만 진행되는 비가역성 때문에 수, 양, 부피 등의 차원에서 보존개념이 형성되지 못한다.

### (3) 구체적 조작기(7～12세)

성숙된 인지 구조를 나타내어 논리적인 사고가 가능해진다. 이 때 논리적인 조작은 가시적이고 구체적인 차원에 한정되고 아직 추상적이거나 복잡한 수준에는 미치지 못한다. 자기중심성이 점차 감소되며 중심화 현상에서 벗어나게 된다.

또한 사고에 있어서 가역성을 획득하게 됨으로써 보존개념을 형성하게 된다. 이 밖에도 분류가 가능해지고 서열화 등의 능력을 갖추게 된다.

#### (4) 형식적 조작기(12~성인초기)

명제나 가설과 같은 상황, 즉 추상적인 차원에서도 논리적인 사고가 가능하다. 따라서 이 시기에 가능한 대표적인 사고 형태의 예로는 가설 연역적 사고, 명제적 사고, 조합적 사고 등을 들 수 있다.

### 4) Kohlberg의 도덕성 발달이론

Kohlberg는 도덕발달의 수준을 행동중심이 아닌 사고능력과 판단중심의 문제로 전환시켰으며, Piaget의 이론을 확대발전시켰다고 할 수 있다. Kohlberg는 도덕적 갈등상황에 대해서 개인의 판단과 추론내용을 근거로 도덕성의 발달단계를 분류하였다. Kohlberg의 도덕성 발달이론은 피험자들에게 갈등상황을 제시하고 어떤 결론을 내리는가에 따라 발달단계를 구분하였다. 이러한 발달단계는 크게 3수준으로 나뉘며 각 수준마다 2개의 하위단계가 있어서 모두 6단계로 구성된다.

Kohlberg는 그의 박사학위 논문을 위한 연구에서 영국, 말레이시아, 멕시코, 대만 및 터기에서의 조사연구를 통해 서로 다른 문화간에도 유사한 발달단계의 원칙이 지켜진다는 것을 아동 면접에서 활용한 다음의 딜레마의 문장을 통해서 밝혀냈다. 그 예를 구체적으로 살펴보면 다음과 같다.

> Heinz가 약을 훔친다. 유럽에 있는 한 여인이 특이한 암으로 죽기 직전에 있었다. 그 여인을 구할 수 있는 약은 라디움으로서 같은 마을에 사는 한 약제사가 최근에 발견한 약이었다. 이 약의 원가가 비싸기도 하지만, 그 약제사는 원가의 10배의 값을 요구하였다. 그는 라디움 제조에 200불을 투입하였던 바, 그 조그마한 약 한 알에 2,000불을 요구했다. 암에 걸린 여인의 남편인 Heinz는 자기가 아는 모든 사람들에게 찾아가 돈을 빌렸으나, 약값의 반인 1,000불만을 빌릴 수 있었다.
>
> 그는 약사에게 찾아가 아내가 죽어가고 있으니, 그 약을 싸게 팔거나 다음에 갚을 수 있게 해달라고 간청했다. 그러나 그 약사는 "안 됩니다. 나는 이 약을 발견했

고, 이것으로 돈을 벌려고 합니다"라고 하였다. Heinz는 실망한 나머지 그 사람이 약국을 때려부수고 들어가 자기 아내를 위해 그 약을 훔쳤다. 과연 그 남편은 자기 아내를 위해 그렇게 행동해야만 했던가?

Kohlberg는 면접에서 '질문문항'을 통해 "예 – 아니오"를 원한 것이 아니라 왜 그렇게 생각하는지에 관심을 가졌으며, 대상자들의 의식 저변에 놓인 이유를 추론하는데 유의하였다. 그는 표집된 청소년들에게 가설적인 도덕적 딜레마를 주기적으로 제시하여 연령별로 그 딜레마를 추리하는 내용에 바탕을 두어, 도덕성 발달의 '3수준 6단계'를 제시하였다.

#### ⊃ 수준 1(전인습적 수준)

아동의 대답은 "잡힐지도 모르니까 훔치는 것은 잘못된 것이다"라고 대답할 수 있다. 이러한 대답은 아동의 기본적 자기중심성을 반영한다. 추론은 다음과 같은 것이다. "만일 내가 그 물건을 훔쳤다면 어떤 일이 일어날까? 나는 잡혀서 처벌을 받을지도 모른다."

#### ⊃ 수준 2(인습적 수준)

피험자는 즉각적인 개인적 결과를 넘어서서 볼 수 있고 또한 타인의 견해들, 특히 승인을 고려할 수 있다. 종교적인 법이나 공공의 법은 매우 중요하고 절대적이고 변화시킬 수 없는 것으로 여긴다. 규칙을 고수하는 것을 강조하는 하나의 대답은 "훔치는 것은 법에 어긋나기 때문에 나쁘다"라는 것이다. 가족과 사랑하는 사람에 대한 충성심에 높은 가치를 두지만 여전히 법을 존중해야 한다. 이에 대한 또 하나의 대답은 "그 남자의 의도는 좋은 것이므로 훔치는 것은 옳은 일이다. 그는 아내를 도우려고 노력했다. 그러나 그는 언제라도 그 약사에게 돈을 지불해야 할 것이며 법을 어긴 것에 대한 처벌을 받아들여야 한다."

#### ⊃ 수준 3(후인습적 수준)

"인간의 목숨은 보존되어야 하기 때문에 훔치는 것이 그릇된 것은 아니다. 삶의 가치는 재산의 가치보다 크다." 이러한 반응은 그 결정에 관계될 수 있는 기본적인 가치들을 고려하는 것이다. 추상적 개념은 더 이상 엄격하지 않고, 이 수준의 명칭이 함축하듯이, 원칙은 인습적 가치들로부터 분리될 수 있다. 이 단계에서 추론하는 사람은 대중에 의해 옳다고 여겨지는 것이 특정 상황의 개인에게는 옳지 않을 수 있다는 것을 이해한다. 이성적이고 개인적인 선택이 강조된다.

도덕성 추론은 인지적 및 정서적 발달에 관여된다. 위에서와 같이 아동이 절대적인 규칙에 근거한 결정으로부터 정의와 자비같은 원칙에 근거한 결정으로 이동함에 따라, 추상적 사고는 도덕적 발달이 더 높은 단계에서 점점 더 중요해진다. 타인의 관점에서 볼 줄 알고, 법과 규칙을 위한 대안적 근본 원칙을 상상하는 능력 또한 더 높은 수준의 판단을 하게 하는데 관여한다.

<Kohlberg의 도덕성 발달의 3수준 6단계>

| 수준 | 특징 | 단계 |
|---|---|---|
| 1) 전인습적 수준<br>4~5세 | 도덕, 규칙, 선 · 악의 개념은 행위결과나 도덕, 규칙을 강요하는 사람의 힘과 권위와 관련지어 생각한다. | 단계 1 : 처벌 – 복종에 의한 도덕성<br>벌을 회피하고자 규칙을 지키게 된다.<br>단계 2 : 욕구충족의 도덕성<br>보상을 바라고 규칙을 지킨다. 실용적인 인간관계라고 할 수 있다. |
| 2) 인습적 수준<br>6~7세 | 개인이 가정, 집단, 국가의 기대를 따르는 그 자체를 가치로운 것으로 인정한다. | 단계 3 : 대인관계를 위한 도덕성<br>타인의 승인과 비난회피를 위해서 규칙을 따른다.<br>단계 4 : 법과 질서유지의 도덕성<br>합법적인 권위의 벌을 피하고자 행동을 한다. |
| 3) 후인습적 수준 | 도덕적 가치나 원리가 개인과 집단의 권위와는 무관하게 그 자체로서 타당성을 가진 것으로 생각한다. | 단계 5 : 사회계약 정신의 도덕성<br>계약의 의무에 따라 의무를 규정하고, 타인의 권리 침해 없이 공공복리 증진을 위한 공정한 견해를 가진다.<br>단계 6 : 보편적 윤리에 의한 도덕성<br>옳은 것은 보편적인 윤리적 원리에 맞는 것으로, 인간의 존엄성과 평등성을 존중한다. |

### 5) 대상관계이론

대상관계이론에서는 타자와의 관계 형성 및 심리적인 교류에 대해서 인간의 근본적인 욕구를 전제한다. 외디푸스 갈등 이전의 심리발달에 관심을 두고 생애초기 양육자와의 관계 경험이 자아구조의 형성, 병리 발달에 미치는 영향을 중점적으로 다루었다. 따라서 대상관계이론에서는 유아와 부모와의 관계의 성질과 초기 관계에서의 장애 등이 더욱 강조되었다.

생애 초기 유아는 어머니로 대표되는 초기 양육자와 상호작용하면서 그 대상과의 경험은 물론이고 그 경험에 수반하는 정서상태까지 내면화하여 대상표상을 형성한다. 대상표상에 대한 표상 뿐만 이니라 대상에 반응하고 행동하는 자기에 대한 표상도 존재한다. 이것이 자기표상인데, 양육자와의 경험을 바탕으로 내면화된, 자신에 대한 지각, 느낌, 기억, 의미를 포함한다.

주요 타자들이 일관되게 보여주는 적절한 관심과 보살핌은 점차 아이의 내면에 자신과 대상에 대한 긍정적인 지각과 정서가 부착된 긍정적인 표상으로 자리잡게 되고, 타인과 세상에 대한 근원적인 신뢰감으로 발전한다. 또한 양육자와의 만족스러운 관계경험은 유아의 자아기능 발달을 촉진시키고 양육자의 보살펴주는 기능을 촉진시키고, 양육자의 보살펴주는 기능은 내면화되어 자아구조로 통합되고 자기가치관과 안정된 정체감의 근원으로 자리잡게 된다. 반면에 유아가 충분한 애정과 보살핌을 받지 못하고 반복적으로 거부당하거나 무시당하거나 혹은 처벌을 받으면서 성장한다면, 유아의 내면에 형성되는 표상들은 대체로 부정적인 성격을 띤다. 즉, 자신과 대상에 대한 표상이 주로 부정적인 지각과 정서로 구성된다는 것이다. 따라서 유아는 자신과 타인에 대한 경험 중 부정적인 측면만을 지각하게 된다. 그 결과 낮은 자존감과 취약한 자아구조를 갖게 되고, 타인에 대해서도 왜곡된 지각과 부정적인 정서를 형성하게 되고 대인관계에서도 어려움을 겪게 된다.

### 6) 기질의 유형과 발달

갓 태어난 아기의 키, 몸무게, 얼굴 모습이 서로 다르듯이 아기의 행동유형 또한 출생시부터 상당히 차이를 보인다. 예를 들면, 어떤 아기는 조금만 배가

고파도 자지러질 듯 울지만 어떤 아기는 아주 느리고 순한 울음소리를 낸다. 어른이 안아주면 좋아하고 달라붙는 아기가 있는 반면에 혼자 놀기를 더 선호하는 아기도 있다. 이처럼 정서적 표현양식과 환경의 자극에 대한 반응양상의 차이를 통해 식별할 수 있는 영아 성격의 개인차를 기질이라고 부른다.

기질이 어떤 심리적 특성인가에 대해서는 다음의 두 가지 문제를 둘러싸고 학자들간에 이견이 있다. 첫째, 아동의 기질은 선천적으로 결정되는가 또는 후천적 경험에 의해 형성되는가? 둘째, 아동의 기질은 지속적인가 또는 변화하는가? 의 문제이다.

기질의 차이가 비교적 일찍부터 나타나며, 이란성 쌍생아에 비해 일란성 쌍생아의 기질이 더욱 유사하다는 사실을 바탕으로 흔히 기질은 선천적으로 결정되는 것으로 생각되어 왔다. 그러나 아동의 기질형성에 환경이 강력한 영향력을 미친다는 주장도 제기되고 있어 현재로는 이 문제에 대해 단정적인 결론을 내리기 어렵다.

기질의 선천성 여부와 더불어 안정성 또한 논란의 대상이 되고 있다. 예를 들어, 6개월에 낯가림을 심하게 하는 아기는 4세경에도 낯선 또래에 대해서와 마찬가지로 거부반응을 보이는가에 대한 명확한 결론을 내리기는 쉽지 않다. 일반적으로 기질이 선천적으로 결정된다고 믿는 학자들은 아동의 성장과정을 통해 기질은 일관성 있게 안정적으로 유지된다고 믿고 있다. 예컨대, 공포반응과 같은 부정적 정서, 활동수준, 낯선 상황에 대한 반응 양상들은 대단히 안정적인 것으로 알려지고 있다. 그러나 부모의 죽음과 같은 갑작스런 환경의 변화가 있거나 부모의 거부적인 양육태도가 가져오는 지속적인 환경의 영향력에 의해 기질의 변화가 일어날 수 있다.

지금까지의 연구결과를 종합하면, 기질은 생득적이며 지속적인 특성이 강하다는 주장이 우세하다. 그럼에도 불구하고 기질의 형성과 변화에 미치는 환경의 영향을 간과해서는 안 될 것이다.

아동의 기질을 식별해 내려는 연구의 궁극적인 목적은 아동의 기질에 맞도록 양육함으로써 보다 나은 발달과 적응을 돕고자 하는데 있다. 이러한 점에서 아동의 기질과 성장환경 간의 조화의 적합성 개념은 많은 관심의 대상이 되고 있다.

### (1) 조화의 적합성

영아의 기질과 어머니의 성격 또는 양육방식 간의 조화는 매우 중요한 요인이다. 일반적으로 순한 기질의 아동에 비해 까다로운 기질의 아동이 보다 많은 적응상의 문제를 갖는 것으로 알려졌으나, 반드시 그러한 것은 아니다. 대단히 활동적이고 정열적인 부모에게는 순한 아기보다 까다로운 기질의 아기가 보다 잘 조화될 수 있다.

### (2) 기질과 문제행동

Tomas 등(1968)의 최초의 종단적 연구에서 영아기의 까다로운 기질로 분류된 아동은 다른 기질의 아동에 비해 보다 많은 문제행동을 보이는 것으로 밝혀졌다. 왜 까다로운 기질이 문제행동을 유발하는가에 대해 몇 가지 설명이 가능하다. 첫째, 까다로운 기질 자체가 문제행동의 가능성을 내포하고 있으며, 이것이 상당기간 지속되는 것으로 생각해 볼 수 있다. 그러나 이러한 설명을 입증해 줄 수 있는 과학적인 근거는 현재로는 별로 없다. 둘째, 까다로운 기질의 아동은 바람직하지 못한 부모양육행동과 부모-자녀 관계의 갈등을 유발하며, 이러한 갈등은 나아가 아동의 문제행동으로 연결된다는 설명이다. 이러한 설명은 조화와 적합성의 관점에서 그 타당성이 인정된다. 셋째, 까다로운 기질과 문제행동 간의 관계는 실제로 아동의 기질과 행동 자체의 문제라기보다는 부모가 그렇게 지각하는 데에 문제가 있다는 설명이다.

까다로운 기질과 더불어 문제행동과 관련성이 높은 기질로 부각되고 있는 것이 Kagan(1989), Reznick(1989) 등이 제시한 억압적 기질이다. 억압적 기질은 낯선 상황이나 사람에 대해 수줍어하거나 주뼛거리며 두려워하는 기질적 특성을 의미한다. 그러나 기질과 문제행동 경향성 간의 상관에 관한 한정된 연구결과를 바탕으로 까다로운 기질이나 억압적 기질이 부적응과 문제행동을 유발하는 것으로 속단해서는 안 된다.

### 7) 애착의 형성과 발달

애착(attachment)은 한 개인이 자신과 가장 가까운 사람에 대해서 느끼는 강한 감정적 유대관계를 뜻한다. 애착은 근본적으로 선택적인 특성을 갖고 있어서 극히 소수의 제한된 대상에 대해서 형성되며, 애착이 형성된 대상에 대해서는 가까이 다가가고 싶고 근접해 있고 싶은 욕구를 갖게 된다.

발달심리학에서 애착이 연구자들의 큰 관심의 대상이 되는 것은 출생 후 1년 이내에 영아와 어머니 또는 자신을 돌봐주는 사람 간에 이루어지는 애착형성 결과가 후에 발달하는 정서적 안정성과 대인관계의 중요한 기초가 되기 때문이다.

#### (1) 애착형성 이론

애착형성은 모든 영아의 공통적인 특성일 뿐 아니라 침팬지와 같은 고등동물에게서도 나타나는 특성이다. 이와 같이 보편적 특성인 애착이 형성되는 이유와 발달과정을 설명하기 위한 이론적 관점들은 다음과 같다.

**1 정신분석이론**

Freud의 정신분석이론에서 애착은 영아가 빨고자 하는 구순욕구를 충족시켜 주는 대상과의 사이에서 형성하는 밀접한 관계이다. 따라서 영아에게 편안한 상태에서 젖을 먹여주고 만족감을 주는 부모의 양육행동은 좋은 애착형성의 중요한 요건이 된다.

Erikson도 영아의 수유욕구를 만족시켜 주는 일은 영아기의 안정된 애착관계 형성 뿐 아니라 성장한 후 아동이 자신이 몸담고 있는 세계에 대해 느끼는 신뢰감의 기초가 된다고 생각한다.

**2 인지발달이론**

인지발달이론의 관점에서 볼 때 사회적 애착을 형성하는 영아의 능력은 전반적인 인지발달과정과 밀접하게 관련되어 있다. 애착을 형성하기 위해서 영아는 우선 애착대상과 다른 대상을 구별할 수 있는 지각적 변별력을 갖추어야 한다. 안정된 애착관계를 갖기 위해서는 애착대상이 시야에서 사라져도 어딘가에 존재한다는 것을 아는 대상영속성도 획득되어 있어야 한다. 정상적인 애착발달 과정에서 애착이 보통 7～9개월 사이 대상영속성이 획득되는 시기와 유사한 기간에 형성되는 것은 애착형성이 전반적인 인지발달 과정과 밀접하게 관련된다는 사실을 시사하는 것이다.

#### 3 동물행동학적 이론

Bowlby의 동물행동학적 이론에서는 애착형성을 종의 보존과 생존에 중요한 의미를 갖는 본능적 반응의 결과로 보고 있다. 이 입장에서 이론가들은 영아는 미소, 울음, 매달리기와 같이 자신의 생존에 필요한 부모의 보살핌과 보호를 이끌어 낼 수 있는 일련의 유발자극을 생득적으로 가지고 있으며, 어머니는 이러한 유발자극에 반응하도록 생물학적으로 프로그램화되어 있다고 믿는다.

### (2) 애착발달과정

#### 1 초기 애착형성 과정

애착을 설명하는 동물행동학적 관점에서 이미 보았듯이, 애착발달은 아기가 태어난 직후부터 시작되는 과정이다. 이러한 초기 애착형성 과정을 크게 세 단계로 나누어 볼 수 있다.

첫째 단계는 영아가 다른 대상에 비해 다른 사람을 비롯한 사회적 대상을 선호하면서 특정 대상을 구별하지 않고 모든 대상에게 애착을 보이는 단계이다. 대체로 출생 후 2주간이 이 단계에 속한다.

두 번째 단계는 영아가 어머니와 타인을 구분하면서 시작되며 본격적인 애착이 형성되는 6~8개월까지 지속된다. 영아는 냄새, 음성, 안는 방법, 얼굴모습 등 여러 감각 및 지각적 단서들을 통합하여 어머니를 알게 된다. 이 기간에 어머니도 마찬가지로 아기의 독특성을 알게 되고 아기에게 맞도록 보살피는 방식을 조정하게 된다. 이 과정에서 애착의 기초가 형성되나 애착대상과 떨어지는 데 대한 저항은 보이지 않는다.

세 번째 단계에서 영아는 비로소 특정 대상에 대한 강한 집착을 보이며, 애착대상과 떨어질 때에는 격리불안을 나타낸다. 애착대상 외의 다른 사람에 대한 낯가림도 이 기간 동안에 서서히 나타나기 시작한다.

### 2 애착의 유형

어머니가 아기에게 주는 자극의 양, 반응의 민감성과 안정성 등 어머니와 아기 간의 상호작용 양상에 따라 상이한 애착유형이 나타나게 된다. Ainsworth(1973)가 구분한 세 가지 애착유형은 아동의 애착발달을 이해하는데 많은 도움을 주고 있다.

안정애착 유형의 아기는 낯선 상황에서 어머니가 있는 동안에는 이따금 어머니에게 가까이 가서 몸을 대보며, 어머니가 떠났다가 돌아오면 열렬하게 반긴다. 어머니만 있으면 두려움 없이 낯선 상황을 탐색하며, 낯선 장난감에 호기심을 보이거나 가지고 논다. 친숙한 상황에서는 어머니가 잠시 떠나는 데 크게 격리불안을 보이지 않는다. 이 유형의 아기의 어머니는 아기의 요구에 민감하게 반응하고, 아기 스스로 노는 것을 충분히 허용해 준다. Ainsworth는 이러한 아기를 B유형이라 부른다.

나머지 두 유형은 불안정하게 애착된 유형이다. 먼저 A유형에 해당하는 불안정 회피애착 유형의 아기는 어머니가 떠나도 별 동요를 보이지 않으며, 어머니가 돌아와도 다가가려 하지 않고 무시한다. 이 유형의 어머니는 아기의 요구에 무감각하며 아기와 신체적인 접촉이 적고 화가 나 있거나 초조해 하며 거부하듯이 아기를 다룬다.

불안정 저항애착인 C유형은 일반적으로 어머니의 접촉시도에 저항하는 경향이 높다. 어머니가 있어도 잘 울고 보채지만, 어머니가 떠나면 극심한 불안을 보인다. 어머니가 돌아오면 화를 내지만, 불안정 회피유형과는 달리 어머니 곁에 머물러 있으려고 한다. 어머니와의 접촉에 관심이 없거나 또는 다가가서 안겼다가 이내 화난 듯이 밀어 내버리는 양극적인 반응을 보인다. 이 유형의 어머니는 아기의 요구에 무감각하고 아기를 다루는 방식이 어색하지만, 화가 나 있거나 아기를 거부하는 느낌은 없다.

보다 최근 애착형성이 불안정하면서도 회피와 저항의 어느 쪽에도 속하기가 어려운 영아를 불안정 혼돈애착인 D유형으로 구분하고 있다. 이 유형의 아기는 회피와 저항이 복합된 반응을 보인다. 낯선 상황에서 어머니가 돌아오면 처음에는 다가가서 안겼다가는 이내 화난 듯이 밀어내거나 어머니에게서 떠나는 양극적인 반응을 보인다. 이러한 반응은 어머니와의 접촉에 대한 욕구는 강하나 어머니로부터 무시당하거나 구박받는 데에서 오는 공포가 공존하기 때문에 나타나는 것으로 해석된다.

**3 애착의 대상**

영아의 애착대상이 어머니에 국한되는 것은 아니다. 아버지, 또래친구 또는 자신을 돌봐 주는 사람들이 아기의 애착형성 대상이 될 수 있다.

### (3) 애착의 영향

**1 애착유형의 지속성**

만 1세 이전에 형성된 애착유형과 이에 따른 행동반응의 특성들은 성장한 후에도 지속되는가?의 문제는 여러 연구결과 영아기에 형성된 애착유형이 지속적이며, 각기 독특한 방식으로 발전되고 있음을 보여준다.

**2 정서발달에 미치는 영향**

애착이 정서발달에 미치는 영향을 실험적으로 검토한 유명한 연구가 Harlow 등(1977)의 사회성 박탈실험이다. 이들은 갓 태어난 새끼원숭이를 어미원숭이에게서 뗀 뒤 3개월간 다른 원숭이와 접촉할 수 없는 상자 속에 분리시켜 양육하였다. 이러한 생후 첫 3개월간의 사회성 박탈은 새끼원숭이에게 큰 정서적 충격을 남겼다. 분리 성장한 원숭이를 다른 원숭이가 있는 상자 속에 다시 넣었을 때 이들은 다른 원숭이와 접촉을 피하고 두려워하며, 얼굴을 파묻고 몸을 웅크리는 등 정서적 불안과 공포를 드러내었다.

이들 사회성 박탈 원숭이들도 정상적인 또래집단 속에 넣어 주면 시간이 경과하면서 점차 정상적인 사회성을 회복할 수 있으나, 생후 1년을 전후하는 시기에 정상적으로 성장한 원숭이에 비해 공격적 성향을 보인다. 원숭이의 사회성 박탈 실험결과는 유아의 애착과 정서발달과의 관계에 그대로 유추되고 있다. 애착형성 시기에 장기간의 출타, 입원 등으로 애착대상과 떨어지거나, 간헐적으로 낯선 사람에게 맡겨진 유아는 정상적으로 성장한 유아에 비해 낯선 상황에서 보다 높은 분리불안을 갖는다.

**3 사회성에 미치는 영향**

영아기에 형성된 애착의 질은 성장 후 아동의 또래관계와 상관이 있다. Sroufe 등(1933)은 12개월에 안정 및 불안정 애착으로 식별된 아기를 3세 6개월까지 추적하여 관찰한 결과 안정적으로 애착이 형성된 유아는 불안정 애착형성 유아에 비해 또래 아이에게 더 많은 애정과 관심을 보이고 놀이장면에서 주도권을 가지며 또래와의 상호작용이 많고 덜 공격적이다. 교사들도 안정애착 유아를 자아존중감이 높고 공감적이며 사회적 기술이 높고 친구가 많으며 또래 사이에서도 인기가 있는 아이로 평가되었다.

**4 인지발달에 미치는 영향**

Ainsworth는 안정애착 영아는 '낯선 상황'에서 어머니를 안전기지로 삼음으로써 새로운 환경을 탐색하려는 보다 적극적인 탐색행동과 인지적 호기심을 보인다는 사실을 관찰하였다. 이러한 안전기지 현상은 유아기까지 지속되는 것 같다. 이에 반해 불안정애착 유형의 유아는 지적 호기심이 낮고 문제해결과제나 놀이를 주었을 때 과업몰입 정도가 낮고 지속적이지 못하며 즐거워하지 않는 것으로 보고되고 있다.

## 3. 상담의 과정

### 1) 상담 전 준비과정

어떠한 대상을 상담하든지간에 모든 상담에서는 상담을 위한 준비가 우선되어야 한다. 전문성을 갖춘 상담의 실행은 물리적 환경의 뒷받침을 토대로 하는데, 특히 비밀보장이 될 수 있으며, 편안한 분위기를 가꾸는 아늑한 공간에서 이루어지는 경우가 많으므로 상담에 필요한 물리적 공간을 갖추는 것을 말한다. 상담실, 대기실, 접수실, 자료보관실, 검사실 등의 분리공간이 필요하고, 다음은 상담장면에서 필요로 하는 도구들이다. 즉 필기도구, 휴지, 거울 등이 준비되는 것이 필요한데, 때때로 내담자는 자신에 대한 깊이있는 탐색의 과정에서 눈물을 흘리는 경우가 많다. 또한 상담 후의 자신의 매무새 관리를 위한 배려가 요구된다.

그리고 상담실의 가구 배치인데, 상담자의 접근방법에 따라서 가구의 특성이나 배치의 형태가 달라질 수 있다. 상담자에 따라서 편안한 의자에 앉아서 하는 경우와 상담에 필요한 적절한 긴장감을 유발해 내는 테이블을 가운데 두고 의자에 앉아서 상담하는 것을 선호하기도 한다.

본 상담에 앞서서 내담자가 상담에 대한 의지가 있는지, 변화되고자 하는 바램이 있는지 등을 상담자와 내담자가 서로 합의를 할 수 있는 접수면접이 이루어지게 된다. 이러한 과정에서는 상담실에서 접촉, 접수면접, 상담과정, 종결, 추수지도가 따르는데, 상담실에서의 접촉은 전화, 면접, 인터넷 등을 활용하는 경우가 있다. 대부분의 상담기관에는 전화를 통해 상담받고 싶은 의향을 전달하는 경우가 많으므로 전화를 통해서 접수면접 시간을 약속한다. 접수면접에서는 상담신청서의 작성 후에 접수면접이 이루어지는데, 이 때는 내담자에게 협조를 구하고, 규칙을 정하고, 희망을 불러일으키는 것이 중요하다. 또한 비밀이 보장됨을 확실히 하고, 내담자의 상담에 대한 기대에 관해서 평가를 하고 내담자에 관한 여러 가지 기초 정보를 수집하는 것이 필요하다. 이러한 접수면접을 통해서 내담자의 지적 기능, 호소문제의 심각성, 긴급성 등을 고려하여 최적의 상담자와 연결시키는데, 파악되어진 모든 정보와 치료가설, 그리고 상담자에게 필요한 사항을 함께 알려 주어야 한다.

### 2) 초기과정

초기과정은 상담이 시작되는 단계로서 상담의 분위기와 방향을 설정하고 상담성과를 결정하는데 중요한 역할을 한다. 전체적인 상담의 과정 중 초기과정에서 다음의 요인들이 제대로 수립되고 다루어져야 상담의 올바른 방향과 상담의 효과를 기대할 수가 있다. 이러한 역할을 하는데 있어서는 먼저 상담의 구조화, 친밀한 관계형성, 문제진단과 내담자의 평가, 사례개념화, 목표설정, 상담계획이 포함된다.

### (1) 상담의 구조화

구조화는 상담자가 내담자의 상담에 대한 기대를 구축해가는 과정으로서 내담자가 갖는 상담에 대한 불안감 및 모호함을 줄이는 것으로 상담이 무엇인가? 상담에 대해 내담자가 기대할 수 있는 것은 무엇인가? 상담시간에 자신이 무엇을 해야 하는지? 상담자는 무엇을 할 것인가? 등의 기본적인 정보를 내담자에게 설명하고 이해시킴으로써 상담의 목적과 절차에 대한 공통된 기대와 이해를 갖도록 하는 것이다. 즉, 상담시간, 빈도, 총 상담횟수, 상담장소, 연락방법, 상담자 및 내담자의 역할, 비밀보장 등에 관한 것을 서로가 합의를 하는 것이다. 이러한 절차에서는 상담자가 내담자와의 사이에서 서로 타협되는 것이어야 한다. 이러한 과정에 대해서 내담자에게 설명을 할 것이며, 이러한 설명은 내담자의 준비도와 상담관계의 흐름 등을 고려하여 구조화 시기를 정해야 한다. 내담자의 인지적, 정서적, 행동특성에 따른, 내담자와 상담자의 상호협력이 전제되어야 한다.

### (2) 친밀한 관계형성

상담에서는 구조화 못지않게 상담자와 내담자가 어떠한 관계를 맺는지가 중요한데, 그 이유는 상담관계란 일반적인 인간관계 기술이 아니라 특정한 인간관계 기술을 토대로 하여 내담자가 행동, 인지, 정서면에서 스스로 변화하고 성장해야겠다는 의지를 가지고 변화를 추구해 갈 수 있도록 도와 주는 의도적이고 체계적인 관계라고 할 수 있기 때문이다.

촉진적인 관계 형성을 위해서는 특정 기술뿐만 아니라 상담자의 태도가 중요하다. 즉 공감적 이해, 수용적 존중, 일관된 진솔성으로 설명할 수 있다. 먼저 공감적 이해란 감정이나 신념, 욕구, 바램, 가치관 등을 포함한 내담자의 내적 경험과 주관적 세계를 내담자의 입장에 서서 이해하는 것이다. 이해의 방법은 두 가지로 하나는 감수성의 차원으로 내담자의 말 속에 깔려있는 주된 감정, 욕구, 가치관, 신념 등을 포착하는 능력과, 또 하나는 의사소통의 차원으로 상담자가 내담자의 외적 측면뿐만 아니라 내적 측면까지도 이해하고 알게 되었다는 것을 내담자에게 전달하는 능력이다.

둘째로 수용적 존중이란 따뜻하고 비판단적인 태도로 내담자를 대하는 태도를 말한다. 내담자에 대한 수용적 존중은 상담자의 따뜻한 태도에 의해서 전달되는데, 비언어적으로는 목소리, 얼굴표정, 자세, 눈맞춤, 신체접촉, 서로간의 물리적 거리 등을 통해서 전달된다. 언어적으로는 내담자의 긍정적인 면을 인정해 주는 방법과 상담시간 내에 내담자나 상담자의 내면이나 또는 내담자 - 상담자 간에 일어나는 지금 - 여기에서의 느낌을 즉시적으로 다루어줌으로써 전달된다.

마지막으로 일관된 진솔성이란 상담자의 말과 행동, 즉 언어적 표현과 비언어적 표현이 다르지 않도록 노력하는 자세를 요구하는데, 이러한 상담자의 태도는 내담자에게 신뢰감을 주게 된다.

이상에서 살펴본 바와 같이 아동상담에서는 특히 상담자가 첫인상의 관리(친절, 재미, 호감, 명랑한 느낌을 주는 것)와 내담자에게 호감을 주는 상담실의 소품들과 복장을 선택하는 것이 중요하다. 그리고 상담을 의뢰받은 내용을 솔직하게 다루는 것이다.

### (3) 문제진단과 내담자 평가

상담의 초기단계에서의 문제진단이란 내담자 문제를 분류하고 명명하여 문제의 실체를 객관화하는 것이다. 진단은 내담자 문제를 이해하고 적절한 개입전략을 선정하고 계획하는 데 도움이 된다. 대표적인 진단은 DSM - Ⅳ를 들 수 있다. 이러한 진단과 더불어 내담자의 평가가 이루어져야 하는데 내담자의 전반적인 특성과 기능수준을 파악하고 내담자의 성장과 문제해결에 도움이 될 수 있는 내적, 외적 자원을 구체적으로 살펴보는 제반활동을 말한다. 즉 내담자의 강점, 심리적 자원, 심리적 특성에 대한 이해라고 할 수 있다.

특히 아동상담에서는 다음과 같은 질문이 요구된다. 학업, 진로, 또래관계, 가족관계 등과 같은 생활의 여러 영역에서 내담자가 어느 정도 잘 적응하고 있는가? (현재의 기능수준) 문제가 발생하기 전 내담자의 생활의 여러 영역에서 어느 정도 잘 적응했는가? (문제 발생 이전 기능수준) 문제의 발생과 유지에 직접적으로나 간접적으로 영향을 주는 내담자 개인적인 특성과 환경적 특성이 있다면 무엇인가? 내담자가 문제를 해결하는데 필요한 내적 자원이나 외적 자원이 있다면 무엇인가? 하는 것이다.

이와 같은 평가를 통해서 상담자는 내담자의 기능수준과 현재 상태에 적합한 상담목표와 개입전략을 수립할 수 있고, 궁극적인 상담의 효과를 증진시킬 수 있다.

### (4) 사례개념화

사례개념화란 내담자 문제에 대한 어떤 단정적인 결론이 아니라 잠정적인 설명 혹은 추론의 성격을 띤다. 따라서 사례개념화는 초기에 얻어진 정보를 토대로 가설을 세우고 끝까지 그 가설을 바꾸지 않는 단기적 작업이 아니라 추가적인 정보에 따라 지속적으로 가설을 수정하고 보완해 나가는 역동적인 작업이다. 이와 같은 사례개념화의 목적은 내담자 문제의 성격과 원인을 정확하게 이해하고 효과적인 개입전략의 모색을 돕는데 있다.

사례개념화는 내담자의 호소문제와 증상을 열거하거나 호소문제에 대한 피상적 설명을 제시하는 수준을 넘어서야 한다. 상담자가 파악한 내담자 문제의 성격은 무엇인가? 문제가 생기게 된 경로나 발달사적 요인은 무엇인가? 내담자 문제의 원인은 무엇인가? 등이 요구되면, 이와 같은 과정에서 상담자는 다음의 사항을 유의해야 한다. 내담자가 진술하는 내용에서 반복적으로 나타나거나 공통되는 주제나 패턴이 있는지를 찾아보고, 내담자의 문제행동이나 증상의 역기능적 측면 뿐만 아니라 기능적 측면을 파악한다. 내담자 문제와 관련하여 내담자의 개인적 특성 뿐만 아니라 가족역동, 주변사람들과의 관계특성, 환경적 특성에 이르기까지 포괄적으로 정보를 수집, 탐색하고 활용한다.

### (5) 목표설정

상담에서의 목표설정은 상담의 성과에 따른 긍정적인 결과를 말하는데, 목표설정에는 과정목표와 결과목표가 있다. 과정목표는 내담자 변화에 필요한 상담여건을 조성하는 것으로 내담자 변화를 촉진하는 상담관계 혹은 작업동맹을 형성하고 내담자에게 심리적으로 안전한 장을 제공하는 것 등이 포함되는 것으로 상담자의 과제이다. 결과목표는 내담자에 따라 구체적인 내용이 다르며, 내담자와 협의하여 설정하는 것이 바람직하다.

목표설정의 과정은 첫째, 상담목표 설정의 목적과 필요성에 대해 내담자가 납득할 수 있도록 자세히 설명한다. 둘째, 목표를 선정한다. 셋째, 내담자가 세워진 목표에 합의하는지 확인해 본다. 넷째, 목표달성이 가져다 줄 이점과 손실을 검토하고 목표달성에 장애가 될 수 있는 요인을 정확하게 파악한다. 다섯째, 필요한 경우 목표실행 과정에서 원래 정한 목표를 수정하여 새로운 목표를 설정한다.

### (6) 상담계획

상담초기에 내담자 문제와 개인적 환경, 환경적 특성, 상담목표 등을 고려해서 상담전반에 대한 대략적인 계획을 세우는 작업을 말한다. 지금까지의 과정, 즉 문제진단 및 내담자 평가, 사례개념화, 상담목표 등을 토대로 개입방법과 상담기간 등을 포함한 상담전략에 대한 계획을 세우는 작업이다. 따라서 상담계획을 제대로 세우기 위해서는 이러한 사전 과제들이 충실하게 수행되어야 한다. 상담계획을 수립함으로써 상담자는 상담의 초점과 방향성을 설정하고 상담을 진행하면서 목표달성 여부를 점검하는데 활용하는 근거를 마련할 수 있다. 즉, 상담계획은 내담자 개개인에 따라 개별화된 내용으로 구성되어야 한다. 또한 상담초기에 계획이 수립되지만 상담이 끝날 때까지 정해진 계획에 얽매일 필요는 없으며, 상담의 성과를 높이기 위해서는 필요에 따라 수정 · 보완될 수 있다.

내담자의 문제와 개인적, 환경적 특성 그리고 주어진 시간적 여건 등을 감안할 때 이 시점에서 가장 적합한 개입 혹은 접근방식이 무엇인지 결정하는 일이며 이는 상담자의 몫이다. 이러한 몫을 적절히 수행하기 위해서는 상담방식(개인, 집단, 가족, 부모상담 등)을 선택하고, 이론적 접근방식을 선정하며, 구체적인 개입방법을 선정한다. 즉 긴장이완기술, 역할연습, 빈의자기법, 자기주장기술, 과제 제시 등과 같은 개입방법에 대한 결정 등이다. 또한 진행과정에 따른 상담의 전체 기간 및 상담 횟수를 잠정적으로 합의하는 것이다. 이 때는 상담에 대한 내담자와 내담자 부모의 기대와 동기수준은? 내담자의 문제행동이나 증상이 어느 정도 심각한지? 어느 수준까지 문제를 해결하고자 하는가? 상담을 통해 기대하는 성과는 무엇인가? 내담자나 상담기관 자체의 현실적 제약을 고려할 때 가능한 상담기간은 어느 정도인가?를 파악하는 것을 포함한다.

### 3) 중기과정

#### (1) 상담중기 과정에서 다루어지는 지침들

상담의 중기과정에서는 선택한 상담자의 이론적인 접근방식을 토대로 활용되어지는 지침들이 사용된다. 그러나 공통적으로 다루어져야 하는 지침들이 필요하다. 그 첫째는 내담자로 하여금 자신을 탐색하도록 촉진한다. 둘째, 내담자의 상담과 탐색에 대한 저항을 다룬다. 셋째, 내담자가 자신과 문제에 대해 자각하게 한다. 이때 인지적 자각, 정서적 자각, 행동적 자각 및 관계에 대한 자각을 구분하여 명세화한다. 넷째, 내담자로 하여금 자각한 내용을 생활에서 실현하게 한다. 다섯째, 다양한 생활영역의 변화와 반복적 실천을 강화한다. 여섯째, 실천 중에 나타나는 변화에 대한 저항을 다룬다.

이상에서의 지침들을 통해서 알 수 있는 바와 같이 상담의 중기과정에서는 초기에 협의된 상담목표를 실제적으로 얻고, 원하는 바를 현실적으로 가능한 대안들 속에서 충족시키고자 노력하는 과정이다. 즉, 행동의 변화, 감정의 변화, 생각의 변화 혹은 관계의 변화일 수 있다. 따라서 중기의 목적인 설정된 목표를 얻고자하는 노력과 실제로 이루어내는 것이며, 중기의 과제는 이를 이루기 위해 상담자와 내담자가 해야 할 일들이다.

#### (2) 상담중기 과정에서 수행되는 기법과 기술들

##### 1 중기과정에서 사용되는 기법들

상담의 중기는 탐색 및 자각 그리고 변화하는 것을 진행하게 된다. 이를 수행하기 위해서는 다양한 면접기법들이 있는데 구체적으로 살펴보면 다음과 같다.

첫째, 높은 수준의 공감이다. 내담자가 자각하지 못하는 욕구와 그에 따른 정서까지도 공감할 때 내담자는 수용하기 어려웠던 자신의 욕구와 정서를 직면하면서 탐색할 수 있다.

둘째, 요약하기이다. 문제의 주제를 명료화시켜 주는 것이다. 따라서 자신이 그동안 힘들어 하거나 갈등을 느꼈던 부분에 대해서 가졌던 막연함이 구체적으로 뚜렷하게 윤곽을 잡도록 하고, 그 문제를 해결하기 위한 필요한 대처방안을 찾거나 변화에 대한 의지를 높여주게 된다.

셋째, 정보를 제공하는 것이다. 문제해결을 위한 정보가 부족하여 현재 당면한 문제를 심각하게 생각하고 문제해결 방안을 탐색하기보다는 오히려 회피하려는 경향들이 나타나므로, 적극적으로 문제해결의 장면에 나설 수 있도록 하는데 필요한 정보를 제공하게 되므로서 새로운 관점에서 자신의 문제를 보거나, 자신에 대한 인식이 달라질 수 있게 된다.

넷째, 도전적 질문이다. 내담자의 신념이나 생각, 감정, 행동에 대한 보다 현실적이고 타당성이 있는 지를 검토하도록 하는 의도적인 질문이다.

다섯째, 기적 질문이다. 문제가 해결된 상태를 상정하고 그것이 무엇인지를 구체화하고 명료화하도록 하는 질문이다. 기적 질문은 내담자에게 강력하고 새로운 경험이 되고 희망과 가능성을 준다.

여섯째, 척도질문이다. 내담자에게 자신의 문제, 성공, 정서적 관계, 자아존중감, 문제해결 가능성에 대한 확신, 변화를 위한 노력의 정도, 변화를 위한 동기, 진행에 대한 평가들을 수치로 표현하게 하는 질문이다. 척도질문은 변화에 대한 동기를 강화하고 다음 단계로 발전하기 위해서 무엇을 해야 할지를 탐색하도록 돕는다.

일곱째, 대처질문이다. 매우 낙담하고 절망하고 좌절하고 있는 내담자에게 성공감을 느끼도록 하는 대처방법에 관한 질문으로 내담자에게 경험을 활용하게 하고 새로운 힘을 갖게 하며 자신의 강점을 발견하도록 한다.

여덟째, 예외질문이다. 예외적인 상황을 찾아서 밝히고 내담자가 가지고 있는 자원을 활용하여 내담자의 자아존중감을 강화하기 위한 질문이다. 문제에 관하여 주로 부정적인 생각을 하고 문제를 제거하고 감소시키는 데만 몰두하는 사고방식으로부터 해결방안을 모색하게 한다.

아홉째, 관계질문이다. 내담자가 자기의 주관적인 경험을 마치 전부인 것처럼 생각하는데, 주변에 있는 중요한 인물들이 어떻게 생각하고 있는지를 확인하여 서로의 관련성을 검토하게 한다.

열번째, 자기공개이다. 상담자 자신의 역사적 사실을 내담자에게 공개하여 내담자가 그것을 공유하게 하면서 내담자 자신의 내면을 탐색할 수 있도록 안내하는 반응이다. 자기공개를 통해 상담자는 내담자에게 자기공개하는 모델로서의 역할도 하고 대안을 자극하여 새로운 변화의 방향을 탐색하게 한다.

열한번째, 즉시성이다. 내담자가 일상생활에서 보이는 대인관계의 특성이 상담자와의 관계에서도 나타난다는 전제 하에 상담자와의 관계 양식을 탐색함으로써 내담자의 대인관계 양식을 검토하도록 돕는다.

열두번째, 직면이다. 내담자가 생각하거나 느끼는 것이 말하는 것과 다를 때, 말하는 것이 생각하는 것과 다를 때 그리고 내담자의 생각이 타인의 생각과 다를 때 사용할 수 있다. 이러한 불일치는 일상생활에서도 찾을 수 있고 상담시간에서도 발견된다.

### 2 중기과정에서 활용되는 기술들

① **중지수렴** : 문제해결에 도움이 될 수 있는 양적인 정보로서 내담자와 상담자는 생각나는 대로 실천 가능성의 여부없이 다양한 대안들을 제안해 본다. 이를 통해서 내담자는 확산적이고 창조적인 사고를 할 수 있는데, 이 때는 되도록 많은 의견을 제시하고 수집하여 최종적으로 각 의견에 대한 비판, 평가, 논평을 하도록 한다. 그런 후에 최종적으로 남아있는 방법을 토대로 하여 목표를 가장 잘 이룰 수 있는 방법이 어떤 것인지를 선택한다.

② **하향 화살표 기술** : 역기능적 신념을 찾는 방법으로 특정 사건의 자동적 사고내용으로부터 '과연 그 생각이 나에게 무엇을 의미하는가?'라는 물음을 계속 던지므로 좀더 심층적인 부적응적 신념을 탐색해 나가는 기술이다. 이러한 계속적인 질문을 통해 하나의 사건에 대한 자동적 사고로부터 그러한 사고의 바탕을 이루고 있는 심층적인 사고를 추적해 살펴볼 수 있고, 결국에는 '사랑없이는 결코 행복할 수 없다'는 역기능적 신념을 찾아낼 수 있다.

③ **문제해결기술** : 내담자가 대안을 탐색하고 자각을 실천해 가는데 확실한 도움이 되는 것으로써 문제에 대한 명확한 정의를 내리고, 문제해결 방향과 가능한 방안을 정리하며, 관련된 정보를 수집한다. 그리고 수집된 자료를 바탕으로 대처행

동을 의논하고, 바람직한 행동절차 및 의사소통의 실제 계획을 수립하며, 계획된 것을 실제 생활에서 실천해 본다. 마지막으로 실천결과를 평가하고 행동계획을 수정하고 보완한다.

④ **WDEP**(Want-Doing-Evaluation-Plan) : 현실요법 상담과정의 주요기술로써, 내담자가 원하는 것이 무엇인가?, 그것을 얻기 위하여 내담자는 지금까지 어떤 노력들을 해왔는가? 그러한 노력들이 어떤 성과를 얻었는가? 그렇다면 앞으로 어떻게 할 것인지를 계획하는 절차에 따라 내담자의 문제를 해결해 가는 방법이다.

⑤ **A-FROG 기술**(Alive-Feel-Reality-Others-Goals) : 내담자가 그 문제나 그 생각을 계속하는 것에 대한 평가를 스스로 하게 하는 것으로 내담자가 자신의 문제에 대해 좀더 현실적이고 객관적인 판단을 할 수 있게 한다. 나의 문제가 나를 생기있게 유지하는가? 그 결과 나는 기분이 나아졌는가? 그것은 현실에 기반을 두고 있는가? 그것은 내가 다른 사람들과 어울리는 데 도움이 되도록 하는가? 그것은 나의 삶의 목적을 성취하도록 하는가? 등의 질문을 사용하는 것이다.

⑥ **빈의자기술** : 게스탈트치료에서 주로 사용하는 기술로서 직접 대면하기 어려웠던 말들을 빈 의자에 앉아 있다고 상상하는 대화를 나누는 행동을 통해서 그 사람과의 관계를 탐색할 수 있다. 뿐만 아니라 내담자는 다른 사람에 대한 자신의 감정을 명료화시킬 수 있고, 타인의 입장을 이해할 수 있게 되며, 그에 대한 대처방법으로의 새로운 행동을 시도해 볼 수 있다. 빈 의자기술을 통해서 타인과의 관계뿐 아니라 자신의 억압된 부분 및 개발되지 않은 부분들과의 접촉도 가능하다.

⑦ **대차대조법** : 경제적 개념을 상담과정에 도입한 것으로 어떤 결정을 내담자가 수용하여 실천할 때 들여야 하는 노력이나 부담, 얻을 수 있는 것 등을 나열하여 그 값이 어느 정도인지를 추정해 봄으로써 결정과 선택에 도움이 되는 방법이다.

### 4) 종결과정

#### (1) 상담종결의 준비

상담의 종결에서는 무엇보다도 이별과 헤어짐의 임상적인 의미를 다루어야 한다. 아동 내담자에게 자기 인생의 주요한 인물과의 이별은 하나의 통과의례와 같은 것임을 인식시켜야 한다. 그리고 이러한 이별의 과정 경험은 삶의 과정 속에서 만나는 많은 사람들과의 관계를 잘 조절해 나가는 능력을 발휘할 것이며, 스스로에 대한 책임을 질 수 있으며 성장할 수 있음을 인식시키고 격려하는 것이 도움이 될 것이다. 따라서 상담과정에서 충분히 종결과정에 대해서 다루는 것이 무엇보다도 중요하다.

### (2) 상담종결의 과정

상담자는 내담자와의 관계에서 상담의 목표가 달성되었는지를 평가하는 것이 요구되며, 종결은 합의하에 이루어지는 것이 바람직하다. 그에 따른 평가로서 나는 새로운 행동을 습득했는가? 그 새로운 행동은 나의 영속적인 습관인가? 나의 정서적 반응은 적응적인가? 나는 앞으로 내가 겪어야 할 여러 가지 유형의 좌절에 대하여 관용적일 수 있는가? 나는 어려움을 행하는 대신에 피함으로써 직면할 수 있겠는가? 나는 내 자신의 문제에 대해서 스스로 책임을 질 수 있는가? 내가 지금 호소하는 증상은 제거되거나 줄어들었는가? 해결되었는가? 등으로 살펴볼 수가 있다. 또한 상담의 종결 후에 발생되는 수많은 일상에서의 문제들에 대처할 수 있는 능력을 지속적으로 향상시키기 위해서 독서나 자신의 생각, 느낌, 행동 등의 탐색을 지속적으로 진행시킬 수 있는 방법에 대한 학습과 추수상담 및 상담자와의 만남도 소중한 만남으로 상담 후에도 지속적으로 연결이 될 수 있음을 알려 준다.

제 7 장

# 발달상 나타나는 부적응 행동

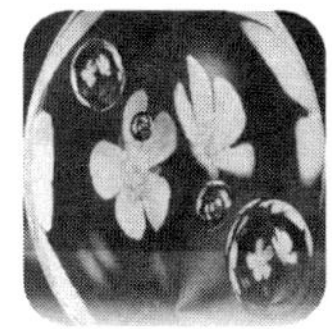

## 1. 신체발달과 관련된 부적응 행동

신체발달과 관련되어 나타나는 부적응의 문제란 아동의 신체 한 부분에 구조적, 또는 기능적인 면에 장애가 있어 일상생활을 해나가는데 지장을 가져오는 것을 말한다. 신체발달과 관련되어 나타나는 부적응의 문제로는 지체부자유, 병 · 허약 등이 있다.

### 1) 지체부자유의 유형

지체부자유 아동이란 선천성 또는 후천성 골, 관절, 근육 및 신경질환이나 사지 또는 그 일부의 결손 때문에 신체간이나 사지에 장애가 나타나는 아동을 말한다. 지체부자유 아동은 크게 신경성 장애아와 정형 외과적 장애아로 분류된다.

#### (1) 신경성 장애아

신경성 장애아란 그의 장애상태가 중추신경 조직의 손상에 기인한 발달의 지체 또는 결함을 가진 아동을 말한다. 신경성 장애에는 뇌성마비, 간질, 신경성 기능장애 등이 있다. 뇌성마비란 뇌의 기능 이상에 의한 운동장애가 일어나는 것을 말한다. 뇌성마비의 원인은 단일의 것이 아니며 아직 밝혀지지 않은 것이 많은데 임신

중의 모체의 장애, 조산 등을 들 수가 있다. 뇌성마비 아동들은 지능, 언어, 시력, 청력 등에서 중복장애를 가지는 경우가 많은데, 뇌성마비의 70~80% 정도는 언어장애를 가지고 있다. 뇌성마비의 신경근 장애에 따라 경련성 발작형, 불수의 운동형, 운동 실조형이 있다. 간질은 뇌의 손상에 기인하는데 발작성의 의식장애와 경련을 주증후로 하는 질환군을 말한다. 간질은 발작성으로 뇌에 이상한 전기적 흥분이 일어나고 그에 수반하여 발작적으로 신체 또는 정신적 증상이 반복하여 출현하는 질환의 총체이다. 간질발작은 증상에 따라 대발작, 초점성 발작, 소발작 등과 같이 몇 가지 형으로 나눌 수 있다.

가장 경미한 형태는 보통 척추의 아래부분이 개열되어 있고 대개의 경우, 대소변의 실금이 있다. 한편, 뇌성마비, 간질 등을 초래하지 않는 중추신경 장애를 지니고 있는 아동이 많이 있다. 이 아동들은 뇌손상 아동 또는 가벼운 뇌성 기능장애를 갖는 아동으로 분류된다.

### (2) 정형외과적 장애아

정형외과적 장애아란 가정이나 학교, 혹은 사회에서 특수한 계획을 수립해야 할 정도로 골, 관절 또는 근육상에 정신적 기능을 저해받는 지체부자유를 가진 아동을 말한다. 정형외과적 장애에는 선천성 기형, 척추성 소아마비, 관절염, 진행성 근위축증, 뼈의 결핵증과 골수염에 의한 지체부자유가 있다.

지체부자유 아동을 지도하는데 있어서는 사회적 적응 능력과 창조성의 개발에 대한 사항이 충분히 고려되어야 한다. 특히 그들은 신체적 부자유와 외관상의 문제로써 열등감을 가지기가 쉬우며, 그로 인해 성격이 비뚤어지거나 원만한 인간관계를 유지 발전시키기가 어려워 비사회적인 특성을 지니기가 쉽다. 따라서 그들을 지도하는데 있어서는 그들이 민주시민의 구성원으로서 의욕적으로 명랑하게 남과 어울리는 가운데 자기의 잠재된 기능성을 잘 개발 발전시켜 사회에 봉사하며 살아갈 수 있는 직업적 · 사회적 재활인으로 기른다는데 주안점을 두어야 한다.

### (3) 병 · 허약

병 · 허약 아동이란 특별히 건강상의 문제를 가진 아동을 뜻하는데, 약화된 신체적 조건으로 인해 가정이나 학교, 사회에서는 그 아동을 늘 돌봐 주어야 한다. 장시간에 걸쳐 만성질환을 앓거나 영양실조에 걸린 아동이 주로 이 유형에 해당된다. 병・허약은 급성관절염 및 선천성 심장병, 당뇨병, 신장염, 호흡기 장애(방광섬유조직 증식, 천식, 결핵 등), 영양장애 등이 그 주된 원인이 된다. 병・허약 아동들은 대개 정서적 불안정, 퇴행, 신경질적 경향, 사회적 미성숙, 신체발육의 불량, 의지박약, 우울, 고립 등의 특징을 가지고 있다. 따라서 이들을 지도하는데 있어서는 그들이 지닌 병・허약의 상태를 정확하게 파악하여야 하며, 무엇보다 그들의 건강상태를 개선해 줄 수 있도록 노력해야 한다.

또한 그들에게 취미생활이나 여가 선용의 방법을 지도함으로써 정서적으로 안정을 유지할 수 있게 하여야 하며, 알맞은 양호는 물론 적절한 신체적 훈련을 할 수 있는 기회를 제공해 주어야 한다. 활동영역에 있어서도 그들을 가정 내에서만 머무르게 할 것이 아니라 그들의 경험영역을 확대시켜 줄 수 있도록 여러 곳을 견학시켜 주어야 하며, 친구를 사귈 수 있는 기회를 많이 제공해 주어야 한다.

### 2) 운동장애아의 심리적 특성

일반적으로 장애아를 가진 부모는 어린이에 대한 죄의식을 가지고 있기 때문에 장애를 바르게 인식하지 못하여 어린이에 대해 적절한 양육태도를 취하지 못하는 경우가 많다. 부적절한 양육태도로는 익애, 과보호, 거부, 방임, 과간섭, 불안 등이 있으며, 사회에서도 장애아에 대한 태도는 편견이나 몰이해적인 경향이 있다.

운동장애아는 자신의 신체적 장애로 인해 자기의식(self-consciousness)에 영향을 받고 있다. 일반적인 경향으로 부정적인 자기의식을 갖게 되며 특히 자신에 대한 가치를 비하시키는 방향으로 작용한다. 자기의식과 장애의 수용은 밀접한 관계가 있다. 장애를 수용하는 지체부자유 집단은 그렇지 않은 집단보다 자기의식의 통합상태도 좋으며 외면적인 행동기준에서 보더라도 적용된 상태로 안정되어 있다. 자기의식의 발달은 장애아 자신과 그들을 둘러싼 주위 사람들이나 사회의 일반태도나 평가의 상호관계에 의존하는 것이기 때문에 장애아 자신도 중요하지만 주위 사람들도 중요한 역할을 한다.

신체상(body image)은 유아가 자신의 신체에 대해 가지고 있는 심상, 즉 자신의 몸을 어떻게 보고 있는가 하는 것이다. 이것은 신체감각, 지각, 일상의 경험을 통하여 점차로 형성되며 자기개념 또는 자기의식의 형성에도 영향을 미친다.

지체부자유아는 자신의 지체결함이나 부자유에 대해 같은 연령의 유아와의 차이를 스스로 알게 되며 또 주위 사람들 말의 반응에 따라 왜곡되거나 특이한 이미지가 형성되기 쉽다. 특히 신체상과 운동기능, 인지기능은 서로 밀접한 관계가 있으며 신체상의 정상적 발달과 운동, 인지발달 그리고 언어, 사회성의 발달은 서로 밀접하게 관련되어 있다.

지체부자유아의 기능훈련은 지체뿐만 아니라 혼란된 신체상의 재구성도 필요하다는 것을 인식하여야 한다.

운동장애아의 성격적 특성으로는 욕구불만, 열등감, 사회성의 미숙 등이 덧붙여지고 있다. 성격특성은 운동장애아라고 해서 특별히 강조할 만한 것은 없다. 구태여 말한다면 운동장애에 따른 이동의 제한, 특이한 생육환경, 뇌손상, 그 이외의 여러 관련된 요인들을 고려하여 해결해야 한다. 고정된 사고를 갖지 말고 환경 요인과의 역동적 관계에서 이해해야 한다.

### 3) 신체발달과 부적응 행동특성

아동기의 신체발달의 특징은 신체적인 성장속도가 완만하게 되는 것이다. 아동기에는 전체로서의 심신의 포괄적이며 순조로운 성장을 하여 안정되어 가고 있는 시기이다. 아동기에는 에너지가 왕성하여 운동기능도 비교적 정상적으로 발달하여 달리기, 씨름, 수영 등을 많이 하며 열중하는 시기이다. 또한 청년기의 신체발달은 소위 사춘기적 발육 촉진의 현상이 나타난다. 특히 생식기관의 성숙으로 제2차 성징이 뚜렷해진다.

사춘기의 급격한 생리적 변화는 필연적으로 적지 않은 심리적 변화를 일으킨다. 즉 여자에게 있어서는 월경의 초조, 남자에 있어서는 최초의 사정에 따르는 커다란 놀라움과 공포가 일어난다. 이는 성적 성숙에 대한 지식의 결핍이 그 원인이 된다. 신체적인 급격한 발달, 변성, 체모의 발생, 유방의 융기 등은 모두 청소년기의 고민이 원인이 되어서 사람을 피하려고 한다.

사춘기에 있어서의 정서 및 기질의 불안정성도 성적 성숙이 원인일 때가 많다. 즉, 청소년의 불만과 불안정감, 권위에 대한 반항, 진리에 대한 의혹 등의 청년기적 특유 현상은 흔히 청년들에게 도피적 사색을 가지게 한다.

인간은 각 발달단계에서 필수적으로 학습하고 성취해야 할 일들을 가진다. 이것을 발달과업(developmental task)이라고 한다.

Havighurst는 발달과업이란 개인의 일생을 일정한 시기 혹은 그 가까이에서 일어나는 과업이라고 하였다. 그 과업을 훌륭하게 성취하면 개인은 행복하게 되고 그 후의 과업도 성공하지만 실패하면 개인은 불행하게 되며 사회에서 인정받을 수 없고, 그 후의 과업의 달성도 곤란을 초래하게 된다고 하였다. 이렇게 볼 때 발달과업은 학교에서 학년에 따라 이루어져야 할 교육 과정과도 같이 인생의 이수과업이라고도 할 수 있다. 따라서 각 발달단계에 따른 과업을 달성할 수 있도록 학습해야 한다.

사춘기의 급격한 신체 변화는 청소년들의 심리상태에 변화를 가져온다. 활발하여 가족이나 또래 친구와 잘 어울리던 아동이 갑자기 방문을 잠그고 혼자 있으려고 하며 대화하기를 거부하면 부모들은 당황하고 힘든 날이 시작되었다고 생각하게 된다.

Hurlock는 사춘기의 급속한 신체변화는 다음과 같은 심리적 변화를 가져온다고 하였다.

첫째, 고립의 욕구가 증대된다. 10대의 청소년들은 가족이나 또래집단으로부터 떨어져 혼자 있기를 원할 때가 많다. 그들은 프라이버시를 중요시하고 때때로 백일몽을 꾼다.

둘째, 정서성이 증대된다. 청소년들은 쉽게 노하거나 뾰로퉁해지고 울기를 잘 한다.

셋째, 지나치게 수줍어한다. 급격한 신체변화는 청소년의 신체에 대한 민감성을 증가시키고 조그만 일에도 쉽게 당황하게 한다.

넷째, 불안감이 증대된다. 청소년들의 고양된 불안은 자신감의 감소로 나타난다. 청년초기의 청소년들의 또 다른 두드러진 특징은 강하고 변화가 심한 정서를 경험한다는 것이다. 사랑은 쉽게 증오로 변화되고 자랑스러움은 수치심으로 급변한다. 신체변화는 물론 복잡한 적응 문제들이 청소년의 정서를 극단적으로 변하게 하는 원인일 것으로 생각된다. 일반적으로 소녀들이 소년들보다 더 일찍 사춘기의 변화를 경험하기 때문에 급격한 정서변화로부터 더 빨리 회복하고 더 일찍 사춘기의 변화를 경험하기 때문에 급격한 정서변화로부터 더 빨리 회복하고 더 일찍 안정된 행동패턴을 확립할 것으로 기대된다.

## 2. 지적 발달과 관련된 부적응 행동

### 1) 지적 능력발달에 영향을 미치는 요인

어린이의 정서는 아직 미분화되어 있으며 각각의 발달 영역은 다른 영역과 밀접하게 기능적 관련을 가지고 있다. 따라서 지적 능력의 문제는 다른 영역, 즉 운동이나 언어, 정서, 기본 생활습관을 포함한 사회성 등과도 관련되어 있다.

지적 능력의 발달은 그 자체가 직접 원인이 된 일차적인 문제는 동일 연령 집단의 어린이가 간단히 할 수 있는 것을 하지 못하거나 속도가 느리거나 유치하다는 정도의 문제이다. 이러한 문제는 개인차로 다룬다면 문제 행동으로 부르지 않아도 된다. 어린이가 잘하지 못하는 것에 대해 주위의 사람들이 어떻게 대처하고 그것에 대해 어린이가 어떻게 반응했는지가 중요하다. 다시 말하면 환경과의 상호작용과의 관계에서 생각해 볼 필요가 있다. 많은 문제 행동은 대부분 이차적인 것이다.

#### (1) 신체적 요인

시각장애(심한근시, 난시, 약시), 청각장애(난청), 뇌질환, 운동기능 장애, 질병, 허약체질 등의 신체적 요인에 의해 이차적으로 지적 능력 발달에 장애를 가져올 수도 있다. 조기발견과 조기치료가 바람직하다.

어린이에게 장애가 있으면 부모는 과보호나 익애적 양육태도를 취하기 쉽다.

그래서 어린이는 내성적, 수동적, 소극적 성격이나 의뢰심이 강해지고 인내심이 결여된 성격을 형성하게 되며 그것으로 인해 이차적으로 지적 능력이 저해되는 부분도 있다. 교사는 부모와 어린이 모두를 잘 지도해야 한다.

### (2) 환경과의 상호작용

환경에는 시설, 설비, 놀잇감 및 교재·교구 등의 물리적 색채가 강한 요소와 인적 요소가 있다. 여기에서는 인적 요소에 대해 설명한다.

정서장애, 언어장애 혹은 성격상의 문제 등은 개체와 환경의 상호작용에 의해 형성되는 부분이 많다. 일단 장애가 고정되어 버리면 그것이 원인이 되어 이차적으로 지적 능력발달을 저해한다. 조기 발견과 보육집단 안에서의 조기 치료가 바람직하지만 문제가 심각한 경우에는 전문가의 도움을 청한다.

발달이 늦은 어린이는 비사회성, 주의산만이나 규율성이 없는 등의 어떤 특징을 가지고 있으며 이것을 개선하지 않으면 발달지체가 취학 후에도 계속될 수가 있다. 어린이의 행동 특성도 생득적인 것이 아니며 어린이와 어린이를 둘러싼 환경과의 상호작용에 의해 형성된다.

### (3) 어머니의 태도

생후 5~6개월의 영아와 어머니의 관계를 조사한 연구에서 어린이가 불쾌감을 나타냈을 때 어머니가 금방 반응해 주는 집단은 그렇지 않은 집단보다 발달의 일반적인 수준이 높았으며, 특히 행동 면에서도 뛰어나고 적극적으로 끈기 있게 노력하는 목표 지향적 행동의 발달도 뛰어났다.

4세 어린이와 그 어머니를 조사한 연구에서 어린이가 무엇을 하기 전에 미리 어머니가 "이렇게 해", "저렇게 해"라고 명령하는 집단의 어린이는 지적 발달에서나 어휘검사 결과에서도 지체를 나타내었으며, 그러한 지체는 2년 후에도 지속되고 있음을 알아내었다. 어머니의 태도는 단지 지적 능력의 발달 뿐만 아니라 어린이의 인격 전체에 커다란 영향을 미친다. 교사는 부모역할의 중요성을 인식하여야 한다.

### (4) 조기교육의 의도적 · 조직적 활동 요인

3~6세의 정신지체(IQ 45~80) 어린이를 어린이집에 통원시켜 교육을 받게 하는 집단과 시설 내에서 교육을 받는 집단, 가정에만 있는 집단, 시설에 그대로 있는 집단으로 나누어 3~5년 후에 IQ를 비교하였다. 교육을 받은 집단의 IQ가 상승하였고 교육을 받기 시작한 집단의 빠른 상승이 현저하였다. 그 후의 추후조사에서도 그 효과가 지속되었다.

정신지체아의 지적 능력을 개선하기 위해 계획된 조기교육은 대부분이 유아의 교육과 동시에 어머니의 지도도 포함되어 있다.

Herber도 IQ가 75 이하의 어머니와 그 영아들을 대상으로 조기교육에 대한 연구를 하였다. 그 결과에서 나타난 것은 출생 즉시부터 6개월까지 특수훈련을 받은 교사가 어머니와 이야기하거나 영아와 같이 놀아 주었으며, 6개월 이후에는 일주일에 5일 정도 어린이집에 데려가 하루에 8시간 동안 감각훈련과 언어자극을 주는 지도를 했을 때, 그렇지 않은 집단보다 IQ가 상승하여 두 집단간의 큰 차이가 생겼음을 알아내었다.

이와 같이 지적 능력에 영향을 미치는 요인 중에서 부모나 교사가 조기에 배려하는 것에 따라서 변용 가능하다는 것을 알 수 있었다.

## 2) 지적 능력발달과 부적응 행동특성

학생들의 지적 능력에 의해 결정될 수 있는 것은 학업성취이다. 학업성취도는 다양한 형태와 원인에 의해 나타날 수 있다. 지적 능력 수준과 학습속도 · 학습에 대한 동기 · 학습방법의 효율성 정도 · 주의집중력 · 환경적 요인 · 자아개념 및 자신감 등 학업성취와 문제에 영향을 미치는 요인은 매우 다양하다.

인지적 요인으로 지능은 학업성취의 15~30% 정도를 설명한다는 연구결과가 있다. 학업성적이 전반적으로 저조하고 학습속도가 부진한 학생을 위하여 지능검사를 수행하는 것은 학업곤란의 원인을 밝혀내는데 도움이 될 수 있다.

### (1) 학습부진의 유형

학업문제 중에서 가장 두드러진 것은 학교학습에서의 부적응이다. 교과학습에 어려움을 겪고 있으며 자존감도 낮고 주의가 산만하여 학교 생활에 재미를 느끼지 못하고 경우에 따라서는 친구가 없고 의욕도 없으며 실패에 대한 두려움이 많은 학생을 종종 발견할 수 있다. 학습부진아라고 지칭되는 학생이 바로 그들이다. 학습부진은 한 개인이 특정한 영역에서 제대로 하지 못하거나 기대했던 것보다 말하지 못할 때 통상적으로 쓰이는 포괄적인 용어이다. 그러나 실제로 정확하게 합의하기란 그렇게 간단하지 않다(김계현 외, 2000). 그러므로 용어의 의미를 보다 정교하게 사용하기 위해 명확하게 구분하기는 어렵지만 학습부진을 좁게 해석하여 다른 유사 개념을 정리하여 제시하면 다음과 같다(김동일, 1999 ; 대한특수교육학회, 1986 ; 백욱현, 1993).

#### 1 학습지진아(slow learner)

지능으로 대표되는 지적 능력의 저하로 인하여 학업성취가 뒤떨어지는 아동을 말한다. 즉 학습지진아는 경계선급 경도 장애를 보이며 따라서 학습수준도 평균수준에 미치지 못하게 된다. 지능수준은 3~25% 가량이며 지능지수도 약 75~90 정도 사이에 속하게 된다.

#### 2 학습저성취(low achievement)

학습부진과 자주 중복하여 쓰는 개념으로써 일반적으로 성취수준은 집단별로 구분하면 하위집단에 속하는 아동을 일컫는다. 이 개념은 잠재적인 능력수준이나 지적 능력을 고려하지 않고 결과로서 나타난 학업성취 수준을 이야기한다. 하위 5% 혹은 하위 20%의 성취수준을 보이는 아동들을 지칭할 때 흔히 이러한 용어를 사용한다.

#### 3 학업지체(academic retardation)

국가적으로 혹은 지역적으로 규정된 학년 · 학기의 학습목표를 달성하지 못하여 지체되는 경우로서 다른 아동들에 비하여 누적된 결손을 보이게 된다.

### 4 학습부진(underachievement)

학업 영역에서 나타나는 학업성취 수준이 학생이 지닌 잠재적인 능력(지적능력 수준)에 미치지 못하고 현격하게 뒤떨어지는 상태를 가리킨다. 이는 소위 불일치 준거에 의하여 설명하는 능력－성취의 편차이다. 불일치로서의 학습부진(academic underachievement)은 학년 · 수준의 편차(derivation from grade or age level). 기대학령 공식(expectancy formula's), 회귀공식(regression), 표준점수 차이(difference between standard scores) 등의 조작적 정의가 이루어진다(김동일, 1998).

### 5 학습장애(learning disability)

학습장애는 정신지체 · 정서장애 · 환경 및 문화적 결핍과는 관계없이 듣기 · 말하기 · 쓰기 · 읽기 및 산수 능력을 습득하거나 활용하는데 심한 어려움을 한 분야 이상에서 보이는 장애이다. 이러한 장애는 개인에 내재하는 지각장애 · 지각운동장애 · 신경체계의 역기능 및 뇌손상과 같은 기본적인 정보처리 과정의 장애로 인하여 나타난다(서울대학교 교육연구소, 1994).

① **학습장애의 분류**

- 1차 장애(발달적 학습장애) ―학생이 교과를 학습하기 전에 갖추어야 하는 신체적 기능(주의집중력 · 기억력 · 인지기능 · 사고기능 · 구어기능)을 포함한다.
- 2차 장애(학업적 학습장애) ―학교에서 습득하는 학습기능(읽기 · 쓰기 · 셈하기 · 작문)을 포함한다

② **지각장애** : 외부의 자극을 눈, 코, 입 등의 감각기관을 통해 수집한 정보를 뇌 안으로 받아들이는 중앙입력과정의 장애이다. 예를 들면, 시지각 장애, 청지각 장애 등이 있다.

③ **기억장애**

- 시각성 단기기억 장애 ―눈으로 보고 배운 지식을 기억 못하는 것이다.
- 청각성 단기기억 장애 ―듣는 것을 통해 배운 지식을 기억하지 못하는 것이다.

④ **출력장애** : 저장된 정보를 언어, 근육운동(쓰기, 그리기, 몸짓하기 등)을 통해 출력하는데 문제가 되어 타인과 의사소통에 문제가 생긴다.

### (2) 학습부진의 특성

학습부진은 독특한 요인들의 조합으로 이루어져 있다. 이러한 요인들은 아동의 생활과 복잡하게 상호연관되어 있다. Strange(1951)은 부모, 교사, 또래들에 의한 부적응 요인으로 부모의 지나친 압력, 부모의 무관심과 방치, 삶에 대한 기본적 태도를 개발할 수 있는 기회의 부족, 재정적 한계, 사고와 공부방법에 대한 지도의 부재 및 폭넓고 도전적인 교육과정의 부재를 들었다.

Taylor(1964)는 많은 연구 결과들을 검토하여 학습과진아와 학습부진아의 일곱 가지 비교 특징을 열거하였다.

**1 학업불안**

학습과진아는 불안이 덜하고 목표달성에 대한 내적 통제력과 긴장감이 있는 반면 학습부진아는 불안을 가지고 있다.

**2 자존감**

학습과진아는 자신을 수용하고 낙관적이며 자기 신뢰감과 적절감을 가진 반면 학습부진아는 자기 비판적이고 부적절감을 가지고 있다.

**3 성인과의 관계**

학습부진아는 추종 · 회피 · 맹목적 반항 혹은 부모에 대한 적대감을 가지고 방어적으로 행동한다.

**4 대인관계**

학습부진아는 거절감이나 고립감을 느끼기 쉽고 무관심하고 타인에 대해 비판적이다.

**5 독립과 의존간의 갈등**

학습부진아는 보다 더 의존적이며 갈등이 크다.

**6 활동패턴**

학습과진아는 학업 지향적이고 학습부진아는 사회 지향적이다.

### 7 목표설정

학습과진아가 보다 현실적이고 성공적인 반면 학습부진아는 목표에 대해 비현실적이고 계속적으로 실패하게 된다.

학습부진아는 반사회적 성격 · 낮은 포부수준 · 빈약한 가족관계 · 학교 활동에 대한 부정적인 태도를 가진다. 학습부진 아동들의 특성들은 그들의 부적응, 실패, 거절에 대처하는 방식의 결과로서 성격과 행동으로 발전될 수 있다. 따라서 이러한 가능성이 면밀한 검토를 통해 자기지각과 학습부진을 방지할 수 있는 교육적 환경을 설계할 수도 있다.

## 3. 정서발달과 관련된 부적응 행동

### 1) 유치원이나 학교에 가기 싫어하는 행동

어린이가 유치원이나 학교에 가지 않으려고 하는 것은 종종 잘 나타나는 현상이다. 신학기 초에 이러한 현상을 나타내는 어린이들을 발견하기가 쉬운데, 며칠 동안 유치원에 오지 않다가 가족이나 교사의 노력에 힘입어 쉽게 다시 등원하는 어린이가 있는가 하면 영영 등원을 거부하는 어린이도 있다. 등원의 거부 원인은 다음과 같다.

#### (1) 부모와 격리되는데 대한 불안

어린이가 처음에는 어머니 혹은 주양육자에게 거의 전적으로 의존하지만 점차 그들로부터 물리적 · 심리적으로 독립해 나간다. 그러나 4~5세가 되어도 어머니로부터 물질적 · 심리적 격리가 불가능한 어린이가 있다. 이러한 어린이는 대체로 가정에서도 어머니나 가족과 떨어져 있지 못하며 엄마 혼자서 외출하는 일도 거의 불가능 하다. 이러한 어린이는 자기의 어머니와 떨어져야 할 가능성이 있는 장소나 생활에 대해서 두려워한다.

### (2) 유치원 집단의 매력

주로 가정 속에서만 생활하던 어린이가 유치원에 입학하였을 경우에 유치원의 건물 시설, 설비에 대한 생소함이나 교사의 권위에 대한 두려움이 하나의 압력으로 어린이에게 전달된다. 이러한 압력에 처하게 된 어린이는 자기 스스로 그 압력을 극복해 내겠다는 자신이 서지 않을 경우 자기대로의 위기의식을 가지게 되고 또한 그 위기의식으로 인해 등원을 거부하게 된다.

### (3) 자의적 욕구가 억제되는 불안

유치원에서의 생활은 1학급낭 3~40명 난위로 묶인 단체생활이기 때문에 어린이 개개인이 가지고 있는 욕구나 원망은 단체생활에 알맞게 변형되거나 조정되지 않으면 안 된다. 아직도 자기중심적인 경향을 완전히 벗어나지 못한 원아에게 단체생활이란 유치원 생활에서 가정에서와 같이 자기 기분대로 할 수 있는 것들이 정해진 규칙이나 시간의 틀 속에 묶이게 된다. 이 때 어린이는 좌절감이나 긴장을 느끼게 된다. 이러한 좌절감과 긴장으로 인해 어린이는 등원을 거부하기도 한다. 이런 경우는 과잉보호 속에 자라난 어린이에게 많이 나타난다.

### (4) 가정과 유치원과의 불일치

어린이가 유치원에 잘 다닌다는 것은 단순히 가정에서 유치원으로의 이행만이 아니라 현실적으로는 유치원과 가정이라고 하는 다른 두 영역에 동시적으로 적응해 나가야 한다는 의미를 가지고 있다.

### (5) 기타의 원인

신경증(노이로제)의 한 증상으로 등원을 거부하는 경우가 있다. 예를 들면, 엄마가 집에서 죽을지도 모른다는 생각, 자기가 길에서 유괴될지도 모른다는 생각 등이 강박적으로 떠올라서 유치원에 가기가 어렵게 되는 경우가 있다. 이런 어린이는 등원도중이나 어린이교육 활동 도중에 집에 자주 돌아온다.

때로는 어머니의 불안이나 신경증이 암암리에 어린이로 하여금 등원을 못하도록 만들기도 한다. 자녀가 유치원에 입학함으로써 매일 몇 시간 동안 혼자 있게 되는 어머니의 경우, 그동안 심한 불안을 느끼게 될 수 있다. 예컨대, 어린이에게 어떤 사고가 나지 않을까 하는 걱정 등을 강박적으로 가지고 있을 경우에 그 어머니는 자녀의 등원 거부를 무의식적으로 지지, 허용해 주게 되는 경우이다.

그 외에 동생의 출생, 장기간의 질병, 유치원에서의 불쾌한 경험 등이 등원 거부의 원인이 되기도 한다.

위에서 제시한 여러 가지의 원인으로 등원을 거부하는 어린이를 상담하기 위해서는 무엇보다 그 원인을 분명하게 밝혀 내는 것이 좋다. 등원 거부에 대한 원인이 규명되었으면 거기에 알맞은 치료법을 찾아 내어서 적절한 지도를 해 나가야 하는데 가급적이면 부모상담을 곁들이는 것이 효과가 있다. 또한 등원을 같이 할 수 있는 또래를 찾아 교우관계를 맺어 주고, 유치원 생활에 쉽게 적응이 되도록 한 걸음 한 걸음 문제에 접근시켜 나가는 지도방법이 적절할 것이다.

### 2) 말더듬이

S. A. Kirk에 의하면 말더듬이란 말, 음절, 낱말 혹은 문장의 부분들이 되풀이되거나 지나치게 부적당한 연장(prolongations)에 의해 분열되거나 파열된 말의 리듬으로써 말을 하는 하나의 패턴이라고 한다. 즉 말더듬이란 일반적으로 말에 있어서의 리듬의 장애라는 것이다. 실제로 말하는 동안 누구에게든지 리듬의 변동이나 말하는 타이밍(timing)의 변화, 말의 흐름의 변화, 그리고 말의 주저함 혹은 말의 중단 등의 현상이 나타난다.

그러나 말더듬이는 그 정도가 심해 말하는 시간이나 리듬 등을 잘 조절할 수가 없다. 말더듬이는 소리를 내기 시작한 초기에 좀처럼 발음이 되지 않거나 막혀버리거나 발음이 되풀이되기만 하고 앞으로 나가지 않는다는 특징을 가지고 있다.

일반적으로 남아가 여아보다 말더듬이가 더 많다. 말더듬이는 특히 언어활동이 왕성한 3, 4세 전후부터 시작되는 경우가 많다. 이 시기에는 어린이가 자기생각을 빨리 충분히 표현하고자 하지만 발성기관의 조정이 아직 불충분하기 때문에 발음이 잘되지 않고 더듬이처럼 말하기가 쉬워진다. 그러나 보통은 발성기관의 조정이 진행됨에 따라 점점 익숙하게 말하게 되지만 주위의 사람들이 주의를 준다든가 질책을 한다든지 하면 발음하는데 정서적인 긴장이 생겨서 오히려 발음이 익숙하게 되지를 못한다.

일반적으로 말더듬이 현상이 심할 때의 치료법으로서는 놀이치료(play therapy), 언어치료(speech therapy), 음독요법(oral reading therapy), 심리치료 등이 효과가 있는 것으로 알려져 있다.

### 3) 불안 · 공포

어린이의 공포증은 아직 자기가 경험하지 못한 다른 모양의 것, 혹은 자기의 능력으로 지배할 수 없는 것, 또는 이러한 것들의 돌발적인 출현에 대한 하나의 위험신호로써 나타난다. 따라서 경험 영역이 좁고 무기력한 어린이에게 공포증이 많이 나타난다.

어린이의 공포증은 유전적으로 나타나는 경우도 있지만 대부분이 발달 단계에 따라 서서히 얻어지는 후천적인 학습의 결과에 기인하여 나타나는 것이 많다. 대체로 어린이의 공포증은 과거에 좋지 않은 경험을 했다든지, 부모가 공포를 느끼는 대상에 대하여 자기도 공포를 느끼게 되는 모방 등에 의해서 생긴다. 또한 상상력과 결부시킴으로써 지금까지 표시하지 않았던 공포증을 가지게 되기도 한다. 예사로 혼자서 집을 잘 지키던 어린이가 겁을 내기 시작하고 갑자기 화장실에 가기를 꺼려하는 경우도 이러한 예가 된다.

어린이의 공포증은 부모나 교사의 교육방법과도 관련이 있는데 그 중에서도 부모나 교사가 어린이에게 위협을 통해 말을 듣게 하는 것이 가장 큰 요인으로 지적되고 있다.

그러나 어린이 중에는 이러한 원인이 그다지 심하게 작용하지도 않는데 병적으로 무엇에 대하여 공포증을 느끼는 어린이가 있다. 즉 감수성이 예민한 어린이라든지, 다소 신경질적인 어린이라든지, 혹은 정서적으로 불안정한 어린이라든지, 또한 가정 내에서 부모로부터 전적인 사랑 내지 수용을 받고 있다는 의식이 희박하거나 마음으로부터 우러나오는 우리 가족의 일원이라는 의식이 적은 어린이의 경우가 그러하다. 대개 이런 부류의 어린이들은 보통이라고 생각되는 어린이들보다 더욱 공포증을 강하게 느끼고 있는 것으로 나타나고 있다.

이와 같이 공포는 그 원인이 대개의 경우 어렸을 때부터 공포를 느끼는 좋지 않은 경험을 자주 해왔기 때문에 알게 되었고 몸에 배게 된 것이므로 이것이 치유되기 위해서는 반대로 공포에서 벗어나려는 많은 노력과 반복을 통해서만이 가능해진다.

공포를 제거함에는 우선 원인을 발견해 내는 노력이 중요하다. 그 다음에는 모든 어린이가 자신감과 신뢰감을 가질 수 있도록 유치원 생활이나 가정생활에서 분위기와 환경을 만들어 주어야 한다. 그리고 끈기 있게 지도해 나가야 한다. 공포증이 심하게 나타나는 어린이는 전문가에게 의뢰하여 심리치료를 받는 것이 좋다.

### 4) 주의산만

어린이들은 대개 주의집중 시간이 짧지만 그 정도가 심하게 나타나는 어린이들이 종종 나타난다. 이런 어린이가 많은 경우에 교실이나 가정은 늘 소란스러우며, 전체적인 균형이 늘 깨지게 된다.

어린이가 주의가 산만한 것은 대부분이 부모의 양육태도와 관련을 맺고 있다. 부모가 늘 바쁘거나 급한 성격을 가지고 있어 밥을 먹는다거나, 옷을 입는다거나, 화장실에 머무른다거나 하는 어린이의 일상생활에서 늘 어린이에게 '빨리 할 것'을 강요하고 재촉하는 경우에 어린이는 주의가 산만한 어린이로 성장하게 된다.

또한 어린이가 주의산만한 성격을 가지게 되는 데는 가정 자체가 침착하지 못한데도 그 원인이 있다. 가족의 수가 많고, 또 가족들이 너무 바빠서 잠시도 마음 놓고 있을 시간이 없고, 손님이 많이 드나들고, 이사를 자주하고, 부부의 불화가 잦은 가정에서 자라나는 어린이는 마음에 안정감이 없고 항상 초조하기 때문에 주의가 산만하게 된다. 특히 아버지 어머니가 자주 싸우고, 어머니가 신경질적인 자녀는 항상 부모의 태도와 얼굴빛을 살펴야 하고, 마음 놓고 포근하게 생활할 수 없는 경우에 주의 산만한 현상이 나타난다. 그리고 형제끼리 비교하고 대립시켜서 경쟁하게 하거나, 부모가 자녀를 과보호, 익애를 해도 그렇게 된다.

어린이를 보살펴 주는 사람이 너무 많아도 주의가 산만해지는 반면에 부모가 꾸중을 많이 해도 침착하지 못한 성격에 영향을 미친다. 그 뿐 아니라 지능이 낮은 경계선급(borderline)의 어린이에게서도 주의 산만한 증세가 나타나기도 한다. 어린이에게 백일몽(daydream)의 증세가 있어 공상의 세계에 사로잡혀 있다든지, 부모나 교사의 관심을 끄는 방법으로 과다 행동이 나타나는 경우도 있다. 또한 어떤 질환이 주의가 산만한 행동의 원인이 되기도 한다. 간질병, 매독, 분만시의 이상에 의하여 주의가 산만해지는 어린이가 되는 수도 있다.

주의 산만한 어린이에게는 가족들이 항상 평온한 마음으로 대해 주고, 지나친 간섭이나 엄격 혹은 방임되지 않도록 해야 한다. 잘한 것이든 못한 것이든 해낸 일의 결과에 대하여 적당히 칭찬해 주고 인정해 주고 격려해 주어야 한다. 교육기관에서도 어린이들에게 가능하면 변화가 있고 권태를 느끼지 않는 프로그램을 제공해 주어야 하며, 과제도 단 시간에 할 수 있는 것을 주어야 한다.

### 5) 낭비벽

돈을 낭비하고 별로 필요 없는 물건을 사는가 하면 일용품이나 학용품 같은 것을 함부로 다루고 절약할 줄 모르는 어린이는 부유한 가정의 어린이에게서 뿐만 아니라 비교적 여유가 없어 보이는 가정의 어린이에게서도 찾아볼 수 있는 현상이다.

돈, 학용품, 일용품 등을 함부로 사용하는 어린이는 돈이나 물건에 대한 건전한 태도나 생각을 하지 못한다. 어린이가 절약하고 검소하게 생활하는 태도를 습득하지 못하는 것은 다음과 같은 원인에 기인하고 있다.

① 어린이가 돈이나 물건의 값어치에 대한 인식과 가치있게 사용하는 방법을 습득할 기회가 없었기 때문이다.

② 돈을 아껴 쓰고 물건을 절약하여 사용해야 된다는 것을 잘 알고 배웠음에도 불구하고 자제력이 약하고 절제력이 없기 때문이다.

③ 허영심이나 자기 과시 욕구 때문에 낭비하게 되는 경우가 있다.

④ 어린이가 친구들 사이에서나 가정에서 또는 유치원에서 충분한 관심을 받지 못하고 있다는 생각을 가지고 있을 때 낭비를 통해 또래들로부터 인정받으려고 한다. 이 때 낭비벽이 조장되는 경우가 있다.

⑤ 유치원 주위나 동네에 있는 만화가게, 전자 오락실과 같은 소비성향을 자극하는 곳의 출입 및 뽑기나 당첨을 통해 큰 물건을 차지하는 것과 같은 사행심을 조장하는 업소의 빈번한 출입에서 낭비벽이 생기는 경우도 있다.

⑥ 부모가 어린이를 키우는 가운데 무엇이든지 어린이가 요구하는 것은 전부 가질 수 있게 해 준 버릇이 낭비벽을 조장하기도 한다.

어린이의 낭비벽을 지도하기 위해서는 어린이의 나이와 필요에 따라 자기의 욕망을 억제하고 적절한 선에서 참을 수 있는 버릇을 키워 주는 것이 중요한 문제가 된다.

### 6) 수줍음 · 부끄러움

부끄러워하거나 수줍음을 타는 것은 자신의 주변 환경에 능동적으로 참여하기를 피하려는 시도이다. 수줍음이 많은 어린이는 낯선 사람을 만날 때, 낯선 곳에 갈 때 그리고 많은 사람들 앞에서 얘기할 때 특히 어려움이 많다. 이런 어린이들은 일반적으로 자신감이 적고, 당황스러워하고, 실패에 대해 두려워한다. 그리고 다른 사람들이 자기를 어떻게 생각하는지에 대해 예민하게 반응하고, 대인관계 기술에 결함이 많은 것이 특징이다.

부끄러움을 타는 어린이는 대체로 자신감이 결여되어 있는 것이 특징이다. 따라서 어린이가 좋아하는 활동이나 쉽게 할 수 있는 활동을 제공하여 교사의 칭찬을 통해서 어린이의 노력을 격려하고 촉진시켜 준다. 또한 자신이 좋아하는 다른 어린이와 공동 작업과 소규모 집단 활동에 참여하도록 하여 적극적으로 활동을 할 수 있도록 한다. 자신감이 부족한 어린이는 열등감이 형성되어 있으며 그리하여 소극적인 태도를 나타내므로 교사는 특히 다른 어린이와 비교하여 평가하는 일이 없도록 해야 하며, 소집단 활동에 참여하는 경우에 그 어린이가 한 활동 중에서 잘한 점을 찾아내어 칭찬해 줌으로써 용기를 갖도록 해야 한다. 개인활동으로는 교사의 심부름, 꽃에 물주기, 또래들에게 필요한 자료 나누어 주기 등 쉽게 할 수 있는 일을 시켜 능력과 적극성을 길러 주어야 한다. 그리고 하는 활동이 어려운 경우에는 그 과제를 작은 단위로 나누어 하기 쉽게 만들어 준 후에 하도록 하고, 하는 일마다 성공할 수 있도록 조력과 격려를 한다.

### 7) 손가락 빨기 · 손톱 깨물기

손가락 빨기와 손톱을 물어뜯는 행동은 부모 – 자녀관계에서 어린이가 만족하지 못한 무엇인가가 있다고 생각된다. 특히 어린이들이 충분한 사랑과 배려를 경험하지 못하였거나 부모가 너무 권위적이고 엄격한 규율 속에서 자라거나, 반대로 부모의 사랑이 너무 지나쳐 어린이가 자발적으로 무언가를 수행하는 것이 허락되지 않는 환경이 원인이 된다. 너무 과보호로 키워진 어린이는 욕구불만 인내성이 낮다. 그래서 외부로부터의 약한 정서적 자극도 극복할 만큼 자아가 강하지 못하다. 어려운 상황이나 새로운 장면에 울거나 떼를 쓰기도 하며 어떤 경우에는 손가락을 빨거나 손톱을 물어뜯는 행동이 나타나기도 한다.

이런 행동은 영아기의 구강적 욕구충족을 바라는 퇴행현상으로 이해할 수 있다. 현실의 어렵거나 만족하지 못하는 상황에서 도망하려는 수단으로 2세 전후의 어린이에게 일반적으로 나타난다. 그러나 4, 5세가 되어도 손가락을 빨거나 물어뜯는 행동이 남아 있으면 문제가 된다.

### 8) 틱(tic) 장애

틱은 일반적으로 5세경에서부터 9세에 걸쳐서 많이 일어난다. 틱은 근육의 불수의 운동이며 본인의 의사와는 상관없이 근육이 수축하거나 경련하는 증상이다. 이것이 나타나기 쉬운 부분으로는 눈꺼풀, 입주위 등으로 대부분 얼굴이나 목, 손, 발 등이다.

틱의 원인으로 유전적, 소질적 요인을 지적하는 학자도 있으며, 심리적, 환경적 요인을 강조하는 연구자도 많다. 틱 그 자체는 유전성이 아니지만 틱이 되는 소질의 유전성, 즉 과민성 체질이나 자율신경계 실조 등이 기초가 되어 틱을 발생하기 쉬운 가능성이 있을 것으로 생각된다. 틱은 유전적 · 소질적 요인, 기질적 요인, 환경적 · 심리적 요인들이 서로 관련되어 비로소 틱으로 발전되는 것이다.

여기서는 심리적 요인이나 외부자극에 의한 틱을 생각하기로 한다.

그리고 틱 증상을 나타내는 유아는 성격적으로도 신경질적이며 빈틈이 없고 섬세하며 상처받기 쉬운 특성을 가지고 있는 경우가 많다. 유아가 유치원이나 학교에 입학, 가까운 사람의 죽음 등의 환경의 변화, 그리고 부모의 지나친 간섭이나 엄격뿐만 아니라 익애나 과보호 등은 정신적 부담이나 심적 긴장을 높여주기 때문에 틱을 발생시킬 가능성이 크다. 또 부모나 교사의 평가에 민감하며 부모의 기대나 요구에 맞추려고 자신의 감정을 부당하게 억누르며 무리하게 자기의 능력 이상으로 보이려고 하기 때문에 정서적인 긴장이나 갈등 상태가 심해져서 증상이 고정화된다. 지도상으로는 틱이 나타나면 주의를 주거나 질책을 하지 않는 것이 좋다. 오히려 이것이 증상이 나타나는데 대한 불안을 가중시켜 증상을 더욱 악화시킨다. 틱은 저절로 없어지는 경우가 많으므로 증상이 심하지 않으면 얼마 정도는 무시하고 그냥 놔둘 필요가 있다.

## 4. 사회성 발달과 관련된 부적응 행동

가장 변화가 많은 시기에 성장 발달해 나가는 아동에게는 한 개체로서 살아가려는 생리적인 욕구뿐만 아니라 애정, 소속감, 사회적 승인, 독점 등의 인격적, 사회적 요구도 강하게 나타난다. 아동들은 그를 둘러싸고 있는 사회의 공통의 목표, 즉 사회적 행동의 규준이나 기대되어지는 역할, 행동에 맞도록 생활을 해야 한다. 그렇지 못할 경우에 반사회적 또는 비사회적 행동이 나타내게 된다. 이와 같은 반사회적 · 비사회적 행동은 아동이 사회 환경에 적응하기 위한 생활능력과 생활기술을 습득하지 못했거나, 또는 성장과정에서의 부모의 사랑을 못 받고 방치되거나, 거부되거나, 너무 과잉보호 됨으로써 사회화 되어질 행동에 여러 가지 지장을 가져오는 것 등이 요인이 되어 나타난다.

아동의 사회성 발달의 문제로서는 반항적이며 공격적인 행동, 도벽, 거짓말, 지나친 의존심, 싸움 등이 있다.

### 1) 반항적이며 공격적인 행동

아동들은 부모나 교사 및 사회화의 관계에 있어 흔히 좌절당하고 실패를 하고 해를 입는 경험을 여러 번 겪게 되는데, 그런 어려움에서부터 자신을 방어하기 위하여 부정적인 태도를 나타내게 된다. 어른의 입장에서 볼 때 아동이 하는 일이 못마땅해서 계속 못하게 하면 그들은 용기를 잃고 자신이 없어지며 두려움에 사로잡히게 된다. 그리하여 때로는 반항적인 행동을 하거나 고집만을 부리는 고집쟁이가 되기도 하고 공격적인 성격의 소유자가 된다. 이러한 반항적이고 공격적인 태도가 오래 지속되고 굳어지면 청소년기 이후에는 범죄행위를 초래할 가능성이 많아진다. 이와 같은 성격은 잠재되어 있다가 때로는 어떤 일을 계기로 갑자기 우발적으로 범죄를 일으키기도 한다. 물론 이 때의 부정적인 태도가 항상 범죄의 근원이 된다는 의미는 아니다. 범죄행위는 아니더라도 이러한 행동은 한 개인을 불행하게 만들고 어른에게 신경질을 부리며 달려들기를 잘하고 항상 어른과 맞서는 입장을 취하고 잘 삐뚤어지며 어른의 명령에 순종하지 않는 행동을 취하게 된다는 것이다.

반항적이며 공격적인 행동의 대부분은 어린시절에 부모로부터 저지당한 좌절감의 결과에 기인하는 경우가 많은데, 여기서는 거짓말, 속임, 허풍떠는 것 등까지도 포함하게 된다. 이와 같은 행동은 습관적인 자기 존속성이라고 할 수 있다.

때때로 아동에게 있어 반항적이거나 공격적인 행동은 자기의 욕구를 만족시키기 위한 수단으로 나타나기도 한다. 어떤 놀잇감을 차지하기 위해서 다른 아동을 때리거나 밀치는 것이 그 좋은 예가 된다. 때로는 자기가 힘이 더 세다는 우월감을 맛보기 위해서 공격적인 행동을 취하기도 한다. 이런 자기 욕구가 만족되는 경험이 강화가 되면서 아동들은 반항적, 공격적인 행동을 학습하게 되며 그 행동을 통해 반항적 공격적 행동은 버릇으로 고착될 수도 있다.

아동들의 공격행동은 반항이나 공격성이 표현되는 방식에 따라 이를 언어적 공격, 행동적 공격, 물건 파괴 등으로 다음과 같이 나누어 볼 수 있다. 첫째, 언어에 의한 공격으로서는 '욕', '비난', '언쟁' 등이 있다. 자신에게 피해를 입힌 사람이나, 자기의 욕구를 좌절시킨 사람에게, 혹은 단순히 타인을 놀리거나 괴롭히기 위해서 그와 같은 언어적 공격을 나타낸다.

둘째, 행동에 의한 공격은 '때리기', '할퀴기', '물어뜯기', '발로차기', '돌멩이나 물건을 던지기', '꼬집기' 등으로 나타난다. 이런 행동들은 보통 분노나 욕구 좌절에 대한 반응으로 나오지만 때로는 갑자기(별 이유가 없어 보이는데) 나타나기도 한다.

셋째, 사람에 대해서 공격성을 표현하지 못하는 대신에 그런 욕구를 다른 대상에게 표현하는 것이다. 예컨대, 인형을 때리거나 머리카락을 잡아뜯기, 잘 쌓아놓은 블록을 넘어뜨리기, 혹은 유리창을 깨기 등이다.

아동의 반항적이며 공격적인 행동은 좌절감, 자기 욕구충족의 수단, 학습에 기인하고 있는데 이들을 지도할 때는 무엇보다 그 행위의 원인이 어디에 있는가를 잘 살펴보아야 한다.

### 2) 도 벽

훔치는 버릇은 두 가지로 구별되는데 하나는 정상적인 아동에게 가끔씩 나타나는 습관적인 도벽과 다른 하나는 신경증 증세가 있는 아동에게 나타나는 현상이다. 정상적인 아동이 갖고 싶다는 단순한 욕망이나, 다른 아동이 훔치는 것을 목격했다거나, TV에서 훔치는 장면을 본 후에 그 행위를 모방하고 싶은 모험심, 또는 호기심 때문에 훔치는 행동을 할 수가 있다. 또한 아동은 원래 자기 중심적이기 때문에 대개 12~13세까지는 내 것과 네 것이라는 개념, 즉 소유권 개념이 완전하게 형성되어 있지가 않다. 따라서 이 시기의 아동은 내 것과 남의 것을 명확하게 구분하지 못하며 남의 것을 훔친다는 것이 나쁘다는 것을 깨닫지 못하는 경향이 있다. 따라서 정상적인 아동도 도벽이 나타날 수가 있다.

신경증 증세와 관련된 도벽은 보다 습관적이고 충동적이다. 신경과민적 경향을 띤 도벽은 일반적으로 애정 결핍이나 허약체질에서 기인하는 경우가 많다. 그리고 그 동기는 대부분이 무의식적인 것이다. 특히 사랑을 받지 못했다고 느끼는 아동에게 있어서 훔친다는 것은 아주 가치있는 것을 갖겠다는 상징적인 시도가 된다. 훔친 물건이 돈이든 무엇이든 무의식적으로 가지고 있는 소망은 사랑을 훔치는 것이 되는데 이런 경우에는 아동에게 사랑을 줌으로써 치료가 될 수 있다.

또한 공포와 증오도 도벽의 원인이 되기도 하는데 지도과정을 통해서 이러한 요소들을 제거해 주도록 노력해야 한다. 특히 신경증적 도벽은 갖고 싶어하는 욕구와 가져서는 안 된다는 도덕성간의 갈등에서 오는 것이 많으므로 이 갈등을 해소시켜 주도록 해야 하며 선악에 대한 관념을 올바르게 갖도록 행한다.

그러나 이와 같은 도벽이 부모의 애정 결핍 또는 성에 대한 지나친 금기로 인해 생긴 것이라면 부모의 노력과 협조 없이는 교사도, 다른 치료자도 이러한 병적인 도벽을 치료하기는 매우 어렵고 복잡해진다. 따라서 도벽이 있는 아동을 지도할 때는 부모가 어떻게 그 아이를 양육하고 취급했는가 등을 놓고 부모를 먼저 살펴볼 필요가 있다.

정상적인 아동이 나타내 보이는 도벽을 효과적으로 지도하는 방법은 훔치는 빈도, 소유권 개념의 발달 수준, 훔치게 된 원인에 따라 달라진다. 우선, 소유권에 대한 개념이 충분히 형성되지 않은 아동이라면 그것을 설명하고 가르쳐야 한다. 아울러 훔치는 행동은 나쁜 짓이고 절대로 훔쳐서는 안 된다는 것도 가르쳐야 한다. 그러나 이 때 너무 강한 처벌을 가하면 아동에게 심리적 상처를 줄 우려가 있다. 훔치는 빈도가 적다면 크게 문제시하지 말고, 그 원인이 무엇인가 생각해 보도록 하는 것이 좋다. 즉, 아동에 대한 관찰을 자세히 하고 부모상담을 하여 원인을 찾도록 하는 것이 중요하다. 만약 용돈의 부족이 주요 원인이라면 용돈을 적절히 주도록 부모에게 이야기하며, 친구의 행동을 모방해서 훔친다면 그러한 친구와 접촉하지 않도록 하거나 혹은 그 친구까지도 지도의 대상으로 해야 한다.

훔치는 것이 습관화된 아동이라면 좀더 조심스럽게 지도해야 한다. 훔치는 습관도 문제지만 그런 경우에는 대체로 부모와 가정에 문제가 많기 때문이다. 부모상담을 하더라도 그러한 점을 고려해서 상담에 임해야 한다. 예컨대, 아동에 대해서 매우 거부적인 부모의 경우, 그 부모는 자녀의 훔치는 행동에 대해서만 관심과 걱정을 나타낼 뿐, 자기의 태도가 아동의 나쁜 행동에 미치는 영향을 깨닫지 못한다. 그런 사실을 부모가 인식할 수 있도록 만들려면 상당히 기술적인 상담을 할 수 있어야 한다. 따라서 습관적으로 훔치는 아동의 경우에는 일단 부모와 상의해서 전문가에게 치료를 의뢰하는 것이 안전한 방법이다.

### 3) 거짓말

아동들은 주로 현실 세계와는 달리 상상이나 공상의 세계에서 생각을 하게 되므로 가끔 현실과 공상을 구별할 능력이 부족하여 공상을 그대로 행동으로 옮겨 거짓말을 종종하게 된다. 아동들이 주로 하는 거짓말의 내용을 분석해 보면 대개가 사실에 대한 단순한 불평, 사실 이상으로 과장하는 것, 없었던 사실을 있었던 것처럼 날조하는 것, 어떤 잘못되어진 결과를 다른 사람에게 전가시키는 것 등과 관련을 맺고 있음을 알 수 있다.

아동들이 거짓말을 하는 주된 원인으로서는 A. Fromme은 칭찬과 사랑의 부족, 자신의 잘못의 은둔, 처벌의 모면, 일반적인 적개심을 들 수 있다(장선철, 1992). 이 밖에도 어린이의 거짓말을 종합하여 구분해 보면 다음과 같은 원인에서 나타난다.

① 상상의 거짓말(공상과 현실의 혼동)
② 함부로 지껄이는 거짓말(탄로나도 문제없을 때)
③ 주목 끌기 위한 거짓말(존재를 몰라 줄 때)
④ 복수의 거짓말(화가 났을 때)
⑤ 변명의 거짓말(꾸중의 말을 피하려고)
⑥ 이기적인 거짓말(남을 속여 이익을 얻으려고 할 때)
⑦ 충성변호의 거짓말(친구를 구해줄 때)
⑧ 사교적인 거짓말(방편으로써)

아동의 거짓말 버릇을 고치기 위해서는 무엇보다 부모나 주변의 어른들은 아동에 대하여 진실하고 솔직하도록 노력하는 가운데 모범을 보여야 한다. 또한 아동상담에서는 상상의 거짓말과 사실상의 거짓말을 구별해 사실상의 거짓말만 문제로 삼는 것이 좋다.

### 4) 싸 움

아동은 싸우면서 자란다는 말과 같이 4, 5세경의 아동은 '싸움의 시기'로 특징지워진다. 이 시기의 아동은 서로 만나거나 어울리기만 하면 싸움을 하게 되는데 이는 그들의 마음이 자기 중심적이고 아직 미분화된 상태에 처해 있기 때문이다. 그러나 아동들의 싸움은 어른의 경우와 같이 심각하거나 정서적으로 해소하기가 어렵지는 않으며, 자주 일어나나 간단하게 처리되어 뒤에 남기는 것이 없는 것이 또한 특징이다. 주로 아동들은 자기의 욕구가 방해되었을 때 그 욕구를 달성시키려는 자기 주장이 강하기 때문에 싸움이 곧잘 일어나는데 싸움의 표면적인 이유를 제시하면 다음과 같다.

① 친구로부터 신체적·언어적인 직접·간접적인 공격을 받았을 때

② 자기소유의 물건이나 영역이 친구나 형제로부터 침해당하였을 때

③ 친구나 형제가 같이 놀아주지 않거나 놀리는 등 사회적 욕구를 저지당할 때

④ 친구나 형제가 약한 사람을 괴롭히거나, 약속을 지키지 않거나, 나쁜 짓을 하는 것을 보았을 때

⑤ 자기나 자기의 친한 친구, 그리고 자기의 동생이나 형의 다른 친구나 동네 아이들에게 부당한 대우를 받고 있을 때

⑥ 부모나 교사가 자기보다 자기 친구나 동생, 또는 형을 더 사랑하고 있다고 느낄 때

아동들의 싸움문제를 대상으로 상담할 때는 다음의 것들을 유의하여야 한다.

① 아동이 싸움을 하는 의미를 생각하고 과도한 주의나 억압을 가하지 않는다.

② 싸움을 자주하는 아동은 그 원인을 잘 생각하여 아동의 심리적인 불만이나 불안을 없애 주고 다른 놀이를 하게 하여 싸우려고 하는 감정을 발산할 수 있는 기회를 준다.

③ 아동의 싸움을 금지시킬 때는 자연스러우면서 공평한 자세를 취한다.

④ 싸움을 잘하는 아동은 집단놀이에 적극 참여시켜 같은 연령의 아동들이 가지고 있는 사고방식이나 태도를 보고 배울 수 있는 기회를 많이 제공해 주어야 한다.

### 5) 지나친 의존심

의존심이 강한 아동은 자기 스스로 적극적인 태도로써 무엇을 하려고 하지

않으며, 무엇이나 조금이라도 곤란한 일에 부딪히면 곧 어머니나 선생님에게 도움을 청한다. 이런 아동들은 대개가 자기가 해 보려고 시도하기도 전에 다른 사람에게 도움을 구하게 된다. 또한, 지나치게 의존적이고 소극적인 아동들은 대개 자기표현이 미성숙하며, 의사표현이 서툴고 새로운 일에 대하여 흥미를 나타내 보이지 않으며, 또래집단에서 끌려 다니는 입장을 취한다.

지나친 의존심은 주로 다음과 같은 원인에 기인한다.

첫째, 아동이 어떤 일에 흥미를 갖고 있을 때에 그 흥미있는 일을 아동에게 시키지 않는 경우이다.

둘째, 아동 자신 스스로의 생활이 인정되지 않고, 부모나 교사의 생활이 연장된 것에 불과하다는 것처럼 되어버린 경우이다. 따라서 이런 경우에는 아동이 전혀 자율성이 없이 전적으로 타율적으로 움직이게 된다.

셋째, 형제간에 차별받을 때에도 의존·소극적인 성격이 형성된다.

아동의 지나친 의존심을 상담하기 위해서는 상담자 혼자의 노력만으로는 매우 어렵다. 따라서 부모상담이 필요한데, 이 때까지의 부모의 양육태도가 어떠했으며 아동이 의존·소극적 성격을 갖게 된 원인이 어디에 있는가를 살펴보아야 한다.

### 6) 욕하는 행동

유아기에는 말의 발달이 매우 빠르고 말에 대한 감수성과 관심이 대단히 예민하기 때문에 이상한 말을 들으면 그것을 곧 기억하고 악의 없이 반복해서 사용하려고 한다. 유아가 욕설을 하는 경우 습관적으로 별 뜻이 없이 하는 경우도 있지만 화가 난 경우에 욕을 많이 하게 된다. 화가 날 때 욕설을 하는 경우에는 대부분 화난 상태에서 나오기 때문에 욕 대신 화가 날 때 표현하는 대치행동을 가르치는 방향으로 교정을 한다.

유아나 아동이 나쁜 말인 욕설을 사용할 때, 교사는 침착하고 엄중하며 냉정한 태도를 보여야 한다. 그리고 그 아동을 불러 마음이 상하지 않도록 조용히 잘 타일러야 한다.

이유없이 습관적으로 욕설을 하는 경우에는 토큰 강화를 통한 행동수정 방법을 사용할 수 있다.

### 7) 고자질하기

고자질이란 남의 잘못이나 비밀을 몰래 타인에게 일러바치거나 헐뜯어 말하는 것인데, 유아는 대개 권위를 가진 어른에게 잘 보이거나 어른의 관심을 끌기 위하여 고자질을 하게 된다.

유아의 고자질은 대부분 어른에게 필요한 정보를 주기 때문에 고자질을 무시하기가 어렵게 되는 경우가 많다. 그러나 교사의 경우에 유아들이 교사에게 어떤 내용을 알려주는 행동도 모두 고자질이라고 하여 말하지 못하게 하는 경우가 흔하다.

고자질을 못하게 하는 이유는 고자질을 당하는 대상, 즉 상대방에게 비난을 함으로써 자기 자신의 어떤 목적을 달성한다는 데 있다. 고자질을 하는 유아는 어른의 주목을 받기 위해서, 남에게 인정을 받으려고, 고자질을 당하는 대상에 대한 경쟁심리 때문에 고자질을 한다. 상대를 격하시키고 자신이 어떤 힘을 얻으려는 경우와 복수심리 그리고 상대를 비난하거나 흉을 봄으로써 상대적인 우월감을 가지려는 이유 때문에 고자질을 한다고 볼 수 있다.

그러나 무조건 고자질을 못하게 하는 것보다는 상황에 따라 어떤 내용을 알려주거나 상대를 도우려는 의도에서 일러바치는 행동은 구분해서 파악해야 한다.

고자질이나 일러바치는 유아의 심리가 무엇인지 파악할 필요가 있으며 성장과정 중의 아동들에게는 단순히 고자질을 못하게 하기보다는 고자질에 대한 바른 지도가 필요하다.

제 8 장

# 아동 부적응 행동의 지도

## 1. 행동수정을 통한 지도

### 1) 행동수정이론의 특징

행동적 접근은 당시 우세했던 정신분석적 견해로부터 근본적으로 이탈해서 1950년대와 1960년대 초반에 생겨났다. 행동주의 이론은 Ivan Pavlov의 학습개념을 토대로 한 '행동주의적 심리치료'와 관찰 가능한 행동의 변화에 강조점을 두고 있는 Skinner의 '행동수정' 이론에 의해 발달되었다. 이 시기 동안 행동치료 운동은 다양한 문제 행동들을 치료하기 위해 고전적 조건형성의 원리를 적용했다는 점에서 다른 치료 접근과 구분되었다. 이 이론에 의하면 행동은 자극, 유기체의 조건, 반응, 그 반응의 결과 등으로 구성되어 있고 행동은 학습에 의해 이루어진다는 전제하에 학습된 행동은 여러 개의 다른 학습과정의 결과라고 본다. 이러한 주장은 모든 행동이 무한한 순응성을 갖고 있으며 외부의 강화에 의해 학습된다는 사실을 내포한다. 이러한 학습의 원리를 인간의 교육과 문제행동치료에 적용하기 시작하며 정신분석이론만이 적용되고 있던 정신적 문제의 치료에 크게 기여하게 되었다.

행동주의에 입각한 다양한 교육, 치료방법을 행동수정기법이라고 부르며 처음에는 장애아의 신변처리 기술을 훈련시키거나 자폐아, 정신분열증 환자의 언어치료

등에 이용되었다. 최근에는 정상아동의 행동과 학습지도와 일반 성인의 제반 대인관계, 부부문제, 불안, 체중조절, 금주·금연, 당뇨증 만성질환자의 건강관리 등 다양한 방면에서 활용되고 있다(정보인, 1992). 행동수정기법은 구체적 절차를 제시해 주며 비교적 문제영역에 제한되지 않고 적용되며 효과를 얻을 수 있기 때문에 많은 교육과 치료 장면에서 사용된다.

### 2) 아동의 문제행동과 행동수정의 절차

#### (1) 치료목표

치료목표가 행동치료에서 가장 중요한 위치를 차지한다. 행동치료의 일반적인 목표는 학습의 새로운 조건을 창출하는 것이다.

Kuehnel과 Liberman 은 행동치료의 핵심을 내담자 행동의 문제점을 찾아내어 구체화시키는 여섯 단계라고 보았다.

첫 단계는 부적응이나 문제가 되는 행동을 찾아내는 것이다. 두 번째 단계는 내담자의 장점과 강점을 찾아내는 것이다. 세 번째 단계는 문제행동이 일어나는 맥락에 대한 정보를 찾아내는 것이다. 이 단계에서는 문제행동의 선행 상황과 문제행동의 결과를 구체화한다. 네 번째 단계에서 발견된 문제행동을 측정하기 위한 방략을 세운다. 다섯 번째 단계에서는 치료동기가 되었고, 치료변화를 유지시켜 줄 사람, 활동, 물건을 알아내기 위해 내담자의 잠재적 강화인자를 조사한다. 여섯째, 즉 평가절차의 마지막 단계에서는 치료목표를 공식화한다.

행동치료의 목표에 대한 몇 가지 오해가 있다. 일반적인 미신 중의 하나는 행동치료의 일반적이고 종합적인 목표가 장애의 증상만을 제거하는 것이며, 증상제거가 되었다 하더라도 기저에 깔린 원인들이 치료되지 않았으므로 새로운 증상이 발생된다는 것이다.

또 다른 일반적인 오해는 치료 목표들을 행동치료자가 결정하고 부여한다는 것이다.

G. T. Wilson은 주로 내담자가 치료목표를 세워야 한다는 것이 행동치료의 기본 입장이기 때문에 내담자가 충분히 알고, 동의하고, 목표를 세우는 데 참여해야

한다고 하였다.

이 과정은 치료자와 내담자간의 협력적인 관계가 필수적임을 나타내 준다.

① 상담자는 목표를 세우는 이유를 설명한다.
② 내담자는 상담의 결과로 얻고 싶은 긍정적 변화를 구체화한다.
③ 내담자와 상담자는 진술된 목표들이 내담자 자신의 변화인지를 결정한다.
④ 그 목표들이 현실적인지에 대해 함께 탐색한다.
⑤ 그 목표들이 성취되었을 때 있을 수 있는 이점들을 토론한다.
⑥ 그 목표들이 성취되었을 때 있을 수 있는 불이익을 토론한다.
⑦ 내담자가 진술한 목표를 기초로 상담을 계속할 것인지, 내담자의 목표들을 변경할 것인지, 혹은 다른 상담자를 찾을 것인지를 결정한다.

### (2) 상담자의 기능과 역할

행동 지향적 치료자들은 어떤 면에서는 다른 임상가들과 같다. 그들의 임상적 예감을 따르려고 한다. 그들은 요약화, 반영, 명료화, 개방형 질문과 같은 기법을 사용한다.

또 다른 중요한 기능은 치료자가 내담자에게 본보기가 되는 것이다. 내담자는 치료자를 모방할 만한 인물로 보기 때문에 때로 치료자의 태도, 가치관, 신념, 행동을 본뜬다. 행동치료에서 내담자는 대개 '어떤 행동'을 변화시킬지를 결정하고, 치료자는 그 행동을 '어떻게' 변화시킬지를 결정한다.

### (3) 상담에서의 내담자의 경험

행동치료의 독특한 공헌 중의 하나는 치료자들에게 잘 정의된 역할의 맥락 내에서 적용할 수 있는 잘 정의된 절차의 체계를 제공한다는 것이다. 내담자들은 목표의 선택이나 결정에 능동적으로 참여해야 하며 변화하려는 동기를 가져야 하며, 치료 과정 동안이나 실생활에서의 치료 활동의 수행에 협조할 의지가 있어야 한다. 내담자가 이런 식으로 참여하지 않으면 치료는 성공하지 못할 것이다.

#### (4) 상담자와 내담자의 관계

현재의 행동치료는 상담의 구조화된 체계적 접근을 해야 한다는 인간행동에 대한 과학적 관점을 향한다. 그렇다고 해서 행동치료가 치료관계나 내담자가 상담목표를 결정해야 한다는 사실을 경시하는 것은 아니다. 치료가 성공하기 위해서는 내담자가 치료과정에 협조적이어야 하며, 동시에 치료 효과에 대해서 긍정적인 기대를 가지고 있어야 한다.

### 3) 행동수정의 기법

#### (1) 바람직한 행동을 가르치는 방법

**1 행동형성**

행동형성(shaping)은 새로운 행동을 처음 가르칠 때 쓰는 방법으로 하고자 하는 목표행동을 한 번에 달성하기 힘든 경우에 사용한다. 언어지도, 대인관계지도, 정신지체나 자폐아동의 식사나 옷입기 등 신변처리 지도에 많이 이용한다. 일반적으로 다음과 같은 절차로 정리할 수 있다.

첫째, 우선 아동의 행동을 면밀히 관찰하여 기록한다. 현재 아동이 할 수 있는 행동의 목록을 만들고 각 행동의 발생빈도에 따라 순서를 정한다. 이 때 각 행동이 일어난 상황도 함께 기록한다.

둘째, 아동에게 가르칠 목표행동 하나를 정한 후, 현재 아동이 보이는 행동목록 중 목표행동과 가장 유사한 것을 찾는다.

셋째, 보상을 줄 행동의 기준을 정한다. 이 때 기준은 아동이 쉽게 성취할 수 있도록 낮게 정한다.

넷째, 목표행동이 쉽게 일어날 수 있도록 주위 환경을 조성한다. 필요한 물건이나 장치를 미리 준비해 놓고 아동의 주의를 흐트릴 만한 물건은 모두 치운다.

다섯째, 아동에게 줄 보상을 정한다.

여섯째, 목표행동과 유사하여 목표행동의 달성이 연결될 수 있는 행동은 집중적으로 보상해 주고 목표행동과 관련이 없거나 목표행동의 달성에 방해가 되는 행동은 철저히 무시한다.

일곱째, 한 단계에서 다음 단계로 넘어갈 때 신중을 기해야 하는데, 일반적으로 보상받는 행동이 4~5회 일어나면 성공한 것으로 보고 그 다음 단계로 넘어간다.

### 2 행동연쇄

모든 행동은 자세히 분석하면 작은 행동들로 구성된다. 학습한 행동을 쉽게 만들어 주기 위해서 행동을 여러 단계로 나누어 진행할 수 있도록 가르치는 방법을 말한다. 행동연쇄에서는 일정한 단계를 정하지 않고 목표행동과 유사한 행동이 일어날 때마다 보상을 주지만 행동연쇄에서는 과제분석을 통해 단계를 일정하게 정한 후 단계별로 한 단계가 끝나면 보상을 준다.

행동연쇄법을 실시할 경우 아동이 어떤 단계를 잘못 수행할 때는 즉시 고쳐준 후 처음 단계로 되돌아가서 연쇄적으로 충분히 연습을 시킨 후 다음 단계로 넘어간다. 이 방법은 지능이 낮은 정신지체나 자폐아동 지도에 많이 사용되고 있는데 일반 아동에게도 생활습관 형성, 자전거타기, 악기사용, 무용 등 비교적 복잡한 행동이나 일상생활 기술을 가르칠 때 사용되고 있다.

### 3 보조법과 용암법(prompting and fading)

보조법은 아동이 주어진 과제를 수행하는 방법을 모를 때 상황에 적절한 도움을 줌으로 해서 행동의 방향을 가르쳐 주는 도움방법을 말한다. 이 때 사용되는 도움은 말로 해 주는 언어적인 도움, 시범을 보이는 시각적 도움, 직접 손을 잡고 가르쳐 주는 신체적 도움, 그리고 주어진 과제를 쉽게 수행할 수 있도록 주위 환경을 조성하는 방법 등 여러 가지가 있다. 이러한 보조수단을 통해 일단 주어진 행동을 성취하면 점진적으로 도움의 양을 줄여 혼자 할 수 있도록 하는데 이렇게 도움을 줄여가는 과정을 용암법이라고 한다.

보조법과 용암법을 사용할 때 주의할 점은 다음과 같다.

첫째, 아동의 행동을 자세히 관찰하여 목표행동 수행에 방해가 되는 요인을 모두 제거한다.

둘째, 목표행동을 자세히 관찰한 후 어느 정도의 도움이 필요한지 결정한다.

이 때 아동이 보상받을 수 있도록 성공할 수 있는 충분한 기회를 마련해 주어야 한다.

셋째, 아동이 변별할 수 있도록 보조신호를 명확하게 하는 것이 중요하지만 보조가 지나치면 의존적이고 타성이 생기기 쉽다. 일단 한 조건에 익숙해지면 다른 조건에서는 과제를 수행하지 않거나 못할 수 있기 때문에 도움을 점차 줄여 나가는 일이 중요하다.

넷째, 현재의 도움으로 어느 정도 안정선에서 과제를 수행할 수 있게 되면 도움을 점진적으로 줄여간다. 안정적인 과제의 기준은 보통 5회 연속 수행에서 4회 이상 성공할 때 또는 10회 연속 수행 중 8회 이상 성공할 때로 한다.

다섯째, 보조를 적절히 줄이고 늘이는 과정에서 보상은 지속적으로 주어야 한다. 보조없이 혼자 독립적으로 수행할 수 있을 정도로 익숙해질 때까지 보상을 준 후, 마지막 단계에서 보상의 양이나 제공 빈도를 줄이는 것이 바람직하다.

### 4 자기조절법

자기조절법은 읽기와 쓰기가 가능하고 판단 수준이 있는 초등학교 3~4학년 이상의 아동에게 적합한 것으로 아동 스스로가 자신의 문제점을 파악하고 교정해 나가는 과정을 말한다. 특히 독립심이 너무 강해 남이 참견하는 것을 거부하는 아동, 수치심, 망상, 강박관념과 같이 행동으로 나타나지 않지만 내적인 갈등이나 불안 등을 치료하는데 알맞은 방법이다. 대표적인 방법으로는 자기관찰, 자기계약, 독백훈련, 주장훈련 등이 있다(정인보, 1992).

① **자기관찰** : 가장 먼저 문제가 된다고 생각되는 행동이 언제 얼마나 자주 일어나는지 그 행동으로 인해 오는 손해는 무엇인지를 기록하게 한다. 많은 경우 자신의 행동을 관찰하고 기록하는 과정에서 자신에 대한 새로운 모습을 발견하거나 문제의 심각성을 깨달아 스스로 문제행동을 중단한다.

② **자기계약** : 아동이 자신이 배워야 하는 행동을 약속하고 이를 어겼을 때, 지켰을 때 받을 벌과 보상을 아동 스스로 또는 아동과 부모 간에 계약하는 것이 자기 계약이다.

③ **독백훈련** : 독백훈련이란 말의 힘을 빌려 행동을 조절하는 것으로 아동의 생각을 말로 그대로 표현하게 하면서 말하는 동시에 행동으로 옮기게 하는 방법이다.

④ **주장훈련** : 말이나 생각을 반복적으로 표현시킨 후 행동으로 옮기게 함으로써 쉽게 불안해하거나 소극적인 아동에게 자신감을 키워주는 데 효과적이다.

#### 5 토큰경제

실제적인 상(돈이나 물건) 대신에 토큰을 사용하여 약속된 상을 얻을 수 있도록 하는 방법이다. 토큰으로는 스티커, 표, 동전이나 플라스틱 조각 등을 사용하는데 고학년 아동에게는 토큰 대신에 점수제를 도입할 수도 있다. 약속한 행동을 했을 때 보상으로 토큰을 주면 아동은 이를 일정 양만큼 모아 자기가 원하는 사물을 교환하게 된다. 토큰 경제는 아동이 일상생활에서 잘 정돈하고 좋은 습관을 가지도록 훈련하는 데에도 유용하며 특정 문제행동을 수정하는 경우에도 효과적이다.

### (2) 바람직하지 못한 행동을 교정하는 방법

#### 1 처 벌

처벌이란 아동에게 혐오스럽거나 고통스러운 자극을 줌으로써 바람직하지 않은 행동을 중단시키는 방법이 일반적으로 알려져 있다. 물총 세례, 신레몬주스 세례, 암모니아 주사기 등이 사용되고 있으나 이 방법은 다른 행동수정기법이 효과가 없으면서 문제행동이 아동이나 주변 사람에게 큰 문제가 될 때 마지막 수단으로 사용한다.

#### 2 과잉정정(overcorrection)

아동의 행동이 잘못되었을 때 그 행동에 대한 연습을 지나칠 정도로 많이 시킴으로써 문제행동을 막는 방법이다. 일반적으로 두 가지의 과잉정정기법이 많이 사용된다. 하나는 잘못한 행동의 결과를 원상회복시키는 원상회복법이다. 예를 들면, 밥알을 흘리고 먹는 아동에게는 흘린 밥알을 모두 주워 먹게 하는 것이다. 다른 하나는 어떤 행동을 올바르게 수행할 때까지 그 행동을 강제로 연습시키는 것으로 잠자리에 오줌을 싸는 아동에게 잠자리에서 일어나 화장실에 가서 옷벗고 변기에 앉았다가 잠자리로 돌아와 눕는 과정을 연속적으로 10번 이상 연습시키는 방법이다.

### 3 고 립

고립은 아동에게 일정한 시간동안 일정한 공간에서 혼자 있도록 하는 것을 말하는 것으로 교실 뒤에서 벌서는 것, 고립방에서 혼자 있는 것, 몸을 벽에 대고 움직이지 않고 있는 것 등이 그 예이다.

### 4 차등보상

차등보상이란 고치려는 문제행동 이외의 다른 바람직한 행동에 대해서 집중적으로 칭찬을 하거나 보상을 해주는 것을 말한다.

### 5 관심중단

문제행동으로 인하여 주위로부터 받아온 관심들을 일시에 중단하는 것을 관심중단이라고 한다. 관심중단을 사용하게 되면 처음에는 문제행동이 감소하다가 갑자기 그 행동이 폭발적으로 증가할 수 있다. 이는 그 동안 야단맞는 형식으로나마 받았던 관심을 한꺼번에 잃어버린 데 대한 반동현상이므로 얼마 지나면 원상태로 돌아온다. 따라서 문제가 악화될까봐 다시 관심을 주는 일이 없도록 주의한다. 관심중단을 사용할 때는 차등보상법을 사용하는 것이 바람직하다.

### 6 포 만

아동의 문제행동이라도 그 행동을 실컷 할 수 있는 환경을 조성하여 싫증이 나서라도 그 행동을 더 이상 하고 싶지 않도록 만들어 주는 방법이다.

### 7 권리박탈

아동이 즐길 수 있는 권리를 미리 준 후, 약속을 어겼을 때 그 권리를 빼앗는 것을 말한다.

### 8 상반행동 보상

문제행동을 중단시키고자 할 때 이 문제행동과 동시에 일어날 수 없는 행동이 발생할 때마다 집중적으로 보상해 주는 방법이다. 이 때 문제행동에 대해 처벌하지 않는다.

### 9 유관운동

문제행동이 일어날 때 문제행동과 비슷한 동작의 운동을 강제로 지칠 때까지 시킴으로써 문제행동의 발생을 직접적으로 벌하지 않으면서 문제행동을 교정하는 방법이다.

### 10 이완운동

불안은 지적인 능력과 정서적인 적응 등 아동의 모든 기능에 영향을 미친다. 이러한 불안을 감소시키는 방법으로 이완운동(progressive relaxation exercise)이 사용될 수 있다. 이완훈련은 크게 두 가지로 나눌 수 있다. 첫째는 생리적으로 근육을 풀었다가 경직시켰다 하는 것을 번갈아하는 방식을 통하여 정신적인 긴장을 해소하는 방법이다. 둘째는 편안하고 감미로운 장면의 연상을 통해 긴장을 푸는 방법이다. 이완훈련은 전문가의 도움없이 아동과 부모가 쉽게 활용할 수 있는데 특히 고학년의 경우 여러 가지 불안상황에서 아동 스스로도 이완운동을 실시하여 불안도 감소시키면서 일의 능률을 높일 수 있다.

### 11 둔감법

불안을 일으키는 사상에 대해 불안을 느끼지 않도록 불안감을 둔화시키는 방법이 둔감법(desensitization)이다. 불안을 일으키는 사상을 불안 야기 순서를 정하여 가장 적게 불안을 야기하는 사상에서 점점 불안 정도가 높은 것에 노출시킴으로써 불안대상을 직시할 수 있도록 유지하는 방법이다.

## 4) 아동행동의 특징 및 연구 설계

상담을 통해 아동의 전인적인 성장·발달을 돕기 위해서는 무엇보다 먼저 아동을 정확하게 이해하여야 한다. 상담을 위해 아동을 이해하는데 있어서 기본적인 원리는 다음과 같다(장선철 외, 2000).

① 모든 아동이 이해의 대상이 되어야 한다. 문제를 가진 아동이나 장애를 가진 특수한 아동에 대한 이해도 중요하지만 모든 아동이 상담활동의 대상이 되므로 아동 이해는 모든 아동이 대상이 되어야 한다. 상담의 혜택은 전체 아동에게

골고루 주어져야 한다.

② 인도주의에 입각하고 개인의 개성을 존중하는 방향에서 행해져야 한다. 이것은 각 개인이 가지는 가치와 존엄성 그리고 개인차를 인정함으로써 이에 따라 아동 개개인을 대상으로 한 상담활동도 개별성과 독특성을 가지고 행해져야 한다.

③ 적극적이고 계속적인 과정이어야 한다. 즉, 아동 이해는 면밀한 장단기 계획을 통해 꾸준한 관심을 바탕으로 지속적으로 조사 · 관찰 · 기록되어야 한다.

④ 아동을 전인으로서 이해하여야 한다. 아동의 지적인 면이나 정서적인 면 어느 한 측면만을 보지 말고 사회적인 면과 신체발달적인 면 등을 모두 포함한 전인적 이해가 되어야 한다. 또한 아동의 장점과 단점 모두를 받아들임으로써 그 아동의 전체적인 현실을 받아들일 수 있다.

⑤ 과학적이고, 객관적이고, 구체적이고, 종합적인 자료에 의해서 아동을 이해하여야 한다. 단순히 교사 개인의 주관적 판단에 의한다든지 다른 한두 사람의 정보, 혹은 한두 검사자료를 통해 아동을 판단할 때에는 위험이 따른다.

행동수정에서는 연구의 초점을 개인의 행동 변화에 두기 때문에 특정한 한 개개인이 아동을 대상으로 하는 연구방법을 주로 사용하는데, 가장 대표적인 연구설계 방법이 반전 설계법(reversal design)과 복식 기초선 설계법(multiple baseline design)이다.

### (1) 반전 설계법

반전 설계법에 의한 행동수정의 연구는 다음 5단계로 진행된다.

#### 1 기초선 1

반전 설계법에 의한 연구는 기초선의 측정으로 시작된다. 기초선 측정이란 일정한 기간 동안 평상시와 다를 바가 없는 조건하에서 아동의 부적응 행동, 즉 행동수정을 위한 표적 행동의 수준을 관찰 · 측정하여 기록하는 것을 말한다. 즉, 평상시에 아동의 특정 부적응 행동이 어느 정도 발생하였는가를 기록에 남기는 단계가 기초선 1단계의 주된 내용인데, 이 자료는 훗날 행동수정의 결과 부적응 행동이 얼마나 변화되었는가를 비교 · 평가할 때 유용하게 사용되어진다.

이 단계에서 아동의 부적응 행동을 관찰·기록할 때는 아동으로 하여금 그 자신이 관찰되고 있다는 것을 알지 못하도록 하여야 한다.

### 2 실험 처치 1

기초선 측정이 마무리되면 즉시 행동수정 기법을 적용하는 실험 단계가 시작된다. 이 단계의 기간 중에 부모나 교사는 실험 조건이 미리 계획된 행동수정의 전략을 실천하면서 계속해서 아동의 부적응 행동의 강도를 관찰·기록하여야 한다. 이 때의 관찰은 기초선 단계에서와 같은 방법으로 수행해야 한다. 실험 처치에서 사용되어지는 행동수정의 전략은 다양하다.

### 3 기초선 2

이 단계에서는 1차 실험 처치 기간 중에 사용한 실험 조건을 철회하여 실험전 상태, 즉 평상시와 같은 조건으로 되돌아가 행동의 변화를 주는 기간이 주어진다. 이를 반전이라고 하는데, 이와 같은 기초선 2단계를 설정하는 이유는 실험 처치 기간 중 표적 행동에 변화가 있을 경우 그러한 변화가 과연 실험 조건에 의한 것인지, 아니면 자연적인 변화인지를 실증적으로 검증해 내기 위해서이다. 만일 실험 조건을 철회함으로써 표적 행동이 다시 기초선 기간과 같은 수준으로 일어난다면 실험 처치 기간 중에 생긴 표적 행동의 변화는 실험 조건에 의해서 생긴 효과라는 것을 자신있게 주장할 수 있게 된다.

### 4 실험 처치 2

아동의 부적응 행동을 수정하기 위하여 앞의 단계에서 그 효율성이 입증된 기법을 적용하는 기간이 바로 실험 처치 2 기간이다. 따라서 이 단계에서 행동수정의 궁극적 목적인 아동 부적응 행동의 수정이 이루어진다.

### 5 사후 점검 단계

사후 점검 단계란 반전 설계 연구법의 마지막 단계인데, 일단 형식적인 실험 기간이 끝난 후에도 행동의 변화가 유전되고 있는가를 점검하게 된다. 따라서 사후 점검 단계에서는 사용된 행동수정 기법의 지속적인 효과를 확인하고 검증하게 된다.

이상과 같은 반전 설계법에 의한 행동수정은 비교적 단순하고 그 논리가 명확하기 때문에 행동수정 연구에서 가장 대표적으로 사용되고 있다.

### (2) 복식 기초선 설계법

아동의 부적응 행동, 즉 행동수정의 표적 행동이 신체적으로 위험하기 때문에 다시 반전하여 그러한 행동을 되살리는 것이 윤리적으로는 다시 반전되지 않으리라고 예상되는 경우에 사용하는 행동수정의 연구방법이 복식 기초선 설계법이다. 즉, 반전 설계가 어려우며 하나의 통합된 연구를 통하여 행동수정 기법의 효과를 다양한 측면에서 검토하고자 할 때 사용되는 방법이 복식 기초선 설계법이라는 것이다. 따라서 복식 기초선 설계법에서는 행동 변화의 요인으로 예상되는 실험조건, 즉 행동수정 기법을 여러 행동과 여러 상황, 사람에 따라 그 구체적인 절차는 다르지만 연구에 포함되는 논리가 같기 때문에 여기서는 한 실험 조건이 한 아동의 여러 부적응 행동에 동시에 적용되는 경우를 예로 들어 설명하기로 한다.

내담자는 다른 아동에 대한 언어적 · 신체적 공격이 두드러지며, 활동 중에 프로그램의 내용과는 전혀 무관한 반응을 통해 학습의 분위기를 깨뜨리며, 교사의 지시에 따르지 않고 활동실을 마음대로 이탈한다.

이 때 교사는 내담자의 부적응 행동 각각에 대한 기초선 관찰을 시작한다. 기초는 반전 설계법과 마찬가지로 평상시와 같은 조건하에서 내담자의 행동을 관찰 · 측정하여 기록하면 된다.

세 가지 표적 행동에 대한 기초선 수준이 확인되면 우선 그 중에서 하나의 행동을 선정하여 소멸기법, 또는 반응대가기법 등과 같은 실험 처치를 시작한다. 하나의 행동, 즉 언어적 · 신체적으로 공격하는 행동에 대하여 행동수정기법이 적용되는 동안에 나머지 두 행동에 대해서는 계속해서 기초선 관찰이 진행된다.

이후 일정한 기간이 지난 다음에 학습 활동과 무관한 행동에 대하여 똑같은 실험 처치를 시작한다. 그리고 나서 다시 일정한 기간이 지나면 마지막 행동인 활동실의 무단 이탈 행동에 대하여 실험 처치를 한다. 마지막 행동에 대한 실험 처치가 적용되는 기간에도 앞의 두 가지 행동에 대한 실험 처치는 계속되어야 한다.

이와 같은 과정을 통해 각각의 부적응 행동에 대한 실험 처치가 모두 끝나면 교사는 각각의 행동의 정도를 기초선과 비교한다. 모든 행동이 기초선 수준보다 개선되었다는 것이 확인되면 이 실험에서 사용한 행동수정기법이 효과가 있었다는 사실이 입증되는 것이다.

## 2. 놀이를 통한 부적응 행동지도

### 1) 놀이의 유형

놀이에 대한 정의는 학자에 따라 다양하지만, 아동의 놀이에는 몇 가지 특징이 있다.

첫째, 놀이는 사회 문화적 전통에 의해서 영향을 받는다. 아동이 살고 있는 문화권 내에서 전통적으로 행해지는 놀이가 있다.

둘째, 놀이는 아동의 발달과 성숙의 준비도에 따라 다르다. 어떤 연구자들은 놀이의 단계를 탐험기(생후 12개월까지), 완구기(1세 이후부터 7～8세까지), 놀이기(7～8세부터 학령기까지), 백일몽기(학령기 말부터 사춘기까지)로 나누었다(송영혜, 1997). O'connor(1991, 1997)는 그가 주창한 생태환경적 놀이치료(ecosystemic playtherapy)에서 놀이활동을 아동의 발달단계에 따라 단계 1부터 단계 4까지로 구분하고 각 단계에서 행동치료기법들과 함께 구조화, 도전, 간섭, 양육의 치료놀이(theraplay)(Jernberg, 1979)형식을 적용하였다.

셋째, 놀이행위는 연령이 증가함에 따라 성(gender)에 적절한 놀이와 공식적인 놀이가 증가하는 반면, 놀이 행위에 소비되는 시간, 놀이의 종류, 놀이친구의 수와 활동적인 놀이의 수는 감소한다(송영혜, 1997).

Brody(1978)가 개발한 발달놀이치료 프로그램은 아동이 조력자와 일대일 놀이시간을 통하여 기본적인 애착관계 맺기를 경험하고, 이를 바탕으로 자신의 조력자와 함께 집단활동에 참여하도록 한다. 이런 발달놀이치료 프로그램을 통하여 아동은 애착에서 분리로 이어지는 과정을 인식해야 하며, 프로그램 진행과정에서 주어지는 분리경험을 통해 다시 새로운 애착관계를 형성할 능력을 얻게 된다. 일대일 놀이 시간을 통한 성인과의 의도적인 애착과 분리의 경험은 아동의 부모뿐만 아니라 그가 속한 환경과의 밀접한 관계형성을 돕는 기술을 획득하게 된다.

이러한 애착과 분리의 경험을 위해 발달놀이치료 프로그램에서 주로 사용되는 개념이 신체접촉, 거리, 표정언어를 포함하는 '신체언어'이다. 신체접촉은 아동이 타인을 통해 자신을 경험하도록 해 주며, 애착을 발달시키는 중요한 방법이 된다. 거리는 친밀한 거리(0~45cm), 인간적인 거리(45cm~1.2m), 사회적 거리(1.2m~3.5m), 대중적인 거리(3.5m~7.6m)로 나눌 수 있는데(Hall, 1966), 목적에 따라 조절하여 사용함으로써 애착과 분리를 조절할 수 있다. '표정언어'에는 눈맞춤과 미소 등이 포함되는데, 눈맞춤은 의사소통하고자 하는 의사를 나타내고, 미소는 관계에서의 불안을 감소시키고 안정감과 신뢰감을 증가시키며, 기쁨 등을 표현하는 도구로서 아동과 조력자의 긍정적인 감정발달에 중요하다(Clifford & Swensen, 1973).

이에 덧붙여 발달놀이에서 사용되는 개념으로 아동의 창의성과 상상력을 최대로 활용할 수 있는 '이완과 상상놀이'가 있다. 이완과 상상놀이는 아동의 불안과 저항을 감소시키고, 무의식 속에 억압된 사고, 감정, 경험 등을 발산하도록 해준다. 이를 위해 근육의 긴장과 이완, 심상을 이용한 이완, 유도적 환상 등을 활용할 수 있다(Guamer, 1984).

최근에는 집단놀이가 갖는 장점과 특성이 부각되면서 집단놀이 역시 하나의 치료방식으로 활용되고 있다.

집단놀이는 또래와의 상호작용을 통해 이루어지기 때문에, 아동은 집단놀이 속에서 사회적인 기술을 실험해 보고, 또래로부터의 피드백을 통해 경험적으로 확인하게 된다. 이러한 집단놀이의 과정은 아동이 아동 자신·타인·생활에 대해 배울 수 있게 하는 심리 사회적 과정을 제공해 준다. 따라서 집단놀이는 문제해결, 의사소통과 같은 대인관계 기술을 다룰 수 있고, 수용과 지지의 경험을 통해 자아존중감을 증대시킬 수 있는 장점을 가지고 있다.

### 2) 놀이의 교육적 가치

아동들의 생활은 대부분 놀이이며, 놀이는 아동에게 여러 가지 면에서 영향을 미친다. 아동은 놀이를 통해서 긍정적인 느낌을 경험하고 즐거운 감정을 갖게 된다. 그러나 놀이가 즐거움의 속성만을 갖고 있는 것은 아니다. 아동은 놀이를 통해 많은 것을 배우고 놀이를 하는 동안 다른 사람의 행동을 모방하여 되풀이하고, 탐험하고, 실험하며, 신체적 · 사회적 · 정서적 · 언어적 그리고 인지적으로 발달해 나간다.

아동은 놀이를 통해 최초로 주변 세계와 접촉할 수 있는 기회를 가지게 되고, 이러한 접촉을 통해 아동은 자신과 타인 그리고 세상에 대해서 배운다. 이러한 과정에서 아동은 신체적 능력을 사용하고 숙달시킬 수 있는 기회를 갖게 되고, 언어를 습득하기도 하며, 상상력 · 창의력 · 사고력 등의 인지적 능력을 향상해 나간다. 그리고 놀이를 통해 정서적 분화와 균형을 촉진하고, 놀이 후의 성취감이나 만족감 등의 건전한 정서를 형성함으로써 정서적 발달을 도모한다. 또한 놀이를 통해 또래와 사귐으로써 대인관계 능력을 향상시키고, 도덕적 기준이나 규칙, 성 역할 등의 사회적 능력을 학습하게 된다(김춘란, 2001).

이처럼, 놀이란 어떠한 강제성 없이 자발적으로 행해지며 즐거움과 만족을 수반하는 활동으로서, 아동의 신체적 성장뿐만 아니라 지적, 정서적, 사회적 성장을 촉진시키는 원만한 인성발달을 돕는 중요한 활동이다.

아동은 놀이를 통해 그 누구도 가르칠 수 없는 방법으로 많은 것을 배우면서, 자기 자신을 성장시키고, 전인적인 발달을 도모한다. 이런 아동의 놀이를 관찰하다 보면 아동이 놀이를 통해 자신의 경험과 관련된 주제를 다른 사람에게 전달하고 있다는 사실을 발견하게 된다. 고통을 겪고 있는 아동들은 자신의 고통을 '놀이'로 나타낸다. 아동에게 있어서 놀이는 자연스런 의사소통의 매개체로 아동의 감정과 생각과 경험을 표현하는 수단이다. 성인들은 언어를 통해 자신의 의사를 표현하기도 하고 욕구나 갈등을 표현하기도 한다. 그러나 아동은 언어가 미숙하기 때문에 언어 대신 놀이를 통해 자신의 경험과 감정, 소망을 표현하게 된다. 즉, 아동에게 있어 성인의 언어와 같은 역할을 하는 것이 바로 놀이이다.

따라서 우리는 놀이를 통해 아동이 생각하는 것, 경험한 것, 원하는 것 그리고 어떤 문제와 갈등이 있는지 등, 아동이 세상을 지각하고 해석하는 방식에 대한 정보를 얻을 수 있다. 그리고 이를 바탕으로 아동과 의사소통하며 놀이 안에서

관계를 형성·발전시켜나갈 수 있다. 또한 아동은 놀이를 통하여 자신이 겪고 있는 어려움, 즉 좌절, 긴장, 불안, 공격, 두려움, 혼란 등과 같은 감정을 표현함으로써 그러한 감정을 개방할 수 있고 직면하게 되어, 그 감정을 통제하는 법을 배우게 될 뿐만 아니라 해소할 수 있게 된다. 이렇게 놀이를 통해 감정의 해소가 일어나게 되면 아동은 내부에 깊숙이 자리잡고 있는 자신의 무한정한 힘을 인식하게 되고, 자신의 중요성에 대해 생각해 보고 자신에 관한 일을 처리하게 될 때 자신이 스스로 결정내리게 된다. 이렇게 심리적으로 성숙해가기 시작하면서 자기 실현을 하게 되는 것이다.

### 3) 놀이 치료법

#### (1) 놀이치료의 의미

놀이치료란 훈련된 치료자가 심리적 문제를 지닌 내담자를 돕기 위해 체계적으로 놀이의 치료적 힘을 적용시키는 대인관계의 과정이다. 놀이를 통해서 아동은 자신의 현재의 위치를 알게 되고 과거와 연결시켜 새로운 지각세계를 형성하는 것이다. 그래서 아동은 자신에 대한 새로운 발견과 새로운 이미지를 형성하는 것으로 치료자가 아동의 놀이행동을 이해하는 것은 치료자가 아동의 내적 생활로 좀더 들어가서 아동에게 도움을 줄 수 있는 단서를 제공하는 것이다. 따라서 놀이치료는 치료자가 아동의 세계로 들어갈 수 있는 기회를 제공한다.

#### (2) 놀이치료자의 자질과 역할

놀이치료자는 공감할 수 있는 능력과 아동을 존중할 수 있는 능력 그리고 아동의 특별한 감정이나 경험을 융통성있게 직접적으로 다룰 수 있는 능력이 있어야 한다. 한편 놀이치료자의 역할은 다음과 같다.

① 아동과의 사이에 따뜻하고 우호적인 관계를 가능한 빨리 형성한다.

② 아동을 있는 그대로 수용한다.

③ 아동이 완전하게 자신을 탐색하고 표현할 수 있도록 하기 위해 치료자는

안전하고 허용적인 분위기를 만든다.

④ 아동은 감정을 민감하게 느끼고 인정해야 하며 아동이 자기 이해를 발달시킬 수 있도록 그런 감정을 반영해 준다.

⑤ 아동이 자신의 문제를 해결할 수 있는 능력이 있음을 항상 존중하며, 선택과 책임의 변화를 시도하는 자유가 아동에게 있게 한다.

⑥ 아동의 내적 자기 안내를 신뢰하며 어떤 방법으로도 아동의 행동과 대화를 지시하지 않는다.

⑦ 치료과정의 점진적인 성질을 이해하고 서두르지 않는다.

⑧ 치료가 현실세계에 머물도록 하기 위해서 그리고 아동이 자기 책임을 인식하게 하기 위해서만 제한을 설정한다.

### (3) 놀이치료실

놀이치료실은 아동만의 공간임을 아동이 인식할 수 있도록 하며 독립된 공간으로 꾸며져야 한다. 벽은 더러워지면 쉽게 닦을 수 있도록 준비되어야 하며 색상은 베이지색 계열로 부드러운 분위기를 연출할 수 있는 것이 좋다. 바닥은 아동이 신체활동을 활발히 할 수 있는 공간으로 청결과 안전을 고려하여야 한다. 선반을 설치하여야 하는데 놀잇감을 배치할 장의 높이는 아동이 서서 쉽게 꺼낼 수 있는 정도로 하며 반영구적인 제품으로 해서 튼튼한 것이 좋겠다.

한편 놀이치료에서 중요한 것은 아동의 놀잇감인데 아동의 놀이가 아동의 언어를 상징한다면 놀잇감은 아동의 단어가 된다. 그래서 놀이치료를 촉진할 수 있도록 정선된 놀잇감이나 놀이도구들이 필요하다. 그리고 놀이도구는 아동이 끌 수 있고 편안하게 느끼도록 배열하여야 하며, 놀이에 참여하고 싶은 욕구를 불러일으키고 놀이를 촉진할 수 있으며 잘 진행될 수 있도록 배열해야 한다. 적합한 놀이기구로는 아동과 긍정적인 관계맺기를 돕는 놀이기구, 폭넓은 감정표현을 가능하게 하는 놀이기구, 실생활 경험을 탐색할 수 있는 놀이기구, 제한점에 대한 현실 검증이 가능한 놀이기구, 긍정적 자기상의 발달을 돕는 놀이기구, 자기이해를 발달시킬 수 있는 놀이기구, 자기통제력 발달을 돕는 놀이기구 등이라고 할 수 있다.

### (4) 놀이치료의 과정

**1 초기과정**

초기과정은 아동이 낯선 사람과의 낯선 장소에서의 만남이 이루어지는 시간이기 때문에 우선적으로 안전하고 보호적인 관계를 맺는 것이 가장 중요하다. 그리고 친밀한 관계를 발달시킬 수 있도록 노력해야 한다. 한편 아동은 놀이치료라는 낯선 상황에서도 호기심이 발생하며 자신이 어떻게 행동해야 할지를 모르기 때문에 치료자에게 의존적이게 되는데 치료자는 될 수 있는 대로 아동이 선택할 수 있도록 용기를 주어야 한다. 초기과정은 치료자나 아동이 서로를 탐색하는 시간이 주로 이루어지기 때문에 치료자는 지나친 질문이나 제안, 해석 등은 피해야 한다.

초기과정은 상담의 성패에 중요한 영향을 미치게 되며 이 시기에는 아동이 치료자에게 몰두하는 시기로서 치료자의 관심을 끌기 위함과 인정받고자 하는 욕구가 강하게 나타난다. 그래서 아동은 치료자의 비위를 맞추거나 치료자가 원하는 대로 하려고 질문을 하기도 한다. 그러므로 치료자는 아동이 자신이 놀이치료 시간의 주인이며 치료자는 자신의 어려움을 함께 해결하도록 돕는 전문가라는 인식을 갖도록 도와야 한다.

**2 중기과정**

중기과정은 상담의 대부분을 차지하는 긴 과정으로 이 단계에서는 내담자는 부모와의 관계에서 결핍되거나 왜곡된 부분을 보충하고 수정하는 교정적인 경험을 하게 되고 해석을 통해 자신의 과거에 일어났던 충격적인 사건을 재통합하고 성장하게 된다. 즉 치료자와의 적절한 치료적 관계를 통해 재창조하도록 계획된 교정적인 과정을 통해서 치료가 되고 해석을 통해서 성장하게 된다.

따라서 이 단계에서는 치료자와 내담자가 점차적으로 친밀한 관계를 맺게 되며 신뢰감이 형성된다. 내담자는 치료실이 자기만의 공간이라는 인식을 갖게 되면서 자연스럽게 자신의 부정적인 감정이 나타나기 시작한다. 중기과정 동안에 내담자는 부정적인 반응을 보이는데 치료자는 내담자가 자신에 대한 통찰력과 성취감을 갖도록 도와야 한다. 특히 치료의 상황에서 내담자가 좌절을 경험하는 것이 아니라 성공을 경험할 수 있도록 세심한 배려와 놀이도구를 통한 구체적인 체험을 할 수 있도록 하며 내담자가 갈등을 일으키는 상황이 내담자가 견딜 수 있는 정도인지를 고려하면서 격려와 지지를 한다.

**3 종결과정**

중기과정을 통해서 내담자가 자신에 대한 통찰과 성취감을 갖게 되면 적극적으로 현실에 대처하는 방식이 다양해지며, 자신에 대한 존중감도 향상되고 자신의 장점이나 단점을 받아들이게 된다. 그리고 종결과정에서는 아동발달의 특성상 나타나는 현상으로 발달이 지연되었거나 결핍되었던 부분에 대한 재교육과 함께 아동의 성장 발달을 촉진시켜 주는 것이 필요하다. 무엇보다도 중요한 것은 종결과정에서는 종결을 위해서 사전에 종결에 대한 계획이 이루어져야 하며 내담자와도 합의가 이루어져야 한다. 종결에 있어서 아동이라고 해서 종결에 대한 논의를 부모와 일방적으로 처리를 하게 되는 것은 바람직하지 않다. 왜냐하면 아동이 종결을 거부할 수 있으며 거부한다면 그만한 나름대로의 이유가 있을 것이고, 그 이유에 대한 구체적이고 정확한 탐색이 이루어져야 한다. 종결을 위해서는 아이가 자연스럽게 종결을 받아들일 수 있는 상황이 되어야 치료가 성공적이라고 할 수 있다. 그런데 아이가 종결을 거부한다면 미해결된 과제가 있거나 치료상의 문제가 있을 수 있기 때문에 아동이 준비가 되지 않는 상태에서 종결을 서두르는 것은 중요하게 고려되어야 할 것이다.

## 3. 미술활동을 통한 지도

### 1) 미술치료의 기초

#### (1) 미술치료의 의미

미술치료는 인간의 조형 활동을 통해서 개인의 갈등을 조정하고 동시에 자기표현과 승화작용을 통하여 자아성장을 촉진시킬 수 있으며, 자발적인 조형 활동을 통해서 개인의 내적 세계와 외적 세계간의 조화를 이룰 수 있도록 도와 준다.

미술치료는, 비언어적인 커뮤니케이션 기법으로서, 이 기법을 반복 시행함에 따라 언어성 이미지와 시각적 이미지를 통해 지금까지의 자기의 상실, 왜곡, 방어, 억제 등의 상황에서 보다 명확한 자기 동일시, 자기 실현을 꾀하게 한다. 따라서, 내담자의 무의식을 의식화하는데 매우 유용한 장르가 된다(안영진 · 장선철, 2001).

미술치료는 심리치료의 한 유형이다. 심리적 문제를 지닌 내담자와 상담할 때 내담자의 마음 상태에 따라서 단순히 대화로만 이해하기에는 어려운 경우가 많다.

상담 도중에 내담자의 상태를 보아가며 여러 가지 미술창작활동—그림, 조소, 디자인, 서예 등 미술 전 영역이 포함된다—을 제시하여 내담자의 마음을 정확하게 읽고 내담자의 마음이 진정되게 하여 내담자 스스로 자신의 마음을 알고 문제를 느끼게 돌보아 주는 것이다. 내담자들의 객관적이고 의식적인 서술만으로는 파악하기 어려운 무의식의 세계를 탐구해 가는 효과적인 치료기법이다.

미술치료를 〈미술〉과 〈치료〉라는 두 단어로 나누어 볼 수 있다. 하나는 미술을 중시하는 입장이고 다른 하나는 치료를 중시하는 입장이다. 미술을 중시하는 입장은 예술을 창조하는 행위 그 자체가 치료적이라고 보는 것으로 대표적인 학자는 크래머(Kramer)이다. 치료를 중시하는 입장은 미술작품을 치료자와 내담자 사이에서 전달된 상징적 회화라고 보는 입장으로써 대표적인 학자는 나움버그(Naumberg)이다.

미술치료에서 중요한 것은 신뢰할 수 있는 치료자와의 관계적인 힘이다. 여기서 미술이 하는 일은 그 두 사람의 사이에 차원을 달리 하는 수많은 메시지를 전달하는 일이다. 그림을 그리는 중에 사람은 자신의 내면과 무언의 대화를 한다. 그것은 의식적인 수준일 수도 있고 무의식적인 수준일 수도 있다. 그것은 이성적인 것일 수도 있고, 감정적인 것일 수도 있다. 일단 작품이 완성되고 나면 그림을 그린 이는 자신이 왜 그렇게 그렸는지를 모른다. 왜 그런 주제를 택했는지, 왜 그것을 그런 식으로 그렸는지, 하필이면 왜 이 색을 골라 이런 선을 칠하고 이런 느낌의 질감으로 처리했는지 알 수가 없다. 그러나 다 이유가 있다. 하나하나의 선택과 표현에는, 그것이 순간적인 것이든 지속적인 것이든, 그 사람의 마음의 상태, 의도 혹은 바람 등이 담겨 있다. 사전도 없는 그림 언어의 뜻을 풀어내는 일은 쉬운 일이 아니다. 공감대를 형성하면서 한 장 한 장의 그림에서 층층의 메시지를 읽어

내어 그 사람의 아픔의 핵심에 접근해 간다는 것은 오랜 기다림과 시간을 필요로 한다. 물론 미술치료사는 그림을 많이 보아 왔고, 집중해서 이야기를 듣듯이 그림에도 집중하여 많은 것을 놓치지 않고 잘 보기 때문에 다른 사람들보다 많은 것을 알아보고 이해할 수 있다. 하지만 다양한 상황에서 수많은 대화를 나누고 나서야 비로소 한 사람을 제대로 이해할 수 있는 것처럼, 그림도 여러 상태에서 다양하게 그린 것들로 비로소 그 사람에 대해 이해시킨다.

미술 언어는 말로는 설명이 안 되는 것들을 색과 선과 면과 크기와 재질과 상징들로 더욱 풍부하게 전달하고 표현할 수 있다는 점이 다르다. 자신의 언어에 익숙해지고, 자신의 스타일과 성격의 장단점을 알게 되는 데만도 몇 주가 걸린다. 그리고 나서 자신의 전체적인 모습을 이해하고 인정하게 되는 데 또 다른 몇 주가 흐르고, 그래서 파악된 문제들을 놓고 그 때문에 다친 자신의 감정들을 토로하고 분출하고 정화하는 데 또 상당한 시간이 걸린다. 그래서 매만져진 마음으로 머리가 다시 맑아지면 치료자의 도움으로 자아를 더욱 강화시켜 문제들을 극복하고 승화하고, 미래를 재설계하고, 자신의 이상적인 모습을 다시 세우고, 그러한 깨달음들이 자신의 현실 속에 뿌리를 잘 박게 하는 데 또 기다림이 필요하다. 거기까지 되어야 치료가 완성되는 것이다. 문제를 아는 것 자체는 별로 도움이 되지 않는다. '모르는 게 약이다'라는 말처럼 "그러니 어떻다, 그래서 이렇게 변한다"라는 실천의 부분이 없으면 어찌 보면 정말로 모르는 게 약이다. 미술치료란 이런 긴 과정의 노력을 말한다.

### (2) 미술치료 유형

#### 1 개인미술치료

① **유아 및 아동 미술치료** : 정서장애, 발달장애, 자폐증, 사회성 부족, 학교 부적응, 주의산만, 섭식장애, 발달지연 등

② **청소년 미술치료** : 학업, 진로, 성격, 따돌림, 비행, 약물남용, 컴퓨터 의존, 부모와의 대화거부 등

③ **성인 및 노인 미술치료** : 치매, 우울, 신경증, 가족 및 부부관계, 대인관계 어려움 등

**2 집단 미술치료**

① **인지·발달적 미술치료** : 정신지체, 자폐성 장애, 지체부자유

② **정서·행동적 미술치료** : 주의력 결핍, 과잉성 행동장애

③ **사회성 향상 미술치료** : 사회성 결핍 아동 및 청소년

④ **창의성 미술치료** : 잠재적 창의력 개발 및 자기 표현 향상

⑤ **가족미술치료** : 부모 – 자녀 관계 증진

### (3) 미술치료의 장점

미술활동의 심리 치료적 속성에 비추어 볼 때, 미술치료의 장점은 다음과 같이 요약해 볼 수 있다(김동연 · 권기덕, 1995).

① 미술은 심상의 표현이다. 우리는 말이란 형태를 취하기 전에 심상으로 사고한다. 삶의 초기의 경험이 중요한 심상의 요소가 되며, 그 심상이 성격 형성에 중요한 역할을 하게 되는데 미술치료에서는 꿈이나 환상, 경험이 순수한 말로 해석하기 보다는 심상으로 그려진다.

② 미술은 비언어적 수단이므로 통제를 적게 받아 내담자의 방어를 감소시킬 수 있는 잇점을 지니고 있다.

③ 구체적인 유형의 자료를 즉시 얻을 수 있다. 눈으로 볼 수 있고, 만져 볼 수 있는 자료가 내담자로부터 생산되는 것이다. 내담자가 만든 어떤 유형의 대상화를 통해서 치료자와 내담자 사이에 다리가 놓여진다. 저항적인 내담자들의 경우 내담자를 직접 다루는 것보다 그들의 그림을 통해 접근하는 것이 더 쉽다.

④ 자료의 영속성을 들 수 있다.

⑤ 미술은 공간성을 지니고 있다. 미술 표현은 문법론, 통사론, 논법 등의 언어규칙을 따를 필요가 없다. 미술 공간성은 경험을 복제한 것이다. 나의 가족의 말로 소개하고 그림으로 그것을 동시에 나타낼 수 있다.

⑥ 미술은 창조성이 있으며 에너지를 유발시킨다. 미술치료는 하나의 작업이라기 보다는 놀이와 레크리에이션과 음악과 열정이 있는 창조의 에너지를 발산하는 것이다.

### (4) 치료의 물리적 환경

① **치료실의 준비** : 집단치료가 가능한 시설, 작품 보관장, 관찰시설, 준비시설 등이다.

② **치료시간의 구성** : 주 1～2회

③ **조형활동시의 매체의 선택** : 미술치료사들은 다양한 매체들을 사용할 수 있다. 치료시간의 구성 및 다른 요소들에 따라서 그 매체는 목적이 부합되도록 선택한다. 미술과제는 자유연상이나 가족 혹은 집단간의 의사소통의 매개체이며, 파스텔이나 크레용, 붓 등의 비교적 간편한 매체가 적절하다.

## 2) 미술치료의 기법

### (1) 진단적 도구로서의 미술

그림이나 조소, 꼴라주, 핑거페인팅 등의 조형활동을 통하여 내담자의 심리상태를 진단하려는 노력이나, 이른바 투사법이라는 이름 아래 인물화에 의한 지능검사나 성격검사, 집－나무－사람 검사(HTP), 나무그림검사, 가족화에 의한 성격진단 등이 있다.

그림에 대한 분석은 주로 미술작업의 평가와 그림과 이야기에 대한 평가를 실시한다.

① **미술작업 평가** : 여기서는 미술작업의 질(표현의 성공과 실패 등), 외형적 특징(가득참 등), 대상, 태도 등이다.

② **그림과 이야기 분석** : 여기서는 주로 확장(우주), 주된 그림의 대상(자기 등), 상호관계 및 사회적 관계, 감정의 차이, 난화와의 관계(인지, 자극), 독창성, 줄거리 등을 평가한다.

#### 1 자유화에 의한 심리진단

제재나 방법을 내담자가 스스로 결정하여 그리게 하고, 색채사용, 선과 형태, 공간이용과 공간적 형태, 내용(부모, 형제, 자신, 산, 태양 등) 등을 분석한다.

이와 같은 분석방법은 아직 신뢰도나 타당도에서 동의를 얻지 못한 부분이 있으므로 제한성에 유의해야 한다.

### 2 과제화법

인물, 가족, 친구, 집, 나무, 산, 동물, 길 등의 과제를 미리 주고 내담자가 상상화를 그리게 한다. 이상 행동에 대한 내면의 욕구와 그 욕구를 저지하는 압력을 잘 알 수 있다. 인물화, 묘화완성법, 나무 그림, 집 그림 검사, 산과 해의 묘화법, 풍경구성법 등이 여기에 속하며, 산, 길, 집과 같은 특정의 과제를 부여할 수도 있다.

### 3 상상화 그리기

한 장의 종이에 전혀 주제를 주지 않고 상상화를 그리게 하고, 다른 또 한 장에는 사람, 태양, 집 등 세 가지의 내용이 있는 상상화를 그리게 한다. 즉, 후자는 과제를 제시한 것이다. 형태, 색채, 구도, 동적 요소, 내용 등이 분석기준이 된다.

### 4 나무그리기법

진단에 많이 사용되며, 열매가 달린 나무를 한 그루 그리도록 지시한다. 나무는 내담자의 질병상태를 잘 발견할 수 있다. 한국판 검사도구가 개발되어 있다. 나무그림을 그리게 하여 진단할 때에는 나무그림 검사기준을 참조하여야 한다. 대체로 줄기, 가지, 뿌리, 열매, 잎, 전체 구성 등을 기준으로 분석한다.

집, 나무, 사람 검사(HTP)는 진단도구로 많이 사용되며 사전, 사후 검사에도 유용하다. 4장의 종이에 집(House), 나무(Tree), 사람(Person)의 남녀를 그리게 한다. HTP를 한 장에 다 그리는 통합법도 사용되며, 운동성을 가미한 동적 HTP(K－HTP)도 개발되어 있다. HTP는 저항이 적으며, 동일 환자의 그림을 배열했을 때 질병의 경과를 잘 파악할 수 있다. 특히, K－HTP는 각각의 그림에서 나타나지 않는 역동성과 내담자의 더 깊은 내면의 세계를 잘 반영해 준다. 한국판, 표준화 검사로서 개발되어 있지 않으나 일본과 미국 자료를 활용하여 분석하고 있다.

### 5 인물화 검사(DAP)

인물화에 의한 성격검사로 많이 사용되며, 전신상의 남녀를 따로 받는다. 자유화에 비해서 저항이 적어 심리검사로 애용되고 있다. 한국판 표준화 검사는 없으나 미국이나 일본의 기준에 준하여 분석한다. 인물화 분석은 HTP나 가족화의 기초가 되므로 깊이 이해할 필요가 있다. 예컨대, 남성이 여성상을 먼저 그리면 성에 혼란이 있거나 이성의 부모에 대한 의존이나 집착이 있다고 해석하며, 뒤로 향한 머리를 그리면 분열증적 편집성을 의심하게 한다. 눈동자가 생략되면 무엇인가의 죄책감을 나타내는 것으로서 이것은 감추어진 팔이나 손의 모습과도 관련지어 해석한다. 코와 입은 성(性)과 관계하며, 큰 입은 성적인 이상을 나타낸다. 길이가 다른 다리와 발의 그림은 충동과 자기 통제와의 갈등이 있다고 본다.

### 6 가족화와 동적가족화

가족을 그리게 하여 가족의 체계나 내담자의 가족 지각을 파악한다. 가족화(DAF)와 동적 가족화(KFD)는 지시가 다르며, 후자가 더 역동성 파악에 좋다. 동적가족화는 "당신의 가족 모두가 무엇인가를 하고 있는 그림을 그려 보세요."라고 지시하여, 그린 후에 각 인물상이 누구인가, 연령, 무엇을 하고 있는가를 질문한다. 해석에 있어서는 인물상의 행위와 그림의 양식(구분, 포위 등), 상징(책상 등), 그림의 역동성(크기, 거리, 방향, 생략 등) 등을 기준으로 하여 진단한다.

### 7 가족체계 진단법

가족 전체나 부부, 부모와 자녀들이 협동하여 그리게 함으로써 그들의 가족 체계를 파악한다. 최근에는 동그라미 중심 가족화(FCCD와 PSCD)를 통하여 부모, 자기의 관계를 진단하는 방법도 개발되었다.

### 8 학교생활화(KSD)

학교의 친구와 선생님을 포함해서 그림을 그리게 하여 내담자의 학교생활을 분석한다. KFD와 함께 받아 보면 좋다. 친구화는 학급 집단 내의 사회적 위치나 역할, 적응 상태를 파악하기 위해서 사용한다. 6~10세 아동의 경우에는 놀고 싶은 친구, 하고 싶은 것 등을 그리게 한다. 직장의 산업상담, 정치인의 정치생활 등에도 이용한다.

### 9 풍경구성법(LMT)

도화지에 '강, 산, 밭, 길, 집, 나무, 꽃, 동물, 돌, 만족하지 않다고 생각하는 것'을 순서대로 그려 넣게 하고 하나의 풍경이 되게 채색하도록 한 다음 그것에 대해서 계절, 시각, 기후, 내의 흐르는 방향, 사람과 집, 밭 등의 관계에 대해서 이야기한다. 치료 가능성의 평가와 문제점의 추측과 관찰에 유용하다. 진단과 치료에 모두 사용할 수 있으며, 모래상자 놀이치료 전문가들이 즐겨 쓰는 방법이다.

### 10 협동화법

가족이나 내담자들이 소집단을 이루어 한 장의 종이에 협동해서 그림을 그리게 하는 방법이다. 집단체계 진단과 치료에 유용하며 자발성의 정도, 경험의 표출, 협동성, 그리는 위치와 내용, 그림순서, 주의력 등을 관찰하여 분석한다. 정해진 제재를 주는 경우와 주지 않는 경우로 나누어 실시할 수 있다. 집단치료의 장점을 함께 활용하면 효과적이다.

### 11 난화게임법(SDG)

유아들의 심리평가에 사용하고 있으나 심리치료나 언어치료에 응용되고 있다. 난화를 제시하고 그림을 완성하게 하여, 다 그리고 난 뒤에 질문을 하고 이야기를 꾸며 나가게 한다. 질문은 이게 뭐야?, 무엇을 하고 있니? 등에 대한 이야기를 하게 한다.

## (2) 치료도구로서의 미술

미술작업을 통해서 심리상담이나 심리치료를 하는 것을 미술치료적 행위라고 할 수 있다. 대상에 따라 다양한 기법이 적용될 수 있으며 여기서는 몇 가지만 소개하고자 한다.

### 1 테두리법

내담자에게 도화지를 제시하면서 용지에 테두리를 그어서 건네주는 방법이다. 조형활동을 자극하고, 공포를 줄일 수 있어 자아가 허약한 환자들에게 많이 사용되고 있다. 테두리를 그릴 때에는 자를 사용하지 않는다. 또 도화지에 원을 그려주고

원 안에 그림을 그리거나 채색하게 하여 과잉행동, 주의산만 등을 통제할 수 있으며, 심리적 지지도 해 줄 수 있다.

### 2 출발그림(starter sheet)

그림 그리는데 저항이 있거나 공포, 수줍음 등을 줄여서 그림 그리기를 자극하고, 촉진하는데 사용한다. 장애아동이나 정신질환자에게 모두 사용할 수 있다. 종이에 치료자가 직접 잡지에서 얼굴사진을 오려 붙여 주거나 그려주거나, 눈을 오려 붙여 주어 그림을 완성하는 방법이다. 처음 작업을 시작할 때 사용되는 기법이다.

### 3 난화 상호이야기 만들기법

난화법과 이야기법을 종합하여 응용한 것이다. 난화에서 이끌어 낸 심상의 형성이 중요하며 치료자와 내담자가 서로 교환하며 이야기를 만들어 나가게 한다. 최근에는 표현이 부족한 환자들에게 난화와 꼴라주를 합친 기법도 사용되고 있다. 이 기법은 중증장애보다 경증장애에게 좋다.

### 4 꼴라주기법

최근에 가장 많이 사용되는 미술치료 기법이다. 거부의 감소, 분노의 노출, 희망에 대한 상징 등 다양하게 활용할 수 있다. 표현이 쉽고, 그리기 보다 정확한 감정 전달이 우수하나 선택할 수 있는 사진 매체가 많아야 한다. 자기감정을 나타내기, 가족이나 친구에게 말하고 싶은 것, 선물 주고받고 싶은 것, 타인에 대한 느낌 표현, 문제의 예방 및 대처 방법 등을 쉽게 표현할 수 있다.

### 5 역할 교환법

채색이나 꼴라주, 난화, 그림그리기 등에서 내담자와 치료자가 서로 번갈아 가며 작품을 제작한다. 화면분할법(한 장의 종이에 적당한 선을 그어 나눔)과 같이 사용하기도 한다. 래포 형성이나 거부감 감소, 흥미 유발, 촉진 등에 효과적이다.

### 6 색채 선택법

내담자가 좋아하는 색을 선택하여 그것을 사용하여 그림을 그려받는 방법이다. 가족체계 진단법에서도 좋아하는 크레용을 골라 사용하도록 하는데, 이는 내담자에게 자유를 부여하는 데 목적이 있다. 자유를 부여하면 책임의식이 많아지는 원리도 포함된다.

### 7 갈겨 그리기법

환자에게 사인펜을 주어 손으로 직접 갈겨 그려서 선을 따라 가게 한 후 '어떻게 보이는가, 어디가 어떻게 되어 있는가'에 대해 얘기한 후 채색시킨다. 환자와 치료자가 갈겨 그리기를 하면 환자 관계의 동력을 더욱 강하게 한다.

### 8 그림완성법

소정의 용지에 기호가 그려져 있는 8개의 정방형을 제시하고 그 기호를 사용해서 그림을 완성하게 하는 방법이다. 유아나 성인, 정상적인 사람, 정신질환자 등에게 모두 적용할 수 있다. 그린 순서를 적고, 무엇을 그렸는가를 해석하게 한다. 이것은 미술치료 과정이나 초기에 사용할 수 있으며, 환자의 거부감 이나 저항, 공포를 제거할 수 있다. 동그라미를 그리고 그 안에 임의의 점을 찍어 환자에게 제시함으로써 환자를 지지해 줄 수도 있다.

### 9 이미지 묘화법

그림을 환자와 치료자 사이에 두고 그것이 산출한 이미지를 매개로 하여 환자와 치료자 사이의 사고수준(인식과정)과 각각 지각수준에서 교류를 도모한다. 언어적 커뮤니케이션을 통한 심리치료법이다. 구체적 이미지, 심리적 이미지, 가족 이미지 등의 과제를 사용할 수 있다. HTP, 색의 연상, 추억, 꿈, 신앙, 선과 악, 애정, 음악 등에서도 연상할 수 있고, 이상적인 아버지, 생각나는 사람 등을 통해서도 이미지를 떠오르게 한다. 자유화 또는 과제화를 모두 사용할 수 있다.

### 10 자아감각 발달법

심신장애인은 신체영상이나 자아개념이 부정적이다. 이를 높이기 위해서 묘화완성법, 손도장과 발도장 찍기, 조소활동, 동그라미기법, 씨앗으로 얼굴 만들기, 가면 만들기, 자기신체 본뜨기(실물 크기), 인체퍼즐 게임, 거울보고 자기그리기, 손 본뜨기 등을 할 수 있다. 특히, 섭식장애 환자나 신체장애인에게는 효과적이다.

### 11 감정차트 만들기

도화지에 몇 개의 칸을 구분하고 최근의 감정을 그리거나 색종이로 나타내게 한다. 감정을 표현한 후에 모든 인간은 불편한 감정을 가지고 있음을 확인시킨다.

또한 칸 없이 한 장의 종이에 표현할 수 있다. 스펙트럼 형태의 띠로도 나타낼 수 있는 방법이다.

#### 12 생활선 그리기

유아 시절부터 현재까지 그리고, 미래에 대하여 생활선으로 표시하고 연령 단계별로 높낮이, 선의 굵고 가는 정도 등으로 자신의 생애주기를 나타내게 한다. 그리고 환자가 설명하면서 자신을 발견하고 느끼게 할 수 있다.

#### 13 이것이 나이다 – 잡지 꼴라주법

자아 정체감을 발달시키기 위하여 실시하고, 소집단에서는 서로 그림을 돌려가면서 피드백을 하고 비교활동을 통해 통찰한다. 자기를 선전하는 포스터를 만들기도 한다.

#### 14 그림대화법

짝을 지어 비언어적으로 그림을 통해 의사소통을 하게 한다. 사회성, 편안함, 집단이해 등을 배운다. 감성지수를 높일 때도 그림대화법을 활용하면 좋다.

#### 15 집단만다라 벽화그리기법

집단 속의 자기이해, 집단이해, 협동심 등을 기른다. 특히 벽화는 공동화(협동화)를 제작할 때 책상 위에서 그리는 것 보다 거부감이 적고, 편안하며, 역동성을 더 잘 나타내 준다.

#### 16 삼자관계 그리기

가족 중의 삼자관계를 알아보기 위해서, 그리고 환자가 가족내의 삼자관계를 깨닫게 하기 위해서 실시한다.

#### 17 가계도 그리기

가족치료에서 많이 활용하며 색종이를 사용하여 세대별로 표현한다. 가족의 세대들 사이의 갈등과 가풍의 계승과 순환 등을 이해한다.

#### 18 자기집 평면도 그리기

어린 시절(가능하면 유아 시절)에 자기가 살았던 집의 평면도를 그려서 가장 무서웠던 곳, 비밀 장소, 누구와 함께 살았는가 등을 설명하여 자신의 과거를 회상한다. 자기에게 영향을 미친 사람, 성격의 형성 등을 발견하고 부적응 행동에 대한 재결단을 하여 새로운 각본을 형성하게 된다.

**19 상호의존 역할놀이법**

짝을 지어 서로 역할을 바꾸어 그리도록 한다. 그림을 그리면서 타인의 역할을 함으로써 역할놀이의 효과를 얻는다. 그 후에 경험했던 감정을 서로 얘기하고 교환한다. 부부치료에도 큰 도움이 된다.

**20 나의 어머니(아버지), 나의 딸(아들) 그리기법**

그리는 환자의 어머니(아버지)와 환자의 딸(아들) 관계를 그리게 한다. 꼭 그림이 아니더라도 난화로 표시해도 좋고, 꼴라주를 사용해도 된다.

**21 만다라 그리기**

개별적인 직업 생활 만다라를 그리게 한다. 크레용, 크레파스 등을 이용하거나 색종이도 사용할 수 있다. 자유연상을 그려도 좋다. 그리고 나서 심상을 시로 써서 나타내기도 한다. 색채를 사용하면 좋으며 환자의 기억과 감정을 통합하는데 유용하다.

**22 핑거페인팅(finger painting)**

그림치료 초기나 말기에 사용한다. 정서의 안정과 거부, 저항의 감소, 이완 등의 효과를 가진다. 또한 작업의 촉진, 스트레스 해소에도 큰 도움이 된다. 이것은 나중에 작품으로 게시해도 좋고, 크리스마스 카드를 제작해서 사용할 수 있다.

**23 조소활동법**

점토로 인물상을 만들거나 자기의 느낌을 표현하게 하여 해석하게 한다. 묽은 점토는 수채 물감과 같이 액체 도구로서 언어화가 결핍된 내담자에게 유용하며 과도한 언어화를 나타내는 사람들에게는 감각적 요소를 강조할 때 사용한다. 특히, 대상관계가 부족한 내담자의 치료에 유용하다.

### 3) 집단 미술치료

집단 미술치료는 집단 심리치료에 미술을 도입한 것이다. 여기에서 그림은 내면세계에 간직된 인간 감정을 자유롭게 꺼내는 것과 동시에 언어로서 서로 부딪치는 감정의 위기의 완충제가 된다. 또한 카타르시스 효과를 가지는 것과 함께 감정교류의 조정역할을 한다. 따라서 집단 미술치료에서 목적으로 하는 것은 집단의 한 일원으로서의 개인적 체험이며, 치료자와 환자, 환자와 환자 상호간의 교류 가운데서의 자기 통찰이고, 나아가 자신의 이미지를 시각화한다는 회화의 특수성에 의해서 치료자는 환자의 정신세계를 좀더 정확하게 파악할 수 있다(안영진 · 장선철, 2001).

현재 행하고 있는 집단 심리치료로서의 미술치료는 다음의 세 가지로 나눌 수 있다.

① 내담자의 자발성을 향상시키는 것이나 사회 참여에의 능력을 높이는 것을 주된 목적으로 하는 것

② 집단을 가족에 한정하는 것

③ 집단구성원의 자유로운 상호교류를 촉진하여 환자의 자기 통찰, 왜곡된 인간관계의 교정을 목적으로 하는 것

## 4. 음악활동을 통한 지도

음악치료란 훈련되고 자격있는 음악치료사가 즐겁고 창조적인 음악적 경험을 음악치료대상자와 나눔으로써 음악치료대상자의 심리적, 신체적, 정신적인 이상상태를 복원하여 이를 유지하고 나아가서는 향상시킬 목적으로 과학적이고 체계적으로 음악을 사용하는 일체의 활동을 말한다.

이러한 음악치료의 정의는 치료사에 따라 달리 정의될 수 있고 그 이유는 다음과 같다.

음악치료(music therapy)란 말은 음악(music)과 치료(therapy)의 합성어이다.

따라서 음악치료를 정의하기 위해서는 음악에 대한 정의와 치료에 대한 정의가 있어야 함은 당연한 것인데 대다수의 사람들은 음악과 치료에 대한 정의를 따로 내리지 않고 음악치료에 접근하기 때문에 음악치료를 이해하는데 상당한 혼선을 빚고 있다.

먼저 음악에 대해 정의를 한다면, 음악을 멜로디, 하모니, 리듬이 갖추어진 우리 귀에 듣기 좋은, 일반적으로 음악이라고 불리기에 무리가 없는 아름다운 소리를 음악으로 정의하는 사람이 있는 반면 어떤 사람은 현대음악 작곡가들처럼 우리 주변의 소음이나 침묵마저 음악의 범주에 포함시킬 수 있다. 이런 사람들은 같은 '음악' 이라는 용어를 사용하고 있지만 각각 다른 개념을 가지고 있는 것이다. 음악치료를 정의하기 위해서는 먼저 음악치료사 자신이 음악을 어떻게 정의하는가가 상당히 중요하다.

다음으로, 치료라는 말을 보면 음악치료에서 말하는 치료의 개념은 의사가 행하는 의술(medical treatment)이 아닌 Therapy의 개념이며 Therapy의 사전적 의미는 약물이나 수술을 이용하지 않고 정신적 신체적 질병을 치료한다는 것이다. Therapy의 개념의 사용도 심리치료, 물리치료, 작업치료 등 다양한 영역에 걸쳐 사용되지만 음악치료에서 말하는 Therapy의 개념은 심리치료(psychotherapy)의 개념을 가진다. 크게 심리치료의 조류는 세 가지 학파, 즉 행동주의, 인본주의, 정신분석으로 나눌 수 있다. 따라서 음악치료사는 자신이 공감하는 심리학파에 따라 치료의 개념을 정립할 수 있다.

이와 같이 음악과 치료의 각각에 대한 자신의 정의를 내리면 자신의 음악치료를 정의할 수 있다.

American Music Therapy Association에 따르면 음악치료란 '자격 있는 음악치료사가 건강이나 학습의 문제를 가진 개인들의 심리적, 신체적, 인지적 또는 사회적 기능에 긍정적인 변화를 유발하도록 음악을 계획적이고, 체계적으로 사용하는 것이다.'라고 하지만 음악(music)을 어떻게 정의하는지 또, 치료(therapy, 긍정적인 변화)를 어떻게 정의하는지에 따라 음악치료에서 음악의 치료적 적용이 달라질 수 있다.

### 1) 음악의 상담적 가치

음악은 우리의 삶과 밀접한 관계를 가지고 있다. 간단한 예로 우리 주변을 둘러보면, 우리 삶의 희로애락(喜怒哀樂)을 표현하는 음악이 있고 각종 기념일에는 그 뜻을 기리는 음악이 있고 또 국가와 민족에게는 그들의 고유한 음악이 있다.

음악은 우리 삶을 의식적 또는 무의식적으로 표현하는 도구도 되지만 우리의 삶이 음악 그 자체에 의해 영향을 받을 수도 있다. 이런 음악의 성질들이 바로 음악이 치료적인 도구로 사용될 수 있는 이유이다.

우리는 음악 감상으로 긴장 이완의 효과를 가질 수도 있고, 공동체 의식을 고조시킬 수도 있으며, 잃어버렸던 과거를 회상할 수 있는 등 음악이라는 자극에 의해 여러 가지 영향을 받을 수 있다.

그렇다면 음악의 어떠한 요소들이 이러한 작용을 하며 실제 임상에서 치료적으로 사용될 수 있는 음악의 힘이 어디에 있는지 6가지 음악의 요소로 나누어 살펴보도록 하겠다.

#### (1) 음 정

음정은 진동수에 의해 생긴다. 진동수가 많으면 높은 음정이 나고 반대로 진동수가 낮으면 낮은 음이 난다. 일반적으로 높은 음은 자극적이고 낮은 음은 이완적인 효과를 가지며 음의 이런 현상들을 이용하여 신경의 긴장과 이완을 유도할 수 있다. 좀 더 구체적으로 말하면 늘 긴장하고 있는 사람에게는 저음의 음악이(소리가) 그 사람의 긴장을 이완시켜 주는 작용을 할 수 있고 너무 늘어진 사람에게는 고음의 소리가 삶의 활력을 되찾는데 도움이 된다고 할 수 있겠다.

음정이라는 요소가 치료적으로 사용되는 예를 들면, 음의 높낮이에 따라 신체의 위 아래를 지시하는 활동이 있을 수 있겠다. 이러한 음정의 대조는 청각변별력의 발달, 주의집중, 방향성의 제시 등을 목적으로 사용될 수 있다. 또, 음의 높낮이는 언어를 발달시키기 위해 치료적으로 이용된다. 이는 말을 하기 전 발성을 촉진시킬 목적으로도 사용이 되고, 다른 경우에는 말을 할 수 있거나 분절된 낱말을 사용하는 내담자의 언어장애를 개선하기 위해서 '안녕' 또는 내담자의 이름과 같이 둘 이상의 음절로 이루어진 낱말에 3도 또는 5도로 오르내리는 간격으로 목소리에 억양을 붙이는 것으로 시작할 수 있다.

### (2) 강 약

강도는 진동의 폭에 의한 것으로 진폭이 크면 음량이 커진다. 소리의 강도는 음악의 효과를 내는데 큰 역할을 하고 거의 그것만으로도 만족감을 주게 되는 경우가 있다. 치료 상황에서 신체적 장애로 내담자가 스스로 외부 환경에 미칠 수 있는 영향력이 작고 그런 자신에 대해 자신감이 없다면 전자드럼처럼 손가락 하나를 움직여 아주 큰 북소리를 낼 수 있다면 거기에서 느끼는 만족감은 대단한 것이다. 이때 이 사람이 느끼는 즐거움이나 만족감은 다른 어떤 요소도 아닌 음량에서 비롯되는 것이다.

부드러운 음향은 대체로 친밀감을 가져다 주며, 안전한 분위기를 조성한다. 그러나 때로는 이런 부드러운 음향이 강한 감각을 구하는 사람에게는 초조감을 줄 수도 있으므로 치료자가 내담자를 잘 파악해 음악의 선곡이나 악기의 선택을 해야 할 것이다.

강약의 변화는 개인의 정서 상태나 기분에 심리적, 생리적 영향을 줄 뿐 아니라, 매우 큰 소리에서 매우 작은 소리로, 매우 작은 소리에서 큰 소리로의 강약변화는 청각을 통해 인식을 일깨우기 위한 기초가 되고, 큰 소리를 참을 수 없어하는 사람에게 적응력을 길러주기도 한다.

### (3) 음 색

음색은 소리의 질을 나타내는 것으로서 각 악기들의 특성 및 사람의 음성을 구별시켜 주는 음악의 요소이다. 음악치료에서 음색의 사용을 예로 들면, 두 개의 단순한 악기 소리를 구분하는 것은 환경에 대한 인식을 일깨우는 첫걸음이 된다. 청각 능력을 향상시키기 위해 악기소리를 구분하고 각 악기에 따른 그림이나 동작 또는, 글씨를 인지하도록 훈련하는 능력은 환경에서 나는 소리와 다양한 사람들의 목소리를 구별하고 인지하는 능력, 즉 인간과 그 이외의 환경에 더욱 민감해지는 능력으로 전환될 수 있다.

또, 치료자가 특정악기에 관심을 보이면 그와 악기와의 관계가 긴밀해지고 나아가 치료자와의 관계도 긴밀해져 눈맞춤을 하거나 타인과의 관계개선에도 도움을 준다.

### (4) 화 성

화성은 주파수가 다른 두 개의 음들이 동시에 날 때 맺어지는 관계이다. 화성의 진행을 통해 사람은 긴장 또는 이완하게 되는데 협화음과 불협화음의 결합들은 시간 속에서 계속적인 긴장과 이완의 역동적 드라마를 형성하게 된다. 음악적 진행은 아무리 불협화음이 많아도 궁극적으로는 협화음으로 끝나게 되는데 이것은 청중이나 연주가에게 모두 정서적 만족감을 가져다 주게 된다.

화성은 노래부르기와 악기 연주를 더욱 풍부하게 하여 즐거운 음악적인 경험을 갖게 하고, 그 결과 표현력과 학습동기를 향상시킬 수 있다.

다양한 음계는 개인에게 정서적, 신체적으로 영향을 미친다. 느린 박의 아르페지오 베이스 음은 부드럽고 큰 동작을 유발시킬 수 있는 반면, 스타카토로 연주되는 베이스음은 뛰기나 박수치기, 북치기 같은 반복적인 동작을 유발한다.

5음 음계의 화음은 어떤 음을 연주하든지에 상관없이 조화를 이루는 화음이다. 여기엔 어떤 '잘못'도 있을 수 없다. 치료자와 내담자가 이런 화성 속에서 완전히 조화를 이루게 되면, 내담자의 자신감과 자존감을 높일 수 있을 뿐만 아니라 자신이 치료자에게 이해되고 있다는 경험을 하게 된다.

화성은 또한 주의와 각성을 위해서도 사용되는데 내담자가 주의집중을 잘 하지 못하면 갑작스러운 불협화음으로 그의 관심을 다시 끌기도 한다.

### (5) 리 듬

리듬은 측정된 동작을 의미하는 그리스어 'rhythmos'에서 유래한 것으로 이완기간 사이사이에 산재하고 규칙적으로 반복되는 박자나 악센트로 특징지어지는 흐름 또는 움직임을 가리킨다. 리듬은 삶에 에너지를 주고 모든 살아있는 생명체는 리듬을 가지고 있다. 봄, 여름, 가을, 겨울이 우리 계절의 리듬이고 아침, 점심, 저녁이 우리 하루의 리듬이고 우리의 발달단계가 우리의 리듬인 것이다. 사람은 생체화학적으로 호흡과 맥박이라는 일정한 리듬의 바탕 위에 생체리듬을 형성하고 있는데 자장가는 이런 원리를 이용한 것이다.

리듬이 치료적으로 사용되는 예는 활동에 활력을 주고, 신체 활동을 촉진시키기 위해 사용되는데, 리드미컬한 청각적 단서들은 즉각적인 피드백을 주므로 개인이나 집단의 운동 활동을 강화할 수 있도록 도와 준다.

가사를 리드미컬하게 패턴화하여 노래하는 것은 일반적으로 발성을 자극하여 말을 하게 도와 준다.

### (6) 가 사

가사는 노래가 중심이 되는 치료에서 분리될 수 없는 부분이기 때문에 음악의 한 요소로 포함된다. 노래 가사는 정서를 이완시키고 경험과 느낌을 표현하는 수단이며, 상상력을 자극한다. 가사는 이미 만들어진 노래의 가사를 그대로 사용할 수도 있고, 치료자나 내담자가 즉흥적으로 만들 수도 있다. 아동의 현재 활동을 묘사하는 가사는 내담자에게 자신이 언제, 무엇을, 어떻게 하고 있다는 것을 인식시켜 주게 되며 이를 통해 내담자는 정체성을 획득하게 된다. 언어사용이 가능한 내담자에게는 즉흥적인 가사가 자신의 내면세계를 투사하는 하나의 수단이 되므로 이후에 내담자가 자신이 만든 가사에 대해 어떻게 생각하는지, 왜 그런 가사를 썼는지에 대해 토론을 하는 것은 아주 중요하다.

이상에서 음악이 어떻게 치료에 적용될 수 있는지에 대하여 음악의 요소들, 즉 음정, 강약, 음색, 화성, 리듬 및 가사를 통해 알아보았다.

음악은 우리 감정의 언어이고 이를 통해 우리는 우리 자신과 타인, 또 주변환경과 의사소통을 하는 채널이 된다. 이는 말(verbal language)이 직선적이고 때때로 위협적일 수 있는 반면에 음악적 의사소통(musical communication)은 추상적이기 때문에 자신의 감정을 표현할 수 있는 안전한 매개체로서의 기능을 수행한다.

감정을 표현한다는 것은 그 사람이 살아있음을 표현하는 것이고 음악이 이런 우리의 삶을 보다 풍요롭게 해주는 것이다.

## 2) 음악치료의 기초-세계 음악치료의 조류

세계 음악치료의 흐름은 음악치료의 정의에서 언급한 심리학의 조류에 따라 크게 세 가지로 나뉘고 이에 덧붙여 최근에는 생체의학(biomedical)에 바탕을 둔 음악치료가 위스콘신-오클레어 대학(Wisconsin-EauClaire University)을 중심으로 활기를 띠고 있다.

### (1) 행동주의를 바탕으로 하는 음악치료

행동수정에 초점을 둔 정확한 자료와 분석관찰로서의 치료방법이다. 치료자는 음악치료 활동을 통해 나타나는 환자들의 음악 외적 행동들을 치료목적으로 두게 되며 이러한 문제되는 행동은 음악을 이용해 보완·수정하는 것이다. 행동주의에 바탕을 둔 음악치료는 단계적인 목표와 그에 따르는 활동 및 절차를 가지며, 행동을 변화시키기 위해 측정 가능한 용어로서 설계한 계획에 따라 행동이 증가했는가 감소했는가를 기대한다. 미국의 켄사스 대학을 중심으로 하는 음악치료 학파이다.

### (2) 인본주의에 바탕을 둔 음악치료

인간의 존엄성과 가치를 존중하고 각 개인마다 독특한 잠재력이 있으며 모든 인간은 이런 잠재력을 펼칠 수 있는 자아실현의 경향성을 가지고 있다는 믿음에서 출발한다. 음악치료사는 치료대상자가 자신의 잠재력을 펼칠 수 있는 환경을 만들어 주는 목적으로 음악을 사용한다. 미국의 뉴욕대학교를 중심으로 하는 학파이다.

### (3) 정신분석에 바탕을 둔 음악치료

치료대상자가 자신의 가능성을 자각 못하게 막는 장애물과 개인적 목표를 달성 못하게 막는 장애물을 제거하기 위해 치료대상자의 무의식 세계를 탐색하고 이로 인한 성장을 도모하여 치료대상자와 치료자가 언어와 상징적 즉흥연주를 사용하는 것으로 즉흥연주에서 나타나는 전이와 역전이를 중요시 여긴다. 1970년대 초

영국의 메리 프리슬리(Mary Priestley)에 의해 발전된 모델이다.

#### (4) **생체의학에 바탕을 둔 음악치료**(biomedical theory of music therapy)

음악이 인간 뇌 기능에 괄목할 만한 영향력을 행사하기 때문에, 음악의 효과는 치료적으로 사용될 수 있다는데 바탕을 둔다. 통증과 음악이 뇌로 전달되어지는 과정, 감정을 일으키는 뇌의 부분에서의 음악적 자극의 신경전달 과정, 대화와 움직임에 연관된 음악에 대한 생리적 반응, 불안과 스트레스 생리학에 대한 음악의 효과를 주로 다루고 있다. 축적된 음악치료 리서치에 바탕을 두고 1980년대 후반부터 연구가 활발히 진행되고 있다.

#### (5) GIM(Guided Imagery and Music)

1978년 미국의 Helen Bonny가 처음 시작하여 발전시킨 음악치료 방법으로 음악의 연상작용을 통해 치료대상자의 상태, 결핍 등을 치료자가 대화로서 이끌어 내는 치료방법이다. 음악은 무의식에 있는 감정을 자극하여 전에 느끼지 못했던 기분을 느끼게 하고 상상력을 불러일으킨다. 이는 분석적 정신치료에 음악의 특성을 고려해서 사용한 것, 즉 정신분석과 같은 치료기법으로 무의식을 탐구해 나가는 치료에 음악을 사용한 것이다.

#### (6) **창조적 음악치료**(creative music therapy)

Nordoff-Robbins Music Therapy Center의 창시자인 미국의 피아니스트겸 작곡가, Paul Nordoff와 영국의 특수교사 Clive Robbins가 발전시킨 음악치료 방법으로 세계적으로 널리 사용되고 있다. 그들의 접근법을 창조적이라고 하는 이유는 치료자가 치료적 음악과 상황을 연속적으로 '창조'하고 환자가 적극적인 음악 만들기에 관여하고, 이 접근이 소극적이며 수용적인 것보다는 적극적이고 표현적인 것에 초점을 맞추기 때문이다. 음악은 치료적 성장을 위한 자극과 반응으로 사용되고, 언어적 상호작용은 최소한으로 한다. 따라서 이 접근은 치료 안에서의 음악이 아니라 치료도구로서 음악을 사용하는 것이라 할 수 있다.

### (7) 자유로운 즉흥 음악치료(free improvisation therapy)

Juliette Alvin에 의해 발달한 접근방법으로, 이 접근법을 'free'라고 하는 이유는 치료자가 치료대상자에게 규칙, 체계, 주제 없이 자신이 원하는 대로 즉흥연주를 하도록 하면서 치료대상자에게 절대적인 자유를 주기 때문이다. 여기서 음악치료 과정을 지적, 신체적, 사회－감정적 성장의 연속 단계에서 계획되어지고 충족되어야 하는 발달과정으로 보는데, 발달과정에서는 치료대상자가 자기, 타인, 사물에 관계를 맺을 수 있게 도와 주는 것을 가장 중시한다. 즉흥연주는 치료에 대한 포괄적 음악적 접근의 한 부분으로 사용되는 데 여기에는 감상, 연주, 기록, 움직임이 포함된다. 이 접근법에서 악기의 사용은 매우 중요한데, 악기는 치료의 통합적인 부분으로 사용되고, 치료자와 치료대상자 관계에 중요한 역동적 기능을 제공한다.

## 3) 음악치료의 기법

수동적인 음악치료의 방법인 음악감상을 치료대상자의 긴장이완을 도울 목적으로 또는 심상을 촉진시킬 방법으로 사용하기도 하는데 음악치료에서는 적극적인 음악치료 즉, 환자와 치료자 간의 즉흥연주, 노래부르기, 노래만들기 등 적극적으로 치료대상자의 반응을 끄집어 낼 수 있는 음악적 활동을 더 많이 사용한다.

음악치료의 기법에서 다음과 같은 사항에 유의하여야 한다.

① 반응은 다양한 음악적 세팅, 즉 단순한 감상이나 표현적인 연주에 의해 불러일으켜질 수 있다.

② 실제 치료 과정에서는 개인의 정신 구조, 사회 문화적 배경에 의해 치료적으로 특정한 음악자극 요소는 내면 세계를 열도록 한다. 그래서 음악치료사들은 내담자(환자)의 경향이나 선호도, 친숙함, 현재의 기능 정도까지를 알아야 한다.

③ 음악치료사는 치료적 환경을 만들어야 하는데, 즉 음악을 통한 의미있는 경험이 일어날 수 있도록 해야 한다는 말이다.

④ 음악치료사는 내담자에게 불러일으켜진 반응이 삶의 질과 기능의 정도, 내담

자를 위한 행동 목표에 연관되는지를 지속적으로 평가한다. 치료적 목적에 특정한 음악적 경험이 먼저 일어나 지속되어야 한다.

### (1) **음악연주 그룹**(performance music group)

가장 일반적으로 행해지는 음악활동을 말하며 피아노나 기타 등의 악기를 배우고 가르치는 활동과 핸드벨이나 그 외 그룹 악기 연주활동도 포함된다. 또는 함께 노래 부르는 시간이나 합창 또는 합주 시간도 이에 포함된다. 음악치료사가 악기를 가르치거나 합주 그룹을 인도하지만 그것이 일반 음악활동과 다른 점은 음악활동이라는 도구를 통해 치료자가 목표로 하는 것이 음악 외적인 행동의 변화라는 점이다.

### (2) **즉흥연주 그룹**(improvisational music therapy)

실제 음악활동에서 가장 널리 사용되고, 또 다양한 형태로 응용되는 방법의 하나로 즉흥연주 방법이 있다. 즉흥연주의 효과는 내담자 개개인의 감정적 경험을 즉각적으로 표현하도록 도우며, 이러한 감정 표현 과정을 통해 환자는 감각의 세련화, 현실에의 적응, 창조력, 질서와 협동심 등을 받아들이게 된다. 또한 자기표현을 통해 자신과 환경에 대한 평가를 하며 비언어적 교류를 통해 타인과 커뮤니케이션을 하게 되는데, 이러한 음악 행위에 수반된 책임과 질서의 요청은 상호교류나 대인 관계를 원활하게 해 주고 사회 복귀를 위한 유용한 행동 학습으로 이어지게 된다.

즉흥연주라는 말은 상당히 넓은 의미로 사용되는데 대개 즉흥적인 연주 또는 소리난 음악의 형태를 창출시키는 음악적인 활동이 진단평가, 치료, 또는 평가의 방법으로 사용되는 경우를 의미한다. 대개의 연주는 음악가가 자신의 음악적 기술을 사용해 다른 사람의 작품에 자신을 표현시키는 경우가 많지만 내담자들은 자신의 기술을 다른 사람의 작품에 넣어 표현하지 못한다. 음악치료를 받기 위해 내담자의 사전 음악적 경험을 요구하지 않는다는 측면에서 즉흥연주가 필요한데 이는 모든 내담자를 대상으로 하기 때문이다.

즉흥연주를 해야 하는 목적은 사람에게는 자신의 상황 속에 일어나는 모든 것이 의미있는 작업이다. 전형적인 음악치료 그룹에서는 치료자가 네 마디 또는 여덟 마디를 주는데 이 상황에서 내가 무엇을 어떻게 한다는 자체가 내가 곧 어떤 삶을 창조해 가는가를 의미한다. 건강한 삶이란 내게 주어진 삶을 완전히 받아들이고 창조해 가는 과정이라 할 수 있다. 즉흥연주 이면에 숨겨진 중요성은, 주어진 상황 속에서 가장 완전한 경험을 하는 것이다.

만일 연주하는 어떤 악기의 일차적인 강점이 멜로디라면 치료자는 내담자에게 멜로디를 통해 리더십이 나오도록 해준다. 하지만 이 리더십의 개념은 무엇이 '맞거나', '틀린' 개념은 아니다. 주어진 악기와의 관계 속에서 상호 완전한 경험을 맛볼 수 있도록 하는 것이다. 치료자는 내담자에게 상황을 만들어 주므로 다른 각도에서 내담자가 자신의 역할을 발견하고 그 주어진 상황에서 완전한 경험을 하도록 한다. 그러면서 두 사람 모두 성장해 간다.

### (3) **창작, 작곡, 노래 만들기**(creating, composing, songwriting)

간단한 노래를 만들어 노래를 통해 질문하고 환자의 답을 듣는 방법을 사용한다. 이는 언어로써 의사소통하는 것보다 훨씬 효율적으로 내담자와 유대 관계를 형성하면서 자연스럽게 진행하도록 해준다. 또는 간단한 노래에 자신의 느낌을 넣어 곡을 끝맺는 방법을 사용하기도 하는데, 이런 노래는 치료자에 의해 즉석에서 만들어 질 수도 있지만 환자에게 익숙한 곡으로 해당 그룹활동의 주제에 맞는 곡을 선택하여 사용할 수도 있다.

이렇게 노래에 자신의 말을 넣어 곡을 만드는 방법 이외에도 어떤 노래를 함께 부르고 그 노래 가사가 의미하는 바에 대해 함께 생각을 나누는 방법도 흔히 사용된다. 우울증의 환자가 인생의 무의미를 느끼고 있을 때 도움을 줄 수 있다고 판단되는 가사의 곡을 선택하여 환자와 함께 부르면서 자연스럽게 토의하는 경우가 그 한 예가 될 수 있다.

또한 그룹활동을 통해 느낀 감정과 새로운 마음의 상태를 노래의 가사로 적은 후 음악치료사가 곡을 만들어 함께 노래하면서 자신이 만든 글을 다시 음미하게 하기도 하는데, 이 경우 대개 음악치료를 통해 나타난 긍정적인 상태들이 노래로 불려지게 되며, 이러한 노래를 내담자들이 오랫동안 기억하면서 비슷한 어려움을 당할 때마다 이때 불렀던 노래를 기억하면서 그 어려움을 극복하는 경우도 종종 있다.

### (4) 적극적인 음악감상과 인식, 말하기 유도

일반적으로 음악치료사가 부르는 노래를 알아 맞추거나 합주곡을 들으면서 사용된 악기의 소리를 찾는 활동이 포함된다. 음악치료사가 부르는 노래를 알아 맞추게 하는 그룹활동의 한 예로서 노인성질환자를 위한 병동에서 일하는 음악치료사가 환자들의 젊은 시절에 유행했던 노래를 부를 때 그룹에 참석한 사람들이 자신이 한창 젊었던 시절에 유행했던 노래를 들으며 그 곡의 이름을 알아 맞추고 함께 노래를 따라하는 것을 생각해 볼 수 있다. 그리고 합주곡을 들으면서 악기를 구별하는 것은 취학 아동 또는 취학 전 아동의 경우 집중력과 소리에 대한 주의집중, 음색의 구별, 악기를 기억하는 기억력을 높이는 방법으로 사용될 수 있다.

음악을 들으며 이야기를 만들어 가는 방법을 사용할 수 있다. 내담자의 수나 기능 수준에 따라 다를 수 있겠지만 이런 경우 대개 치료자가 미리 편집한 음악을 들으며 음악이 주는 이미지가 달라질 때마다 내담자들이 차례로 이야기를 이어가면서 자신의 느낌과 원하는 방향으로 이야기를 만들어 간다.

### (5) 적극적인 음악감상과 상상

음악의 연상작용을 통해 환자의 필요를 충족시키는 경우가 해당될 수 있는데, 이것은 단순한 음악 감상 이상으로 치료자와의 밀접한 대화를 통해 목적을 달성하는 복합적인 접근 방법이다. 또한 적극적인 음악 감상과 상상을 통해 몸과 마음이 편안하게 이완되도록 유도하기도 한다. 한편 적극적인 음악 감상과 상상을 통한 음악치료의 한 방법으로 가장 널리 알려진 것으로 GIM(Guided Imagery and Music)방법이 있다.

### 4) 음악치료와 율동활동

원시인들이 음악을 춤과 함께 사용하여 질병을 치료했던 것처럼 음악치료는 보통 동작과 함께 이루어진다. Nash(1974)에 의하면 동작은 인간에게 가장 본질적인 것일 뿐 아니라 자아표현이나 의사소통 그리고 건강 증진의 가장 강력한 수단 중 하나이다. 리듬과 멜로디는 동작을 표현하며, 동작은 인간의 음악에 대한 자연스런 반응이다. 그러므로 음악과 음악 형태의 이해, 음악적 재능의 발달, 근육의 상호작용 및 자유로운 자아표현의 직접적이고 자연스런 방법이 바로 동작인 것이다.

동작치료라고도 부르는 무용치료는 내담자의 감정적, 인지적, 사회적, 물리적 발달을 위해 사용되는 심리치료이다. 무용은 몸의 물리적 동작을 통해 직접적인 표현을 포함하는 근본적인 표현예술이다. 몸과 마음이 서로 관련되어 있다는 가정 아래, 무용치료는 '개인의 감정적, 인지적, 물리적 통합의 과정으로 동작을 심리치료에 사용하는 것'으로 규정된다.

심각한 정서장애가 있는 사람들 뿐만 아니라 모든 연령의 사람들이 무용/동작치료를 받는다. 이들에 대한 예로는 섭식장애, 폭력적 성인, 성적 · 물리적으로 학대받은 어린이, 비정상 가족, 노숙자, 자폐아, 허약한 노인들, 약물 남용자 등이 있다. 특화성 생성 영역에서도 만성적 · 의학적 상태에 있는 사람들에게 질병을 예방하고 건강을 촉진하기 위한 프로그램에서 무용/동작치료를 사용하고 있다. 많은 혁신적 프로그램들이 심장혈관계 질환, 고혈압, 만성 통증이나 유방암의 치료에 무용/동작치료를 제공하고 있다.

아동상담에서 사용하는 몇 가지 동작활동으로는 우선 행진이나 깡충뛰기, 한발뛰기, 말같이 뛰기, 박수치기, 손가락으로 딱딱 소리내기, 발구르기 등 여러 활동을 음악에 맞춰 할 수 있다. 동작활동은 몸 전체를 사용하는 내담자도 있고, 신체의 일부분(팔, 손)으로 표현할 수도 있다. 이런 동작활동의 예에는 다음과 같은 것이 있다.

① 걷기, 뛰기, 행진, 느리게 걷기, 다양한 배경(즉, 달 위, 물 속, 천장, 해변, 운동경기장 등)에서 무언극하기 등을 흉내내기

② 코끼리, 오리, 게, 물고기, 화성인 흉내내기
③ 모든 행동을 반대로 하기, 예를 들어 위에 소개한 행동을 거꾸로 해보기

아동은 형식화된 춤, 즉 민속춤, 네 사람이 마주보고 추는 춤(스퀘어), 현대식 춤, 사교춤과 기타 각종 순서적인 신체활동을 선택하고 배우며, 또 실제로 해본다. 상담자는 아동의 신체운동 능력 발달 정도에 따라 동작활동을 적절한 순서로 제시하여야 한다.

### 5) 음악치료 과정

인간은 누구나 자신의 고유의 성격을 가지고 있듯이, 모든 사람은 그 사람 고유의 음악성(이것은 음악적 소질과는 관계가 없다)을 가지고 있다. 이 때문에 사람은 소리에 대해 다르게 반응하고 음악에 대해 주관적인 견해를 보이고 선호하는 음악의 장르가 다른 것이다.

음악치료의 과정은 장애의 정도와는 무관하게 치료대상자에게 잠재하고 있는 고유한 음악성을 깨워서 외부세계와 소통하도록 돕고, 이를 통해 치료대상자가 환경과 현실에 대해 보다 나은 인식을 하도록 만들어 주며 이런 과정을 통해 치료대상자의 사고, 감정, 의지가 강화된다.

구체적으로 음악치료의 시작은 상담을 통해 치료대상자에 대한 기본적인 지식을 얻은 다음 2~3개월에 걸친 평가 기간으로 들어간다. 이 시기 동안 음악치료사는 음악 속에서 보여지는 치료대상자의 문제점, 결핍 그리고 장점 등을 파악해 구체적인 치료 계획을 세우게 된다. 이 때 음악 속에서 나타나는 치료대상자의 문제점이나 결핍들은 고쳐나가고 치료대상자가 가지고 있는 장점들은 더욱 부각시키도록 한다.

여기에서의 결핍은 망각, 반응의 결여, 수동성, 위축, 실어증, 틀에 박힌 행동, 반향어, 퇴행행동, 부정적인 경향, 저항, 무감동, 지나친 의존성, 불안, 통제력의 부족, 표현력의 부족, 창조성의 부족, 대화를 부정하는 것이다.

치료과정을 통해 설정한 목표가 달성이 되고 치료대상자의 잠재력이 충분히 발휘되게 될 때 치료는 끝나게 됩니다.

## 5. 심리극을 통한 부적응 행동지도

### 1) 심리극의 의의

심리극(psychodrama)은 1920년 쟈콥 레비 모레노(Jacob Levy Moreno)에 의하여 제창되었다. 그는 심리극을 '진실의 극장'(a theater of true)으로 정의하고 상호작용적인 집단역동에 대한 통찰력과 창조성의 철학을 통합시켜 만들어낸 집단정신치료의 접근방식으로써, 그 후 수십 년에 걸쳐 다듬어지고 세분화되었다(Blathner, A, 1988).

모레노는 심리극이란 연극적인 방법에 의한 인간존재의 진실 및 환경장면의 현실을 탐구하는 과학이라고 하였다. 즉 자신의 문제를 단순하게 말로 표현하는 대신에 자발적인 행동으로 문제 상황을 표현하는 자발성과 즉흥성, 창조성이 핵심이 되는 즉흥극이라 할 수 있다. 모레노에 의하면 인간은 태어난 순간부터 부딪쳐오는 새로운 상황에 반응을 하는 바, 생존을 위해서는 최소한의 자발성이 필요하다. 자발성이란 Libido나 Drive의 파생체가 아니며 그 자체가 하나의 기본적이고 적극적인 현상이다. 즉, 인간성장에 있어서 필수적인 요소이며 인간행동의 최초의 힘(primary force)이다. 따라서 바로 이 순간에 작용하는 에너지라고도 할 수 있다. 자발성의 목표는 창조성이다. 자발성을 충분히 발휘하기 위해서는 미리 계획된 대로하는 것이 아니라 즉흥적으로 이루어져야 한다. 순발력, 기습적 상황에 대한 적절한 대처를 말한다.

창조성은 자발성에 의해 기대하지 않았던 놀라운 느낌, 현실을 변화시키려고 노력하는 비현실성(이것은 현실을 능가하며 보다 앞선 것이다), 독자적으로 행동하는 것, 어떤 과정을 의식으로 끌어올리는 경향과 함께 모방적으로 구체화시키는 경향을 말한다. 더불어 한 인간의 갈등에 관한 정서적 문제해결을 포함한 설정에 관한 것으로서 주인공 중심이며(Adam Blatner, 1988), 극은 주인공 인생의 많은 주변, 즉 과거, 현재, 미래를 오가며 주로 깊은 정서적 상황 쪽으로 이동하게 된다(Kellerman, 1987). 심리극을 통해 참여자는 자신의 문제를 행동으로 표출하며 또한 심리극적 표현방법을 통해 표출(acting-out)하려는 욕구를 통찰하고 그것에 관련된 환상, 기억, 투사 등이 의식의 수면으로 떠오르게 되므로 감정표현과 동시에 개인의 자아인식을 발달시켜 정서적 갈등을 명백히 해줄 수 있다(Blatner, 1988).

즉, 심리극이란 자발적으로 선택되어진 주인공이 관객 앞에서 시간과 공간에 제약을 받지 않고 넘나들면서 자신의 고민, 갈등, 희망, 꿈 등을 구체적인 행동으로 표현하고 연기함으로써 개인이 가지고 있는 심리적인 차원을 다루어 주는 집단 프로그램의 한 방법이라고 하겠다.

심리극은 어떤 개인이 단순히 자신의 갈등 상황에 대해 스스로 말하기보다는 그 상황을 연기함으로써 자신이 가지고 있는 문제의 심리적 자원을 탐구하도록 돕는 방법이다. 심리극은 한 인간의 갈등에 관한 정서적인 문제해결을 위한 연기를 가리킨다. 즉, 주인공 중심적이며 극은 주인공의 과거 · 현재 · 미래를 이동하면서 삶의 여러 측면을 탐구하게 된다.

따라서 심리극이란 개인이 자신의 문제를 단순히 말로 표현하는 대신에 자발적인 행동으로 표현하는 대본이 정해지지 않은 즉흥극이며 자신의 실제, 좌절당한 상황, 자신의 소망 등 자신이 직면하고 있는 문제들을 연기로 표현하는 과정을 통해 내재된 자신의 감정, 무의식적 충동 등을 깨닫게 되고 현재 문제와 관련된 환상이나 기억들을 찾아내게 된다.

물론 심리극에서 이러한 것들이 표현되기 위해서는 참여자들의 자발성이 필수적인 요소이다. 다시 말해 창의성과 자기노출, 자신의 문제를 기꺼이 행동화할 준비가 되어 있어야 한다. 그리고 주인공들의 갈등, 문제들이 바로 '지금 여기서(here-and-now)' 일어나는 것처럼 재현되어야 한다는 점에서 '현재성'이 매우 중요하다. 즉, 극의 상황은 외부에서 일어났던 여러 가지 상황들이 마치 지금이 극중에서 벌어지고 있는 것처럼 재현되어야 하는 것이다. 왜냐하면 극 속에 자신이 미처 깨닫지 못한 심리적 내용들이 투사(projection)되게 되므로 극중 상황에 현재성이 부여되어 몰입될 때 자신을 보다 분명하게 이해하게 되고 정서적 갈등이 명료해지는 것이다.

심리극에서 이루어지는 감정표현은 자연스러운 극 상황을 통한 신체 접촉을 통해 서로의 감정을 표현할 뿐 아니라 경험함으로써 극에 참여하는 주인공이 문제의 정서적 수준에 좀더 빨리 도달할 수 있도록 한다(오수성, 1985). 내담자가 인식하지 못하고 표현하지 못한 감정과 대면할 수 있도록 돕기 위해 의미 있는 사건들이 재연되고, 이러한 감정들이 충분히 표현될 수 있도록 통로를 제공하며, 새로운 행동을 해 보이도록 격려한다(Corey, 1981). 이러한 감정의 표현으로부터 얻게 되는 이익은 그 사람이 억압된 감정을 표출시켰을 때 받는 반응에 의존한다. 예컨대, 분노의 표현이 보복을 낳게 된다면, 그 경험은 안도감보다는 새로운 좌절을 초래할 것이다. 따라서 좋은 환경에서 지금까지 간직해 왔던 감정을 표현해야 다른 사람들의 말에 귀를 기울일 준비가 더 되고 전체 상황에 대한 인식을 재구성할 준비를 갖추게 되는 것이며 심리극은 이런 좋은 환경을 제공해 준다고 할 수 있다(Kellermann, 1984).

성공적인 심리극의 주된 특징은 참가자들의 감정을 보다 깊고 강하게 표현하는 것이다. 특히 집단치료란 의미에서는 현실적이고 무비판적이고 수용적인 분위기에서 자기 개방을 허용하며, 행동치료란 의미에서는 순수하고 원초적인 형태로 감정을 표현하도록 허용할 뿐 아니라 나아가 언어적, 개념적 표현력과 수용력을 고양하고 길러 준다. 이런 감정의 배출 후에는 대부분 정화의 긴장 감소가 일어나고, 그렇게 되면 명료화나 해석에 대해 수용적이 되어서 쉽게 통찰에 도달하게 된다(오수성, 1985).

정화의 의미를 감정의 해방과 안도감 뿐 아니라 통합과 질서로, 과거의 강한 재연 뿐 아니라 지금 여기에서 강하게 사는 것으로, 수동적, 언어적 반영 뿐 아니라 행동적, 비언어적 연기로, 개인적인 의식 뿐 아니라 대인간 갈등의 해결로, 의학적 정화 뿐 아니라 종교적이고 심미적인 체험으로 확대시킨 사람이 바로 Moreno(1953, 1956, 1977, 1985)였다. 정화에 대한 이러한 정의는 앞에서 제시되었던 것보다 상당히 확장된 것이며, 자아통합(ego-integration)의 필요성을 전달하고 있다. 그리고 심리극에는 두 국면의 과정이 함축되어 있음을 나타낸다. 즉, 해방과 안도(정화)와 통합과 질서(훈습)가 그것이다.

심리극의 첫 국면은 저항의 분석(Kellermann, 1984)과 정화 둘 다를 포함한다. 심리극에서 주인공은 감정을 표현하도록 조종되지 않지만 그들의 자발성을 막고 있는 저항들을 극복하도록 도움을 받는다. 정화는 유도되지도 억제되지도 않지만 적절한 때에 나타내어도 좋다. 단지 의사소통이 개방되어 있고, 감정이 자연스럽게 흘러나올 때에만 주인공은 그들의 표현을 최대화하여 모두 분출하도록 격려된다. 그러나 심리극 연출자들은 정화가 일어났다는 것에 만족하지 않는다. 왜냐하면 이것은 심리치료의 종착점이 아니라 시작점이기 때문이다.

심리극의 두 번째 국면은 감정의 통합(integration)과 질서(ordering)를 포함한다. 해방된 감정이 무엇이건 간에 이것이 안개 속으로 사라지는 것을 막기 위해서는 통합되어야만 한다. 이러한 통합은 내적인 정서의 혼돈 속에서 질서를 회복하고, 대처 전략을 새롭게 학습하고, 대인관계에 대한 훈습을 하고, 감정의 확인과 구분, 대립되는 감정들간의 조정, 부분적인 감정을 완전한 감정으로 변형, 그리고 주인공의 자아(ego)가 부적절한 감정을 통제하는 최선의 방법을 발견하도록 돕고, 행동, 인식, 의사소통에 영향을 미치는 많고 다양한 감정들이 일어나는 것을 조정하는 것을 포함한다.

요컨대, 정화는 그 자체로 치유적이지는 않으며, 단지 다른 요소와 결합하여 변화에 영향을 미칠 수 있다. 정화는 심리극에서 유일한 혹은 가장 절대적인 치료적 요소는 될 수 없지만 감정에 관한 한 심리극의 종합적 목표는 정화뿐 아니라 그 결과로서 일어나는 통합과 질서이다(Kellermann, 1984).

이상의 정의에서 보듯이 심리극은 개인이 자신의 문제를 말로 표현하는 대신에 자발적인 행동으로 표현함으로써 감정 표현과 더불어 자신의 충동과 그에 관련된 환상, 기억, 투사 등을 의식하게 하는 것이다. 그리고 자신의 실제생활, 좌절된 상황, 자기실현의 소망 등 모든 문제들을 연기를 통해 표현해 봄으로써 개인의 문제를 해결하고 그 안에서 자기 활동을 회복하며 행동하는 힘을 기르는 것이라고 할 수 있다.

### 2) 심리극의 기법

#### (1) 심리극의 구성요소

심리극의 구성요소를 살펴보면 먼저 자신을 드러낼 주인공(protagonist)과 극

전체를 이끌어갈 연출자(director)를 필요로 한다. 그리고 주인공의 상대역을 해줄 보조자아(auxiliary ego)와 관중, 무대공간을 필요로 한다(Eva Leveton, 1992, Adam Blatner, 1988).

### 1 주인공(protagonist)

심리극에서 주인공은 심리극 연기의 주체가 되는 사람을 말한다. 관객이든 정신과 병동의 입원 혹은 외래환자이든 학생, 훈련생, 집단구성원 또는 참여자 어느 누구든 자신의 인생상황에 관해 극으로 표현한다면 주인공이라 할 수 있다.

### 2 보조자아(auxiliary ego)

주인공과 더불어 극을 보며 공감하고 반응을 보일 관중이 있어야 심리극이 이루어진다. 그리고 심리극에는 주인공이 극을 엮어 가는 과정에서 극의 진행을 도와줄 인물을 필요로 하는 데 이러한 인물을 보조자아라고 한다. 보조자아는 극중에서 주인공의 상대역을 하고 주인공이 극을 진행시키는데 촉진자 역할을 한다.

보조자아 또는 보조자는 심리극 장면에 참가하는 주인공과 연출자 이외의 모두를 일컫는다. 대개 보조자아는 주인공의 생활 속의 인물, 이를테면 부인, 남편, 고용주, 또는 주인공 자신의 또 다른 일부분을 표현한다.

### 3 연출자(director)

한편 심리극에서 빼놓을 수 없는 인물이 연출자이다. 연출자는 주인공이 자신의 문제를 탐구하기 위해 심리극적 방법을 사용할 수 있도록 극을 이끌어 가는 사람이다. 대개 집단 내에서 집단지도자, 치료자, 교사, 또는 상담자로 여겨지는 사람이 될 수 있다. 연출자는 치료자로서 심리극 전반을 이끌어 가는 기능을 한다. 연출자는 무엇보다도 주인공의 심리적 차원을 이해하고 신뢰감을 주어 주인공이 자신을 드러낼 수 있도록 극의 분위기를 조성하고 객관적 자세를 유지해야 한다. 연출자의 역할은 주인공의 심리적 차원과 극중에 일어나는 변화를 예민하게 관찰해야 할 뿐 아니라 관중의 반응과 변화를 살펴가면서 극을 진행시키는 것이다. 이러한 기능을 수행하기 위하여 연출자는 전문적 능력을 갖추어야 한다.

### 4 관객(audience)

관객은 심리극이 진행되는 동안 참석하여 주인공의 이야기를 보고 있는 나머지 사람들을 말한다. 관객은 정신치료 집단이거나 집단상담의 경우라면 집단원 주인공의 가족 구성원들일 수도 있다. 심리극의 관객은 일반 연극 관객과는 달리 주인공이 자신의 감정들을 탐구하는 과정에 직접 참가하는 적극적인 역할을 맡는다.

### 5 심리극의 장소와 무대

Moreno는 심리극을 하기 위한 방으로 약간 둥근 그리고 계단식으로 경사가 있는 관객석, 관객과 무대 사이를 연결짓는 널찍한 계단, 조명과 음향이 있는 무대를 추천하고 있다. 그러나 실제로는 심리극을 하는 곳마다 그런 장치가 모두 갖춰져 있지는 않다. 책걸상과 교탁이 있는 전형적 교실이 될 수도 있고 책걸상이 U자형으로 배치된 회의실이 될 수도 있으며 조명 장치가 되어 있지 않은 마루가 깔린 체육관이 될 수도 있다. 이상적인 방은 좋긴 한데 구경하기가 힘들고 어떻게 보면 필요 불가결한 것도 아니다. 심리극의 토대는 가상적 역할을 해보는 것이므로 거실이든 사무실, 교실, 정원 어느 곳이든 무대가 될 수 있다.

### 6 무대소품과 조명 · 음향

무대 위에는 몇 가지 소도구들이 있으면 편리하다. 가벼운 의자들과 단순한 디자인의 탁자, 베개, 침대 그리고 다른 다양한 소도구들이 사용될 수 있다. 의자는 그저 앉기 위한 것이 아닌데 비어 있을 경우 투사된 인물로 여겨질 수도 있다. 또한 장애물로서도 사용될 수 있고 높이를 조절하여 지위를 상징적으로 나타낼 수도 있다. 탁자도 건물 꼭대기, 책상, 판사석, 식탁, 또는 무서운 때 움츠리거나 숨을 수 있는 동굴이 될 수 있다. 베개나 스펀지 고무 방망이는 싸우거나, 세게 치거나, 때리기 위해, 방어를 위해 또는 아기 대신으로 사용될 수도 있다.

조명이나 음향기기 같은 보조기구들은 필수적인 것은 아니지만 상당한 효과를 줄 수 있다. 예를 들면, 특수조명은 여러 분위기를 연출하는 데 도움이 된다. 붉은 색 조명은 지옥, 작은 술집, 또는 강렬한 감정적 장면을 표현할 수 있으며, 푸른색은 죽음의 장면, 천국 또는 바다를, 완전한 암흑은 고립과 외로움을 연기하는 장면에서 효과적이며, 흐린 조명은 꿈 속의 장면들을 표현할 때 독특한 분위기를 살려 준다. 잔잔히 흐르는 배경음악이라든지 의미 있는 감정을 유발시키는 녹음된 노래 같은 음악도 역시 심리극에 강력한 부속물이 될 수 있다.

### (2) 심리극의 진행과정

심리극이 진행되는 과정은 참여자, 시간, 장소, 연출의 특성, 보조자아의 특성 등에 따라 조금씩 다르게 진행되는데, 전형적인 심리극의 공연의 개요(Adam Blatner, 1988)를 살펴보면 다음과 같다.

**1 준비 작업(warming up)**

① 연출자 자신의 준비작업

② 집단의 목표나 역할, 사례, 한계, 시간 배열에 관해 토론한다.

③ 서로 알게 된다. 즉 성원을 서로 소개시키기 위한 연습을 한다.

④ 연출가는 집단응집력과 자발성을 길러주는 행동 연습을 집단에게 시킨다.

⑤ 참가자들이 준비과정에서 무엇을 경험했나를 토론함으로 집단이나 개인 문제에 공통된 관심 주제를 이끌어 낸다.

⑥ 집단성원 중 한 사람이 주인공으로 뽑히게 되고 자신의 혹은 집단의 문제를 연기한다.

**2 공연(action)**

① 연출자는 주인공을 무대로 올려 보내고 문제를 간략하게 토론한다.

② 갈등이 연기되어질 수 있는 구체적인 사례로 재구성된다.

③ 연출자는 주인공이 특별한 행동이 일어났던 배경을 묘사하도록 하며 그래서 무대를 장치한다.

④ 주인공은 그 장면이 마치 지금 – 여기서 (here and now) 일어난 것처럼 연기하도록 지시를 받는다.

⑤ 연출자는 집단의 다른 성원들이 주인공의 극에서 중요한 역할을 하도록 한다. 즉, 이들이 보조자아가 된다.

⑥ 구체적으로 장면이 묘사된다.

⑦ 연출자는 보조자아들이 주인공과 역할을 바꿈으로 (rolereversal) 주인공이

맘 속으로 생각되는 식으로 장면들이 연기될 수 있도록 보조자아가 주인공에게서 자신의 역할을 배우도록 한다. 이러한 행위는 주인공과 보조자아의 준비작업(warming up)을 더 계속하게 해준다.

⑧ 연출자는 표현된 감정들이 잘 나타나도록 다른 심리극적 방법을 쓰며 장면을 진행해간다(즉 독백, 대역, 방백 등).

⑨ 연기가 되어가면서 연출자는 주인공의 경험의 여러 면을 연구하기 위해 여러 기법들을 사용한다.

- 양가 감정은 여러 보조자아들이 주인공 마음의 여러 부분을 묘사함으로써 외적으로 드러난다.
- 감정이입적 혹은 투사된 감정들을 역할 바꾸기를 통해 연기될 수 있다.
- 주인공의 자기 대면은 거울기법을 통해 실행된다.
- 중요한 과거 경험들은 재연기된다.
- 미래의 계획, 희망, 공포들은 상징적으로 실현되고 연구된다.
- 주인공의 억류된 정서들(죄악감, 후회, 공포, 갈망 등)이 여러 촉진기법을 통해 표현될 수 있다.

⑩ 주인공의 억압된 행위들이 상징적으로 연기되었다고 느낄 때까지 계속되어진다. 즉 행동 갈망의 충족이다.

⑪ 주인공은 그의 상황에 대해 순응적인 태도와 행위 반응들을 발달시키게 된다. 이것이 working-through 인데 역할놀이에서는 이 과정이 집단의 지배적인 과제이다.

- 갈등의 역할놀이를 반복하여 주인공은 각 시도마다 다른 접근을 해본다.
- 다른 집단성원들이 그들이 문제를 어떻게 다룰 것인가 변형시켜 보인다.
- 주인공과 다른 역할자, 즉 적대자들과 역할 바꾸기를 해봄으로 실제적으로 다른 사람의 상황을 이해함으로 어떤 행위가 원하던 결과를 획득할 것인가에 대한 단서를 발견하게 된다.

### 3 종 결

① 주 연기가 끝난 후에 연출자는 주인공이 다른 집단 성원으로부터 보조적 피드백(feedback)을 받도록 한다. 또 집단성원들이 주인공의 문제를 분석하기

보다 자신들이 연극과정에 참가되었다는 감정을 주인공과 공유하도록 도와 준다.

② 연출자는 많은 보조적 심리극적 기법을 쓸 수 있다.

③ 집단이 더 토론하도록 한다.

④ 연출자는 다른 주인공들과 함께 다른 심리극 공연을 하도록 준비작업을 하던가 종결방법을 씀으로 종결시킬 수 있다.

### 3) 심리극의 활동 – 심리극의 효과

심리극의 효과에 관한 선행연구들을 살펴보면 연구대상에 따라 정신과 입원환자를 대상으로 한 경우, 대학 및 일반인을 대상으로 한 경우와 일반청소년 및 비행청소년을 대상으로 한 세 가지로 분류해 볼 수 있다.

심리극의 효과에 관한 연구들은 심리극이 치료기법으로 시작된 만큼 정신과 환자들을 대상으로 한 보고가 많다.

먼저 정신과 입원 환자를 대상으로 한 연구에서는 정신과 환자의 상태를 진단하고 치료적 방법으로 사용되었으며 행동변화를 유지시키고 증진시키기 위해서 심리극이 사용되어 왔다. 임계원 · 이근후(1981)는 신경증, 정신분열증, 조울증 환자를 대상으로 심리극을 실시하고 사전 · 사후에 자아실현성을 검사한 결과 자아실현성, 실존성, 감수성, 자발성, 자기수용성, 인간관, 포용성 등에서 성취도가 유의하게 높아졌음을 밝혔다. 성금영(1983)은 정신증 및 신경증 환자를 대상으로 심리극을 실시하여 주관적 관찰과 청중의 반응을 분석하여 외부 자극에 대한 수용, 감정표현, 잘못된 습관의 변경, 감각둔화, 통찰력 주지, 잘못된 자아상에 대한 수정, 자아인식, 집중과 의지력 증진, 역할행위 등의 효과를 보고하였다.

김유광(1986)은 사람들에 대한 태도에 긍정적 변화를 준다고 하였으며, 역할을 받아들이는 능력과 기본적인 인격의 요인들에서 변화가 있다고 하였고, 심리극 후 MMPI의 반사회성 성격척도(Pd-Psychopathic deviate scale) 점수가 낮아져서 공격성이 감소하는 결과를 보여주었다. 또한 한상순(1990)은 만성정신분열증 환자들을 대상으로 심리극을 실시한 결과 총체적 자아긍정성, 자아수용, 사회적 자아와 같은 자아개념의 3영역이 긍정적으로 변화되었다. 최근에는 정신분열병

환자의 사회적 행동의 적절성과 사회적 조망능력의 장애를 진단하기 위하여 완전한 심리극의 형태는 아니지만 역할연기를 이용하여 사회적 행동의 적절성이 부족하고 자신의 사회적 행동을 조망하는 능력이 정상인과 차이가 난다는 것을 밝혔다(박상규, 1996).

그 다음으로 비행청소년을 대상으로 한 선행연구를 살펴보면 행동화 경향이 높은 청소년들의 행동갈망(acting hunger)을 충족시켜 주며, 잉여 현실, 자발성, 창조성 및 역할 확장 등을 통해 그들을 도울 수 있다고 하였다(Sidersky, 1984). 그리고 청소년 집단에서는 심리극과 같은 행동에 기초한 기술들이 주로 언어적이고 해석적인 기술들보다 더욱 효과적이라는 연구가 있다.

그리고 고등학생을 대상으로 능동적인 갈등해결 방식에 대한 연구결과 갈등을 완화시키는 방식이 증대되고 갈등을 격하시키는 방식은 감소시켰다고 하였다. 양재혁(1995)은 심리극 집단상담이 충동성을 감소시키고 대인간 갈등해결 방식을 능동적으로 변화시킨다는 것을 밝혔다. 송종용(1994)도 여자 소년원생을 대상으로 심리극을 실시하여 집단치료 과정 변인을 평가하고 주관적 경험을 분석하였는데 부모에 대한 이해, 자기행동에 대한 통찰, 감정정화와 부정적 감정의 감소, 긍정적 자기평가와 자신감 등이 보고되었다.

Lasserner(1950)는 최소 구류 유형의 소년들을 위한 소년원에 적용된 심리극이 그들의 삶의 가치를 정립하는 데 효과적이었다고 보고했다. Haskell(1960a)도 비행청소년을 대상으로 보도(after-care)프로그램을 실시하였는데, 이 프로그램은 학교, 가족 그리고 지역사회에서 그들의 교정을 돕는 것으로 교정과정 안에서 그들의 실제 문제들을 드러내어 해결을 돕고, 역할훈련으로 그들에게 해결장면을 제시하였다. 이 연구에서 역할훈련(role training)을 포함한 보도 프로그램이 역할훈련을 포함하지 않은 보도 프로그램 보다 훨씬 더 역할 훈련에 효과적이었다고 보고하였다.

Deeths(1970) 역시 심리극을 통하여 약물중독 비행청소년들이 진실한 행동으로 변하는 모습을 보고했다.

따라서 심리극은 자신의 문제해결을 통해 타인과의 관계에 영향을 끼치며, 궁극적으로 가정 및 학교생활에서의 문제해결에도 영향을 미친다고 볼 수 있으며(조성희 · 김광운, 1999), 대인관계 및 자아존중감을 향상시키는 중요변인인 자기개방과 자기수용의 집단역동성을 강조하며, 타인과의 관계에서 느끼는 갈등을 표출하고, 자신의 입장 뿐 아니라 타인의 입장이 되어 봄으로써 그들을 이해하고 자신을 객관적으로 살펴볼 수 있도록 하고 올바른 애착과 그와 연결된 자아존중감, 대인관계를 더 나은 방향으로 변화시키고자 하는 것이다(Moreno, 1985).

이와 같이 비행청소년에 대한 심리극 선행연구들을 종합해 보면 자아 및 자아개념 강화, 충동성 및 공격성 감소, 역할훈련, 대인관계 기술증진, 자신과 타인의 행동과 문제에 대한 통찰, 자유로운 감정표현 및 감정정화, 정서적 갈등 해소, 능동적 갈등해결방식, 자발적이고 긍정적인 태도, 가치관 확립 등에 효과가 있음이 보고되었다.

이와 같이 심리극 선행연구를 통해 개인에게 미치는 효과를 구체적으로 다음과 같이 요약할 수 있다(김유광, 1983 ; Yalom, 1970 ; Kellermann, 1985).

① **자기이해 및 통찰** : 심리극을 경험하면서 무의식 속의 심리적인 내용에 대한 통찰을 통해서 보다 객관적으로 자신을 인식하고 받아들일 수 있게 된다.

② **대인관계 양식의 인식** : 심리극을 통해 보조자아들과 관계를 맺는 방식 속에서 자신의 대인관계 양식이 그대로 투사됨으로 이를 분명히 인식할 수 있고, 더불어 사회 속에서 자신과 타인에 대한 책임감이 증진될 수 있다.

③ **새로운 행동방안의 습득** : 역할연기나 전환을 통하여 현재 행동을 보완해 줄 대안적 행동을 익히며, 자신을 표현하는 능력이 향상될 수 있다.

④ **가치관 및 인생철학** : 자신의 가치관이나 인생철학을 명료하게 인식하게 되며 자기 인생의 중요성을 알게 되고 가치관을 재검토할 수 있다.

⑤ **신체동작의 율동감과 균형감** : 연극이 가진 유희성, 명랑성, 즉흥성 등을 통해 즐거움을 얻을 수 있고, 신체동작으로 운동 감각적 생동감을 깨닫게 된다.

⑥ 상상을 통해 자신의 꿈과 그것이 상징하는 바, 그리고 직관력의 상상 등 개인적 성장에 필요한 기술을 배우게 된다.

즉, 심리극을 통해서 우리는 즐거움과 생동감 · 유머감각을 회복하고, 자기에 대한 통찰과 인식이 증진되며, 새로운 행동반응을 습득할 수 있는 기회를 가질 수 있다.

제 9 장

# 언어적 · 비언어적 대화기법

## 1. 언어적 대화기법

상담활동이 전개되는 최초에는 내담자와 상담자가 만나게 되며 그 때에는 언어를 매개로 한 면접장면을 접하게 된다. 서로간의 대화를 통해 기본적으로 언어적 의사소통을 주요 수단으로 하는 것이다.

상담자는 내담자와의 관계를 효율적으로 형성해 가는 상담과정에서 취해야 할 언어적 능력을 지니고 있어야 한다.

### 1) 상담자-내담자와의 관계에서 효과적인 영향을 미치는 대화기법

상담자와 내담자와의 관계에서 효과적이며 생산적인 인간관계가 형성되려면 먼저 상호간에 신뢰관계가 형성되어야 한다. 따라서 상담자는 내담자가 상담자에 대한 믿음과 편안한 마음으로 아동 자신의 이야기를 할 수 있는 분위기를 형성하는 것이 중요하다. 이러한 '편안하고 믿음이 가는 관계'를 래포(rapport) 또는 신뢰관계, 촉진관계라고 한다.

상담자와 내담자 사이에서 신뢰관계가 형성되어야만 내담자는 자신의 행동이나 문제를 부담없이 상담자에게 노출할 수가 있으며 이러한 과정에서 상담자는 내담자의 성장을 위한 촉진자의 역할을 할 수 있게 되는 것이다. 그러므로 효과적이고 생산적인 인간관계를 형성하기 위해서는 상담자와 내담자간의 신뢰관계를 형성하는 것은 전반적인 상담진행 과정에서 매우 중요한 작업적 특성이라고 할 수 있다.

효과적이고 생산적인 인간관계를 형성하기 위한 기법으로는 관심집중, 확인하기, 공감의 표현, 질문하기, 느낌 표현하기, 피드백 등의 기법들을 적절하게 활용할 필요가 있다. 이상의 다양한 기법에 대해서 좀더 상세하게 알아보고자 한다.

### (1) 관심집중

신뢰관계를 형성하기 위한 가장 기본적인 확인기법이 관심집중이다. 상대방과 마주하고 있으나 상대방이 나의 말을 진지하게 들어주지 않는 것 같아서 더 이상 얘기를 하고 싶지 않을 때가 있다. 이처럼 사람들은 대화도중에 관심을 다른 곳으로 돌리거나 어떤 다른 행동을 할 경우 말을 하고 있는 사람은 상대방이 자기의 얘기에 관심을 가지지 않는다는 사실을 상대방의 태도를 통해서 쉽게 감지하게 된다. 그러면 두 사람간의 신뢰관계 형성은 어렵게 되는 것이다.

상담자의 관심집중은 내담자로 하여금 자신이 중요한 사람으로 받아들여진다는 것을 인식하게 되고 자신의 경험, 즉 자신의 문제 및 자신의 바램 등이 상담자로부터 존중받는다는 느낌을 갖도록 돕게 된다. 따라서 내담자는 자신의 경험을 나누게 되며 중요한 것은 상담자를 신뢰하고 스스로의 문제와 바람에 대하여 관심을 기울이게 되는 것이다. 또한 상담자의 관심 집중은 내담자로 하여금 자신과 타인에게 관심을 기울이도록 하는 학습의 장이 될 것이다.

말하는 동안이나 마친 직후에 웃어 주거나 고개를 끄덕이는 비언어적 반응이나 또는 아! 그랬군, 그래, 맞아 등의 맞장구를 치는 언어 반응을 보낸다. 이러한 반응들은 상대방에게 계속적인 관심을 갖고 있으며 상대를 이해하려고 애쓰고 있으니 이야기를 계속하라는 격려의 메시지를 전달하는 것이 된다.

### (2) 공감적 이해

공감적 이해란 자신이 직접 경험하지 않고도 다른 사람의 감정을 거의 같은 내용과 수준으로 이해하는 것이다. 공감적이라는 것은 내담자가 말하는 내용처럼 관찰될 수 있는 것으로부터 그의 감정, 태도 및 신념처럼 쉽게 관찰될 수 없는 것까지도 정확하게 의미를 포착하는 것이다.

내담자를 공감적으로 이해하고 있음이 전달되면 내담자는 자신이 이해받고 있다는 느낌을 지니게 되며 상담자를 보다 신뢰하게 되어 내담자 자신을 깊이 드러내 보이게 된다. 상담자는 내담자와 함께 경험하거나 내담자의 말을 깊이 이해함으로써 이전엔 깨닫지 못했던 인간존재의 의미를 내담자의 가장 깊은 감정까지 받아들여 정확한 공감적 이해를 통하여 의사소통을 하는 수준이다.

공감은 내담자의 감정뿐만 아니라 상대가 말하려는 의미와 말하지 않지만 내면적으로 생각하고 느끼고 있는 바를 알아차리고 표현하는 보다 깊은 수준의 상태까지 공감하는 것을 말한다.

예를 들면 다음과 같다.

내담자 : 선생님 우리 아이 때문에 신경이 많이 쓰이시지요. 제가 직장을 나가면서 애를 키우다 보니 아이에게 신경도 잘 못쓰게 되고 말도 잘 안 듣고 어떻게 해야 할지 모르겠어요.

상담자 : 어머니께서 직장 일을 하시니까 자녀에게 제대로 신경을 쓰지 못하고 더구나 애가 바르게 자라지 않을 것 같아 걱정이 되고 안타까워 하는 그 심정이 이해가 되는군요.

그런데 공감(empathy)을 동정(sympathy)과 혼돈하는 경우가 있는데 공감은 상담자가 자기 자신을 유지하면서 상대방이 느끼는 감정을 그의 입장이 되어 이해하는 반면 동정이란 자기 자신을 유지하지 못하고 상대방의 심정으로 동화되어 같은 감정을 경험하는 것이다. 그러므로 동정의 상태에서는 상대방이 자신이 처한 어려움이나 갈등의 문제에 대한 통찰 그리고 그 문제를 직면하게 하고 해결하는데 도움을 주지 못하거나 악영향을 미칠 수가 있다.

### (3) 확인하기

확인하기란 상대방이 한 말을 바르게 듣고 이해했는지를 알아보는 것을 의미한다. 상대방의 말을 이해하고 있는지의 여부를 확인함으로써 그가 말하고 있는 것을 제대로 이해하려고 노력하고 있다는 사실을 전달할 수 있을 뿐만 아니라 열심히 듣고 있음을 언어적으로 나타내 보이게 되어 상대방이 보다 적극적으로 말을 하게 하는 효과가 있다.

### 1 재진술의 기법

내담자가 대화에서 표현한 말을 그대로 되풀이해 주는 재진술의 기법이 매우 유용하게 활용된다. 상담자는 내담자의 말을 그대로 반복하여 들어줌으로써 그들이 표현한 말을 있는 그대로 하여 그들로 하여금 자기가 한 말을 더 깊이 생각하고 느끼도록 해 주자는 것이다.

㈎) 내담자 : 나는 영희가 미워요.
상담자 : 너는 영희를 미워하는 구나.

### 2 바꾸어 말하기

내담자가 말한 내용과 같은 의미를 다른 말로 표현해 주는 대화의 기법이다. 바꾸어 말하기 또는 환언은 대개 내담자가 표현한 말의 수보다 적은 수의 말로 간결하게 표현하는 것이 특징인데 대부분의 경우 내담자로 하여금 자기 자신의 내면세계의 심리적인 특징을 이해하도록 하기 위해서 활용된다. 따라서 상담자는 내담자가 말하고자 하는 요점을 명확하게 이해하고 그 이해한 바를 쉬운 말로 정확하게 표현하면서 상담자의 의견이나 판단의 말을 하지 않도록 해야 한다.

㈎) 내담자 : 영희는 나쁜 아이예요. 특별한 이유도 없이 나를 때리고 욕을 했어요.
상담자 : 영희가 너를 때리고 욕하니 싫기도 하고 밉지?

### 3 요약하기

요약하기는 아동의 장황한 말이나 많은 말의 내용의 핵심과 말의 초점을 압축함으로써 말이나 대화의 전체 흐름을 파악하거나 말의 요지를 파악하도록 하여 대화의 진행을 보다 원활하게 하는 효과가 있다.

㈎) 상담자 : 민수야 어제는 어떻게 지냈니?
내담자 : 저는요, 어제 엄마·아빠랑 산에 갔는데요. 아주 재미있었어요. 사람들도 많이 왔고요. 한참동안 산에 올라가다보니 땀도 나고

힘도 들었어요. 점심은 김밥을 먹었는데…….
상담자 : 민수는 어제 식구들과 산에 갔던 이야기를 하는구나.

### (4) 효과적인 질문

내담자와의 대화에서 효과적인 질문은 다음과 같다.

① 폐쇄적 질문보다는 개방적 질문을 사용한다. 폐쇄적 질문은 내담자에게 '예' 또는 '아니오' 라는 대답을 요구하는 질문으로 대답의 범위가 좁고 한정된 대답을 하게 된다. 그러므로 내담자의 여러 가지 생각이나 감정, 의견 등 다양한 반응을 끌어내어 내담자가 보다 더 깊이 알거나 이해할 수 있도록 하며 나아가 촉진관계를 형성할 수 있도록 하는 개방적인 질문이 보다 더 효과적이다.

㉮) 어제 재미있었니 ? (폐쇄적 질문)
어제 어떻게 지냈니 ? (개방적 질문)

② '왜' 라는 질문보다 '무엇을' '어떻게'라는 질문을 사용한다. '왜' 라는 질문은 내담자에게 따지는 듯한 인상을 주게 되어 유아는 꾸중이나 질책의 의미로 받아들여지기 쉽기 때문에 '무엇을' '어떻게' 라는 질문을 사용하는 것이 효과적이다.

㉮) 너는 영희를 왜 싫어하니 ? (왜 질문)
너는 영희가 어떻게 할 때 싫으니 ? (어떻게 질문)

③ 직접적인 질문보다는 간접적인 질문을 사용한다. 직접적인 질문이란 직접의 문문으로 질문하는 것이고 간접적인 질문이란 상대방이 간접적으로 대답할 수 있도록 우회적으로 질문하는 것이다. 직접적인 질문은 물음표의 형태로 나타나고 상대방에게 특정의 대답을 강요하는 느낌을 주지만 간접적인 질문은 질문이 마침표의 형태로 나타나므로 상대방으로 하여금 여러 가지로 자기가 생각하고 느끼는 것을 부담없이 자유롭게 대답할 수 있게 해준다.

㉮) 영희야, 어제 일요일은 어떻게 지냈니 ? (직접적인 질문)
영희야, 어제 일요일을 어떻게 지냈는지 알고 싶구나. (간접적인 질문)

④ 이중질문은 사용하지 않는다. 이중질문이란 동시에 두 가지의 질문을 하는

것이다. 내담자에게 두 가지의 질문을 동시에 하게 되면 질문의 내용을 완전하게 이해하지 못하게 되는 경우가 많을 뿐만 아니라 질문의 내용을 이해하였더라도 어떤 질문에 먼저 답해야 할지 몰라 대답을 하지 못하는 경우가 많으므로 질문은 한번에 하나씩 하는 것이 좋다.

㉔) 민수와 싸운 이유는 뭐니? 지난번에는 영희를 때렸지?

### (5) 나 전달법

나 전달법(I Message)이란 자신의 생각이나 감정을 표현할 때 주어를 '나'로 나타내어 그러한 생각이나 느낌을 가지게 된 책임을 상대방에게 돌리지 않고 자기 자신에게 있음을 나타내는 표현방식이다. 이와는 달리 생각과 느낌의 책임을 상대방에게 전가하는 표현방식인 너 전달법이 있다.

상담상황 뿐만 아니라 대인간의 갈등해결 또는 일상적인 대화에서도 나 전달법을 통한 자기노출은 상호간의 관계를 저해시키지 않고, 상대방의 행동이나 태도, 변화를 유도하는데 매우 유익한 의사소통 방식이라 할 것이다.

나 전달법과 너 전달법의 의미의 예를 들어 보면 다음과 같다.

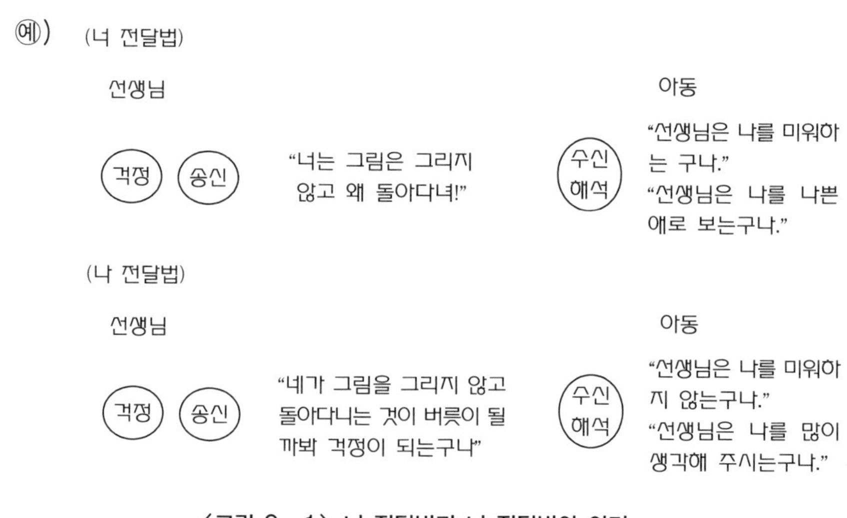


〈그림 9－1〉 나 전달법과 너 전달법의 의미

<9-1> 나 전달법과 너 전달법의 비교

| | 나 전달법(I Message) | 너 전달법(You Message) |
|---|---|---|
| 표현방식 | 상황 + 결과(예상 결과) + 느낌 | 지시, 평가, 비꼬기, 비난, 경고의 표현 |
| 책임소재 | 느낌의 책임을 자신에게 돌림 | 느낌의 책임을 상대방에게 전가함 |
| 전달해석 | 걱정하는 마음이 그대로 전달됨 | 걱정, 염려하는 마음을 미워함. 비난, 비판, 질책으로 받아들임 |
| 효 과 | · 느낌의 책임을 자신에게 돌린다.<br>· 상대방에 대하여 부정적인 평가를 하지 않으므로 방어심리나 거부감이 일어나지 않는다.<br>· 관계를 저해하지 않는다.<br>· 듣는 사람으로 하여금 자성적 태도와 변화하려는 의지를 높일 가능성이 크다. | · 죄의식을 갖게 하거나 자존심을 상하게 한다.<br>· 듣는 사람이 배려받지 못하고 무시당하고 있다는 생각을 하기 쉽다.<br>· 반항심, 거부감, 공격성, 방어를 야기하여 자성적인 태도가 형성되기 어렵고 행동변화를 거부하려는 심리가 일어난다. |
| 관계구조 | 수평적인 만남 | 수직적인 만남 |

* 아동생활지도와 상담. 정용부 · 고영인 · 신경일, 학지사, 1998.

### (6) 맞닥뜨림(직면)

맞닥뜨림(confrontation)이란 내담자의 말이나 태도, 행동에서 불일치점이나 모순되는 점 등을 지적해 줌으로써 각성을 유도하는 것을 말한다. 촉진관계에서는 주로 상대방의 말을 듣고 이해하는데 초점이 주어졌으나 문제의 근원이나 책임이 그에게 있는 경우에는 그 문제를 이해하고 넘어가면 문제가 해결되지 않는 경우가 있으므로 그러한 경우에는 그것을 적절히 지적하여 변화할 수 있도록 도울 필요가 있다. 그러나 맞닥뜨림의 기술은 자칫 상대방에게 심리적인 큰 상처를 주거나 반발을 초래할 수 있으므로 깊은 신뢰관계가 형성되고 상대의 동의가 전제되어야 가능하다.

설기문(1998)은 맞닥뜨림이 적용되는 상황을 다음과 같이 제시하였다.

① 평소에 하는 행동과 말이 불일치할 때

② 스스로 인식하는 인식내용이 타인들과 불일치할 때

③ 평소의 언행이 일반적으로 기대되는 방향—도덕 · 윤리 · 규칙 등—과 불일

치할 때

④ 생각 · 감정 또는 행동이나 표현내용 속에서 무엇인가 일치하지 않는 점들이 있을 때이다.

이와 같은 맞닥뜨림을 사용할 때 유의할 사항은 구체적인 증거를 바탕으로 해야 하며, 변화를 강요해서는 안 된다. 상대방이 어떠한 지적도 감수할 수 있는 분위기를 조성해야 한다. 일단 맞닥뜨림을 시작하면 가능한 한 끝까지 마무리하도록 해야 한다. 그러나 상대가 처음부터 또는 순간적으로 다소 반발을 보이더라도 소신껏 마무리지어야 하며, 가능하면 부정적인 평가를 내리지 않는 범위 내에서 해야 한다는 것이다.

㉑) 민수야 너는 친구가 너를 때려도 괜찮다고 말하고 있지만 표정은 무척 화나고 속상하다고 말하고 있네.

### (7) 경 청

타인의 말을 주의깊게 기울여 열심히 듣는 것이다. 경청하는 것은 이야기하는 중간에 끼어들지 않고 성급한 평가나 판단, 충고를 하지 않는 것을 의미한다. 상담자는 마음 속으로 내담자의 심리를 이해하려는 적극적인 활동을 하는 것으로 창조적 활동을 의미한다. 경청에는 적극적 경청과 소극적 경청이 있다.

적극적 경청은 대화하는 사람끼리의 오해나 빗나간 추측이 없으면서 상대방의 동기나 정서를 정확하게 이해하려는 자세로 이야기를 듣는 것이라고 할 수 있다. 소극적 경청은 듣고 있다는 것을 알려 주는 정도로 고개를 끄덕이거나 인정의 반응 등을 나타내게 된다. 상담에서 적극적 경청의 필요성은 내담자로 하여금 부정적인 감정들에 대한 두려움을 감소시킬 수 있게 한다. 내담자로 하여금 자신의 감정을 표현하고 이를 수용할 수 있도록 하고, 상담자와 내담자 간에 온정적인 관계를 맺을 수 있도록 한다.

이와 같이 경청은 내담자 스스로 자신의 문제를 해결할 수 있도록 하고 따뜻하게 보호받는 분위기에서 자신을 탐색할 수 있는 힘을 얻게 된다. 상담자와 내담자 사이에 만족스럽고 지속적인 상호작용을 통하여 내담자 스스로 부단히 새로운 환경에 접하게 되고 새로운 채험을 하게 된다.

### (8) 피드백(feedback)

상대방의 행동이 나에게 또한 다른 사람에게 어떤 모습으로 비쳐지는가 또는 다른 사람에게 어떤 영향을 주는가에 대하여 말해 주는 것이다.

자기 자신을 잘 지각하지 못하는 개인적 행동특성이나 대인관계에서의 언행에 대해서 타인에게 비쳐진 모습이 어떠한가를 알게 됨으로 자신의 이해와 타인 이해의 폭을 증진할 수 있는 기회를 부여하는 것이다.

피드백의 사용은 다음과 같은 몇 가지 사항을 유의해야 한다.

① 평가적인 말은 피하고 서술식으로 표현하는 것이 바람직하다.

· 그런 말을 친구에게 하는 것은 네가 잘못한 거야(평가적인 말, 비판)

· 그런 말은 친구의 기분이 안 좋지(서술적 표현)

② 처음에는 긍정적인 피드백을 사용하는 것이 좋다.

· 영희가 말하는 것을 보니 참 명랑하고 활발하구나. 표정도 밝고 좋아 보인다. (긍정적인 피드백)

③ 주관적인 판단이나 심층만의 표현은 피하고 객관적인 근거를 바탕으로 이루어져야 한다.

· 영희가 말하는 것과 표정을 보니까 몹시 화가 나 있구나(주관적 판단).

· 그렇게 언성을 높여 말하는 것을 보니까 몹시 화가 나 있구나(주관적 판단).

· 영희 같이 말소리를 크게 하면 대부분의 친구들이 화낼 수 있어(객관적 판단).

④ 행동변화를 강요하는 피드백은 하지 않는다. 행동변화 이전에 마음의 변화가 있어야 하거나 또는 똑같이 공동으로 변화되어야 한다.

· 내일부터 지각이나 결석을 하지 말아라(행동의 변화 요구).

· 지각(결석)을 자주 하는 것이 너에게 어떤 영향을 미친다고 생각하니 ? (마음의 변화 요구).

⑤ 주관적인 판단의 피드백인 경우에는 그 근거를 제시하고 그럴 경우 그것을 절대시하지 않고 그 가능성을 얘기하는 것임을 표현해야 한다. 그래서 최종적인 판단은 상대방에게 유보해야 한다.

· 내가 생각하기에는 어머니한테 화만 내지말고, 대화로 풀 수 있도록 부드러운

말로 질문하는 것이 좋겠는데(주관적 판단) 그리고 네가 잘 생각해서 결정해. (최종적인 판단은 본인이 하도록)

### (9) 요 약

생각과 감정을 하나로 묶어 정리하는 것이 요약이다. 내담자의 말을 요약하기 위해서는 말의 내용, 말할 때의 감정, 그가 한 말의 목적 · 시기 · 효과에 대해서 주의를 기울여야 한다.

요약의 과정에서 주의해야 할 점은 다음과 같다.

① 내담자의 말 중에서 중요한 감정과 내용에 주의를 기울인다.

② 파악된 주요내용과 감정을 통합해서 전달한다.

③ 상담자 자신의 새로운 견해를 보태지 않도록 한다.

④ 상담자가 요약하는 것이 좋을지 내담자가 요약하는 것이 좋을지를 결정한다(이장호, 1982).

내용을 요약할 때는 ① 상담자가 이전의 면접에서 중요한 점을 회상함으로써 새 면접을 시작하려 할 때 ② 내담자가 제시하는 주제가 너무 혼잡스럽거나 이야기가 길 때하는 것이 좋다.

감정을 반영하거나 요약할 때는 ① 내담자의 관심을 끌고자 할 때 ② 일관된 정서유형을 포착하고자 할 때 ③ 상담 중에도 2~3번 정도 요약해 주는 것이 좋다.

### (10) 명료화

내담자의 진술 내용을 반영해 주는 방법으로 내담자가 이야기한 내용의 실제를 명료화 해 주는 것이다. 내담자의 감정을 밀어붙이지 않고 그의 방황이나 흩어진 반응들을 단순화해 줌으로써 통찰의 발달을 촉진시켜 주는 것이다.

명료화의 지침으로는 ① 내담자의 말이 모호하거나 잘 이해되지 않았음을 확인하는 것이다. ② 내담자 스스로 자기의 말을 재음미하거나 구체적인 예를 들어 명확히 해 줄 것을 요청한다. ③ 내담자의 진술에 대한 상담자 자신의 반응을 나타냄으로써 내담자의 반응을 명료화한다. ④ 상담자의 반응은 개인적인 반응이 되지 않도록 하며 직면(confrontation)과 같이 직접적이고 강렬하지 않도록 해야 한다(이장호, 1982).

### (11) 긍정화

긍정화란 상대방의 말이나 행동, 태도 등 상대방의 언어적, 비언어적 메시지에서 긍정적인 면을 찾아내어 그 점을 부각시키는 기법이다. 사람의 행동을 변화시키는 데는 두 가지 방법이 있는데 ① 상대방의 바람직하지 않은 행동 또는 부정적인 면을 지적하여 그 행동을 제거해 준다. 그러나 상처를 줄 수 있으므로 상대방과의 신뢰감이 충분히 형성된 후 이루어져야 한다. ② 상대방의 긍정적인면 · 바람직한 면을 찾아서 그 점을 부각시킨다.

㉮) · 너는 도무지 말이 없구나(부정적인 표현).
· 너는 과묵하구나(긍정화).
· 너는 하는 일이 느리구나(부정적인 표현).
· 너는 일을 천천히 열심히 하는구나(긍정화).

상담자는 내담자와의 대화에서 자아존중감의 형성을 통한 행동의 변화를 도모하는 것이 바람직하므로 긍정적인 표현에 초점을 두어 대화가 이루어져야 할 것이다. 지적을 해야 할 경우나 부정적인 표현을 해야 할 경우에는 긍정적 표현과 더불어 부정적인 표현을 하는 것이 바람직하다.

## 2) 촉진적 의사소통

촉진적 의사소통의 개념은 상담과정에서 단순하게 개인의 문제해결에 멈추는 것이 아니라 더 나아가 인간의 잠재능력까지 성장 · 발달시키려는 의사소통을 말한다.

촉진적 의사소통을 효과적으로 진행하는데 필요한 하위요인을 학자에 따라 조금씩 다르게 주장하고 있다.

Rogers(1942)는 촉진적 의사소통을 하는 수준으로 공감적 이해, 무조건적 긍정적 관심, 진실성을 들고 있으며, Carkhuff(1969)는 공감, 존중, 구체성, 진실성, 상담자의 자기노출, 직면, 즉시성으로 구분하고 있다.

Gazda(1973)는 공감, 존중, 온정, 구체성, 진실성으로 나누었고, Egan(1975)은 상담자의 자기노출, 직면, 즉시성을 촉진적 의사소통의 하위요인으로 제시하였다.

여기서는 Carkhuff의 하위요인에 관해 구체적으로 살펴보기로 한다.

Carkhuff는 지금 이 순간에 의사소통하고 현재의 상황에서 자기를 표현하는 방법으로 언어적 의사소통 기준인 다섯 가지 수준으로 나누었다.

수준 1. 상대방의 언어 및 행동표현의 내용으로부터 벗어나거나 주의를 기울이지 않기 때문에 감정 · 의사소통에서 상대방이 표현한 것보다는 훨씬 못 미치게 의사소통하는 수준

수준 2. 상대방이 표현하는 감정에 반응을 하지만 상대방이 의사소통한 것에서 주목 할만 한 감정을 제외시켜 의사소통하는 수준

수준 3. 상대방이 표현한 것과 본질적으로 같은 정서와 의미를 나타내어 상호 교류적인 의사소통을 하는 수준

수준 4. 상대방이 겉으로 표현하지 않는 내면적인 감정과 사고를 지각하여 왜곡 없이 의사소통하는 수준

수준 5. 상대방의 내면적인 감정, 사고를 정확히 지각하여 왜곡없이 충분히 표현할 뿐만 아니라 깊은 수준의 자기탐색을 촉진하여 의사소통하는 수준

### (1) **공감적 이해**(empathic understanding)

공감적 이해란 자신이 직접 경험하지 않고도 다른 사람의 감정을 거의 같은 내용과 수준으로 이해하는 것이다. 공감적이라는 것은 내담자가 말하는 내용처럼 관찰될 수 있는 것으로부터 그의 감정, 태도 및 신념처럼 쉽게 관찰될 수 없는 것까지도 정확하게 의미를 포착하는 것이다. 내담자와 함께 경험하거나 내담자의 말을 깊이 이해함으로써 이전에 깨닫지 못했던 인간 존재의 의미를 탐색하도록 하는 것, 즉 내담자가 누구인가를 충분히 인식하고 내담자의 가장 깊은 감정까지 포용하여 정확한 공감적 이해를 통하여 의사소통을 하는 수준이다.

수준 1. 상담자는 내담자의 언어적 · 비언어적 표현들에 주의를 기울이지 않아 명백하게 표현되는 내담자의 표면적 감정 · 사고 조차 정확히 지각하지 못한다.

수준 2. 상담자는 명백하게 표현되는 내담자의 표면적 감정 · 사고를 지각하여 반응을 보이지만 주로 자신의 개념 틀에 의존하기 때문에 내담자의 감정 · 사고와 일치된 의사소통을 하지 못한다.

수준 3. 상담자는 명백히 표현되는 내담자의 표면적 감정 · 사고를 정확히 지각하여 자신의 개념 틀에 의한 왜곡이 없이 의사소통한다. 표면적 수준에서는 상담자는 내담자의 감정 · 사고와 일치된 의사소통을 한다. 그러나 상담자는 내담자의 내면적 감정 · 사고에는 반응을 보이지 않는다.

수준 4. 상담자는 언어적으로 명백히 표현되지 않고 있는 내담자의 내면적 감정 · 사고를 지각하여 이를 자신의 개념 틀에 의한 왜곡이 없이 의사소통을 한다. 그러나 상담자는 내담자의 내면적 감정 · 사고를 충분히 표현하지는 않는다.

수준 5. 상담자는 내담자의 내면적 감정 · 사고를 정확히 지각하여 이를 왜곡없이 충분히 표현하여 내담자의 깊은 수준의 자기탐색을 촉진한다. 그리고 상담자는 내담자의 적극적 성장동기를 이해하여 표현한다.

---

어머니 성적표 여기 있어요. 성적이 너무 떨어져서 큰일났어요. 공부는 열심히 했는데도 그래요.

수준 1. 이것도 공부라고 했니? 그러고도 공부를 열심히 했다구?

수준 2. 그래도 걱정은 되나 보지? 걱정한다고 소용있겠니?

수준 3. 속이 상한 모양이구나. 열심히 했는데도 떨어졌으니.

수준 4. 좀더 잘 하려고 애썼는데 도리어 성적이 떨어졌으니 실망이 크겠구나.

수준 5. 성적을 올리려고 열심히 했는데도 떨어졌으니 어떻게 해야 될지 걱정이 되겠구나.

---

### (2) **무조건적 존중**(unconditional positive regard)

상담자가 내담자에 대하여 따뜻한 배려를 경험하는 것이다. 이 때의 배려는 비소유적이고 내담자를 한 인간으로서 존중하고 배려한다. 인간의 가치와 존엄에 대한 인식에 그 기초를 두고 있다.

수준 1. 상담자는 내담자의 감정 · 경험 · 잠재능력을 전적으로 무시한다.

수준 2. 상담자는 내담자의 감정 · 경험 · 잠재능력을 거의 존중하지 않는다.

수준 3. 상담자는 내담자의 감정 · 경험 · 잠재능력에 대하여 기본적인 존중을 표시한다.

수준 4. 상담자는 내담자의 감정 · 경험 · 잠재능력에 대하여 깊은 존중과 긍정적 관심을 표현한다.

수준 5. 상담자는 내담자의 감정 · 경험 · 잠재능력에 대하여 대단히 깊은 존중과 관심을 표현한다.

---

공부할 것은 많은데 날씨가 너무 더워요.

수준 1. 넌 탓도 많다. 공부하는데 날씨가 무슨 상관이냐?

수준 2. 좀 덥더라도 참고 해. 넌 끈기가 부족해서 걱정이야.

수준 3. 그래 더운데도 공부하느라 애를 많이 쓰는구나.

수준 4. 더울 때에는 좀 쉬어가면서 해야지.

수준 5. 너는 그래도 잘 참고 공부하는구나.

---

### (3) **순수성(진실성 : genuineness)**

Rogers는 순수성을 상담의 필수요건으로 중요시한다. 상담자는 내담자와 인간관계에서 어떤 가면을 쓰거나 역할놀이를 하거나 가식을 부리는 허구적인 태도를 벗어나서 진정한 자기가 되어야 한다.

즉 상담과정에서 상담자의 내면적 경험, 그에 대한 인식과 표현이 모두 일치되어야 내담자의 긍정적인 인성 변화를 촉진할 수 있다.

수준 1. 상담자는 자신이 느끼는 감정과 명백히 불일치되는 언어적 표현을 한다.

수준 2. 상담자는 자신의 감정 · 사고를 진실하게 표현하기 보다는 의례적이고 관행적인 방식으로 표현한다.

수준 3. 상담자의 감정과 언어적 표현이 불일치되는 것은 아니지만 그렇다고 아주 진실된 반응을 하는 것도 아니다.

수준 4. 상담자는 긍정적 감정이나 부정적 감정을 솔직하고도 건설적으로 표현하여 내담자와의 인간관계 발전이나 탐색의 기초로 활용한다.

수준 5. 상담자는 긍정적 감정이나 부정적 감정을 아주 솔직하게 건설적이고 교육적인 방식으로 표현한다.

---

형(누나, 동생)보다 공부를 못한다고요? 형(누나, 동생)하고 비교하지 마세요. 공부만 잘하면 다예요?

수준 1. 엄마한테 무슨 말버릇이 그러니?

수준 2. 그렇다는 이야기야. 왜 이렇게 떠드니?

수준 3. 성적 가지고 비교해서 기분이 나쁘구나. 하긴 공부가 다는 아니지.

수준 4. 넌 성품이 훌륭하지. 그래 성적보다 사람 됨됨이가 더 중요한거야.

수준 5. 넌 성품이 좋아서 사회생활을 잘 할거야.

---

### (4) **구체성**(concreteness)

구체성이란 상담과정에서 내담자로 하여금 개인적으로 의미있는 감정과 경험을 명확하고 구체적인 용어로 논의하게 되는 것을 의미한다. 즉, 개인의 감정 · 경험을 논의할 때 모호함을 피하기 위하여 구체적 용어를 사용하는 것이다.

Darkhuff와 Berenson(1967)의 구체성을 세 가지 기능으로 제시하였다. ① 상담자의 반응을 내담자의 감정과 경험에 보다 접근시킨다. ② 상담자로 하여금 내담자를 정확하게 이해하게 한다. ③ 내담자로 하여금 특정문제 영역에 주목하게 한다.

수준 1. 상담자는 내담자의 문제상황에 대해서 오직 추상적이고 일반적 수준에서 반응을 보인다.

수준 2. 상담자는 문제상황과 관련된 내담자 자신의 감정 · 경험 · 행동에 대해서 언급하기는 하나 모호하고 추상적인 수준에서 이루어진다.

수준 3. 상담자는 내담자로 하여금 문제상황과 관련된 자기 자신의 감정 · 경험 · 행동을 구체적으로 표현하도록 하나 개인적으로 의미있는 자료들이 충분히 구체적으로 명료하게 논의되어지지 않는다.

수준 4. 상담자는 내담자로 하여금 문제상황과 관련된 내담자 자신의 감정 · 경험 · 행동을 구체적으로 표현하게 하고 이들이 충분히 구체적으로 명료하게 논의될 수 있도록 의사소통을 이끌어 나간다.

수준 5. 의사소통 과정에서 문제상황과 관련된 내담자 자신의 감정 · 경험 · 행동이 아주 충분히 구체적으로 명료하게 논의되어지고 상담자는 내담자의 긍정적인 변화를 위하여 깊은 수준의 탐색을 적극적으로 촉진한다.

---

선생님들 하고는 도대체 말이 안통해요. 우리를 전혀 이해하지 못하시고 너무 구식이예요.
수준 1. 세대차란 옛날이나 지금이나 언제나 있는거야.
수준 2. 학교 선생님들은 워낙 원리원칙을 잘 찾으시지.
수준 3. 선생님들이 너희들의 어떤 점을 이해하시지 못하는 것 같니?
수준 4. 선생님들이 뭐라고 말씀하시길래 구식이라는 생각이 들지?
수준 5. 넌 선생님들께 무슨 말씀을 드렸고 선생님들은 뭐라고 말씀하셨길래 그러니?

---

### (5) **자아노출**(self-disclosure)

상담자가 자신에 관한 정보, 경험을 공개하는 것이다. 상담자의 개인적 만족을 위하여서가 아니라 어디까지나 내담자의 성장과 발달을 위하여 이루어져야 한다. 촉진적 혹은 치료적 자기노출이라는 관점에서 개념화한다.

수준 1. 상담자는 내담자의 감정 · 사고 · 행동 · 경험에 관한 정보 · 공개를 적극적으로 회피하려고 한다.

수준 2. 상담자는 내담자의 감정 · 사고 · 행동 · 경험에 관한 정보 · 공개를 적극적으로 회피하려고 하지는 않지만 결코 자진해서 자기노출을 하지는 않는다.

수준 3. 상담자는 내담자의 요구나 관심을 존중하여 자신의 감정 · 사고 · 행동 · 경험에 관한 정보를 자진해서 내담자에게 제공한다. 이 때 제공되는 정보는 충분히 구체적이고 명료하지 못하여 상담자 자신의 독특한 개성을 분명하게 드러내지 못한다.

수준 4. 상담자는 내담자의 감정 · 사고 · 행동 · 경험에 관한 정보를 자유롭고 자발적으로 내담자에게 제공한다. 이 때 제공되는 정보는 충분히 구체적이고 명료하여 상담자 자신의 독특한 개성을 분명하게 드러낸다.

수준 5. 상담자는 내담자의 요구와 관심을 존중하여 자신의 감정 · 사고 · 행동에 관한 극히 사적인 정보까지는 아무거리낌 없이 내담자에게 공개한다. 이 때 제공되는 정보는 대단히 구체적이고 명료하고 상세하다. 이를 통하여 상담자는 내담자와 신뢰관계를 형성하고 내담자의 자기탐색을 촉진하게 된다.

---

선생님은 학생 때 연애해 본 적 있으세요?
수준 1. 쓸데없이 별 것을 다 묻는구나.
수준 2. 뭐 특별한 경험은 없어.
수준 3. 글쎄, 연애 비슷한 거 한 적이 있었지.
수준 4. 혼자 속으로 좋아하던 사람이야 있었지.
수준 5. 마음 속으로 좋아하던 사람이야 있었지만 그저 혼자 속만 태웠지

---

### (6) **직면**(confrontation)

직면이란 내담자가 모르고 있거나 인정하기를 거부하는 생각과 느낌에 대하여 주목하도록 하는 것이다. 내담자들로 하여금 자기의 행동, 사고, 감정상의 모순을 알 수 있도록 해준다. 즉 내담자들이 다루고 싶어하지 않거나 스스로 다룰 수 없는 자신의 모순점을 깨닫게 하는데 그 의의가 있다.

내담자에 대한 직면은 다음의 두 가지 측면에 초점을 맞추어서 이루어져야 한다.

① 내담자가 표현하는 말이나 행동의 핵심적인 측면으로 언급의 대상 또는 자료는 내담자가 구체적으로 말한 것이기 보다는 주로 그의 말이나 태도, 행동에서 간접적으로 암시된 것에 대해 직면을 시킨다.

② 불일치점을 지적하고 내담자 쪽의 모순이나 불일치점은 말과 행동, 내담자가 언급한 말, 행동과 행동간, 현실적 차이와 이상적 자아간, 언어적 행동과 비언어적 행동간 그리고 상담자의 지각과 내담자의 지각사이의 불일치점을 지적하여 직면시킨다.

직면은 해석과 유사하지만 직면은 모순점의 이유를 제시하지 않는다는 점에서 차이가 있다. 내담자가 인식하지 못하고 있거나 활용하지 못하고 있는 인간적 자질이나 잠재적 가능성을 명확히 인식시켜 인간적 성장과 발달을 촉진시키려

한다.

수준 1. 상담자는 내담자의 감정 · 사고 · 행동의 모순에 대하여 전혀 언급하지 않는다.

수준 2. 상담자는 내담자의 감정 · 사고 · 행동의 모순에 대하여 모호하게 언급한다.

수준 3. 상담자는 내담자의 감정 · 사고 · 행동의 모순을 지적하나 직접적이고 구체적이지 못하다.

수준 4. 상담자는 내담자의 감정 · 사고 · 행동의 모순을 직접적이고 명확하게 내담자에게 지적한다.

수준 5. 상담자는 내담자의 감정 · 사고 · 행동의 모순을 아주 명료하게 지적하여 내담자에게 깊은 수준의 자기탐색을 촉진한다.

---

지난번에 할아버지가 돌아가셨을 때 무척 슬펐지만 웬지 피식피식 웃음이 나왔어요.

수준 1. 할아버지가 돌아가셨는데 그 무슨 경망스러운 짓이냐?

수준 2. 할아버지가 돌아가셔서 마음은 슬픈데도 슬픔을 표시할 수 없었다고?

수준 3. 할아버지가 돌아가셔서 슬프긴 하면서도 웬지 웃음이 나왔다고?

수준 4. 슬픈데도 눈물이 나오기는커녕 웃음이 나왔단 말이냐?

수준 5. 그렇게 슬픈 일에 웃음이 나오다니 어떻게 되어서 그랬을까?

---

### (7) **즉시성**(immediacy)

상담자와 내담자간의 상호작용에 더 초점을 맞춘 Egan(1986)은 즉시성이란 상담과정에서 지금－여기에서의 인간관계에서 일어나고 있는 것에 관하여 직접적이고 공개적으로 논의하는 것이다.

수준 1. 상담자는 내담자가 자신과의 관계에 대하여 표현하는 것에 관심을 전혀 보이지 않는다.

수준 2. 상담자는 내담자가 자신과의 관계에 대하여 표현하는 것에 거의 관심을 보이지 않는다.

수준 3. 상담자는 내담자가 자신과의 관계에 대하여 표현하는 것에 관심을 보여 내담자의 표현에 대체로 적절한 반응을 보이나 그 내용이 직접적이고 구체적이지 못하다.

수준 4. 상담자는 내담자가 자신과의 관계에 대하여 표현하는 것에 큰 관심을 보여 내담자의 표현에 적절한 반응을 보이는데 그 내용은 직접적이고 구체적이다.

수준 5. 상담자는 내담자가 자신과의 관계에 대하여 표현하는 것에 깊은 관심을 갖고 내담자의 표현에 매우 적절한 반응을 보이는데 그 내용은 대단히 직접적이고 명료하여 내담자의 깊은 수준의 자기탐색을 촉진한다.

---

엄마는 내게 이래라 저래라 하는 간섭이 너무 많아요. 간섭을 그만하세요.

수준 1. 학교에서 뭐 기분 나쁜 일 있었니?

수준 2. 쓸데없는 소리 하지 말고 네 할 공부나 해.

수준 3. 엄마가 잔소릴 많이 한다고?

수준 4. 내가 네일에 간섭을 너무 많이 하니 그만 참견하라는 말이냐?

수준 5. 내가 네게 간섭을 너무 많이 하고 있다니 그게 무슨 소리인지 좀더 이야기해 볼래?

---

## 2. 비언어적 대화기법

상담과정에서 상담자의 비언어적 반응양식은 효과적인 상담운영에 필수적인 요소이다. 김형태(2001)는 일상생활에서 서양인들은 30%의 언어적 대화, 70%의 비언어적 대화를 사용한다고 한다.

Mehrabian(1981)은 비언어적 대화기법으로 표정과 몸짓(55%), 내용전달(7%), 목소리 효과(38%)라고 하였다. 따라서 비언어적 행동이 의사소통 과정에 있어서 중요한 역할을 하고 비언어적 의사소통 과정이 오히려 덜 왜곡되는 경우가 많다는 것이다. 사실상 의사소통에 있어서 사회적 의미의 65%가 비언어적 의사전달에 의해서 수행된다고 한다(McCrosky Larson & Knapp, 1971).

Gazda, Asbury, Balzer, Childers 그리고 Walters(1977) 등은 비언어적 의사소통 행동을 네 개의 형태로 구분하고 있다. 네 개의 형태는 시간, 신체에 의한 각 부위를 통해서, 음성, 환경을 통한 비언어적 의사소통으로 다음과 같이 제시하였다.

### 1) 시간을 통한 비언어적 의사소통

① 다른 사람과 의사소통하는데 기꺼이 할애하는 시간의 양으로 여러 가지 주제나 문제에 대하여 사용하는 시간의 양

② 알아차리거나 반응을 보일 때까지의 지속시간

### 2) 신체의 각 부위를 통한 비언어적 의사소통

① **시선의 접촉** : 상대방에게 부드러운 시선을 보냄으로써 주의를 집중할 수 있으며 관심을 보이고 있다는 사실을 전달한다. 상대방의 성격이나 태도, 연령 등에 따라 그 정도를 조절할 필요가 있다. 친근감을 나타내는 시선은 상대방의 두 눈과 턱 아래를 지나서 신체의 다른 부분까지도 바라본다. 시선의 방향과 응시하는 시간 및 그 빈도수를 나타낸다.

② **눈** : 반짝이는 눈, 눈물, 크게뜬 눈, 눈꺼플의 위치

③ **피부** : 창백함, 발한, 얼굴을 붉힘, 소름끼침

④ **몸의 자세** : 몸의 위치, 움직임 그리고 앉은 자세 등이 상대방에 대한 관심 표현과 존경의 정도를 전달한다. 그러므로 신체적으로 이완되고 편안하고 자연스러운 자세를 취하는 것이 좋다. 활동준비가 되어 있는 것과 같은 열렬함, 자신을 보호하려는 듯이 팔짱을 낌, 다리를 꼼, 얼굴을 마주보고 있음, 머리를 아래로 내려뜨리고 바닥을 내려다 보는 것을 들 수 있다.

④ **얼굴표정** : 상대방에게 밝고 상냥한 얼굴표정과 가벼운 미소를 보이며 수용적이고 부드러운 음성으로 이야기하는 것은 그에게 관심을 기울이는 좋은 반응이 된다.

무표정, 이맛살 찌푸림, 눈살을 찌푸림, 코를 실룩거림, 미소를 지음, 큰소리로 웃음, 입술을 깨물음 등이 있다.

⑥ **손과 팔** : 손깍지 끼기는 처음에는 신뢰성 있는 동작으로 보이는데 그 이유는 손깍지를 끼면서 말하는 사람들이 주로 웃으면서 즐겁게 이야기하기 때문이다.

팔짱끼기는 부정적이거나 방어적인 혹은 신경질적인 태도를 취하려고 할 때 당연히 팔짱낀 자세가 편안하게 느껴진다고 한다. 불리한 상황을 피하려는 시도로서 양팔을 가슴 위로 가로질러 함께 포갠다. 상징적인 손 모양과 팔 동작, 크기나 모양을 표시하는 손과 팔의 모습 등이 있다.

⑦ **자신을 해치는 행동** : 손톱 깨무는 것, 손가락 마디로 소리를 내는 것, 비비거나 때리는 것 등이 있다.

⑧ **반복적 행동** : 발을 구르는 것, 손가락으로 쳐서 소리를 내는 것, 안절부절하고 몸을 비트는 것, 몸을 떠는 것, 단추 · 머리 · 옷 등을 만지작 거리는 것 등이다.

⑨ **신호나 지시** : 엄지손가락은 우월감 혹은 공격을 나타내기 위해 사용한다. 이 동작은 일련의 다른 행동들을 보조하는 역할을 하는 이차적인 행동의 표현이다. 머리동작에 있어 가장 보편적인 두 가지는 고개를 끄덕이는 긍정적인 의미와 좌우로 흔드는 부정적인 생각을 암시해 준다. 손가락으로 소리를 내는 것, 똑바로 쳐다보는 것, 어깨를 움츠려 보이는 것, 윙크하는 것 등이 있다.

⑩ **만지는 것과 접촉** : 가장 강력한 비언어적 의사소통 중의 하나이다. 신뢰 · 분노 · 자비 · 연민 · 온정 · 감정표현의 기능 · 사회나 문화에 따라서 그 의미가 다르게 전달되는 경우가 있으므로 자기 자신의 환경, 상식 그리고 관계의 형태를 고려하여 자신이 전달하고자 하는 메시지에 적합한 접촉의 정도가 결정된다.

뺨과 턱을 만지작거리거나 혹은 받치는 동작 등은 각각 상대방의 이야기를 듣고 있는 사람이 지루함을 표시하거나 혹은 흥미를 갖고 있다는 것을 의미한다. 그 중 턱을 쓰다듬는 동작은 듣는 사람이 결정을 내리고 있는 중이라는 신호이다. 어깨를 두드려서 주의집중, 눈마주침, 반복적 행위, 신호나 명령, 접촉 등이 있다.

### 3) 음성을 통한 비언어적 의사소통

① **음조와 음색** : 감정이 없는 단조로운 음성, 밝은 음성의 변화, 강하고 자신만만한 음성, 약하고 주저하고 떨리는 음성

② **말의 속도** : 빠름, 중간, 느림

③ **음성의 크기** : 큼, 중간, 작음, 부드러움

④ **용어 사용** : 명확한 것과 부주의한 것, 지역적 차이, 용어사용의 일관성,

음조와 음색, 말의 속도, 음성의 강도, 말씨

⑤ **아류언어** : 신음, 한숨, 비명, 투덜거림과 같은 말이 아닌 모든 종류의 소리. 따라서 상담과정에 나타내어지는 소리표현에 주의할 필요가 있다.

### 4) 환경을 통한 비언어적 의사소통

#### (1) 거리의 조절

Edward와 Hall은 인간관계의 거리를 4유형으로 분류하여 타인과의 거리를 통해 친밀감의 척도를 이야기하였다.

① 친밀한 거리 45cm 이내

② 개인적 거리 45~120cm

③ 사회적 거리 120~360cm

④ 공공적 거리 360cm 이상

다른 사람들과 가까이 가든지 물러나든지 하여 거리를 조절하여 친밀감을 나타내며 이러한 조절은 점차적으로 거리를 넓히거나 거리를 좁혀야 한다.

#### (2) 물리적 장치의 배열

깨끗하고 잘 정돈되고 조직된 환경, 지저분하고 무질서한 환경, 일상적 환경과 공식적 환경을 들 수 있다. 따뜻한 색상과 찬 색상, 부드러운 자세, 단조로운 자료와 다양한 자료, 명랑하고 경쾌한 분위기와 지루하고 침울한 분위기, 멋을 찾는 분위기와 개성이 없는 분위기, 비싸고 고급스러운 분위기와 값싼 분위기 등이다.

#### (3) 의 상

대담한 의상과 소극적 의상, 세련된 의상과 멋없는 의상

#### (4) 실내에서의 자세

책상과 탁자의 위치, 책상이나 탁자같은 것을 자신과 다른 사람 사이에 놓음으로

써 자신을 보호하는 자세, 방 한가운데에서 소파에 나란히 앉거나 간편한 의자에 앉는 개방적인 자세, 자신과 다른 사람 사이에 아무것도 없는 경우도 있다.

### (5) 상징적 의사소통

**1 의 복**

개인의 성격, 가치관, 신분 및 보수적인지 혹은 진보적인지의 표현, 제복과 평상 자유복과의 차이, 색상과 모양의 차이. 예를 들면, 과격한 사람은 느슨하고 다채로운 옷을 입는 경향이 있다.

**2 두 발**

성의 구별뿐 아니라 성격표시도 된다. 장발이 더 철학적이라고 보는 것 혹은 커다란 결심의 표시로 삭발을 하는 것 등이 있다.

**3 장신구**

결혼반지, 목걸이, 고급 보석류의 착용여부도 개인의 내적 상태를 표현하는 상징적 의사소통이다.

**4 화 장**

화장은 여자를 이해하는데 중요한 역할을 한다. 윤락기가 있는 여인은 더 진한 화장을 하기 마련이다.

**5 주택의 위치와 생활공간**

경제적 이유도 있지만 주거지, 생활공간의 배치와 장식 및 정돈 등은 주인의 인간성 이해의 상징적 단서들이다.

제 10 장

# 가정과 사회 환경

## 1. 가정의 기능과 역할

### 1) 가정의 기능적 의미

가정은 최초의 공생관계를 맺는 집단이라고 할 수 있다. 가정은 가족을 이루고 있는데 가족이란 각자의 삶의 배경이 다른 개개인이 부부관계를 맺고 인격적, 성적, 문화적인 교류를 맺는 부부를 중심으로 혈연관계에 있는 사람들과 모여 살면서 가족의식을 바탕으로 가계를 공동으로 운영해가는 집단이다.

한 가정에는 그 가정에 속한 구성원 및 구성원에게 주어지는 다양한 역할들이 있으며 구성원들이 수행하는 역할들은 가정의 기능을 원활하게 하는데 깊이 관계되어진다. 가정의 역할이나 기능에는 여러 가지가 있다. 예를 들면, 애정의 충족, 종족 보존 기능, 가족구성원의 안정감, 경제적 생산, 보호기능, 육아 등이 있다. 아동은 가정의 일원으로서 태어나고 그 가정에서 중요한 영유아기를 보낸다. 가정은 아동에게는 인격형성, 심신의 발달에 큰 영향을 미치는 최초의 교육의 장이다. 가정이 가지고 있는 교육적 기능은 크게 두 가지로 나눌 수 있다.

첫째, 가정은 아동을 돌보아주며 외부의 압력으로부터 지켜 주는 방벽의 역할을 한다.

갓 태어난 아기들은 혼자서 생리적 욕구를 만족하거나 위험으로부터 본능적으로 자신을 지킬 수 없으므로 부모가 보살펴주거나 보호해 주지 않으면 안 된다. 수유, 배설, 옷갈아 입기 등 모든 것을 부모는 도와 주어야 한다. 이런 보살핌이 단지 생리적 욕구의 만족이나 위생상의 문제만이 아니라는 것은 모성상실이나 시설병을 생각해 보면 잘 이해할 수 있다. 실로 이러한 양육이나 보살핌은 그대로 어머니와 아기의 상호교류의 장을 만들어 내며 그것을 통해 부모－자녀간의 정서적인 유대가 키워진다. 이런 안정된 관계가 아동에게 신뢰감과 안정감을 부여하게 된다. 만일 외부세계에 나아가 어려운 일에 부딪히면 안심하고 피난할 수 있는 피난처로서 가정은 사랑과 위안이 넘치는 마음의 안식처이다. 가정에서의 평화로움과 안정감은 아동의 심리적 건강에 영향을 미치는 중요한 요인이다.

둘째, 가정은 사회를 대표하여 그 사회에서 요구하는 규범이나 습관 등을 아동에게 전달한다. 즉 사회화 역할을 하는 곳이다.

부모는 사회나 문화의 전달자로서의 역할을 하는 것이다. 가정은 그 사회에서의 습관, 규범, 가치관을 예절(가정교육)을 통해서 전달한다. 예절이란 그 사회의 일원으로서 적합한 인간을 만드는 것이다. 부모가 어떤 것은 칭찬해 주고 어떤 것은 야단치는 등의 아동에 대한 구체적인 대응을 통해서 외적으로 아동의 행동을 통제해 나간다. 그것이 양심(초자아)이 되고 그리고 마음 속에 내재화하여 자기규제를 위한 내적 기준을 형성한다. 이 부모의 예절교육에 의해 아동은 연령이나 성별에 따라 사회적 요구가 달라지며 각각 다른 역할을 익히지 않으면 안 된다는 것을 안다.

이 두 가지의 기능을 모두 균형있게 다루고 있는 가정이 아동의 인격형성에 가장 바람직한 가정이라고 할 수 있다. 만일 보살핌과 보호의 기능에 편중되면 과보호나 과간섭이 생기며 사회화 기능에 치중되면 엄격한 양육태도에 의한 피해가 생길 것이다. 무엇보다도 부모는 자녀에게 일관성 있는 태도를 유지할 수 있을 때 아동은 안정적 적응태도를 확립해 나갈 수 있다.

### 2) 가정의 순기능과 역기능

위에서 설명한 보호의 기능과 더불어 가정은 자녀에게 있어 최초의 학교이며 부모는 최초의 교사가 된다. 가정에서 사람으로서 지녀야 할 기본적인 자질, 다시 말하면 인격 형성의 토대를 확실히 만들어 주어야 한다. 이렇게 가정에서 사람이 사람답게 성장하는데 필요한 많은 자질들 중에 특히, 말이나 기본적인 생활습관, 기본 예절들을 배워 익히는 가정교육이 이루어지는 것은 매우 중요한 가정의 기능이라고 할 수 있다. 아동은 부모의 직접적인 지도와 함께 모델링에 의해 많은 것을 학습한다. 아동은 무의식적으로 가족들을 모방하여 말씨, 태도, 가치관 등을 받아들여 내면화 한다. 이러한 것을 통해서 가정은 사회화의 장으로써 아동을 그 사회의 일원으로 기르게 하여 사회생활에 필요한 행동양식의 기초를 마련해 주는데 이것을 가정의 순기능이라 할 수 있다.

현대사회에서 개인은 고독감, 개인적 정체감의 혼란, 강박적인 순응 등으로 인해 일어나는 심리적 불안과 방황에서 벗어나려는 안간힘이 외부세계에서 끊임없이 좌절되기 때문에 이를 가족과의 애정이나 친밀감으로 보상받으려 한다. 그러나 현대의 가정은 만족스러운 안식처 역할을 하기에는 본질적으로 많은 문제를 지니고 있다.

가정이 위기상황을 맞게 되는 원인을 몇 가지로 나누어 생각해 볼 수 있다. ① 가족구성원의 상실로부터 오는 위기 ② 예기치 않았던 가족의 증가(원하지 않던 임신, 계부, 계모, 노부모의 상경 등) ③ 가족구성원의 사기 하락 또는 가정평화의 와해(배우자의 부정, 이혼 전후의 파란, 알코올이나 도박중독, 자녀의 사고, 가정의 불명예가 되는 사건의 발생 등)와 같은 원인에서 오는 가정적 위기는 식구들의 생활양식을 혼란시키고 주요 생활과정에서 큰 좌절감을 안겨준다. ④ 한편, 가족 내에 문제 식구가 있을 수 있다. 문제가 있는 것으로 간주되는 가족은 대체로 자기 자신을 잘 파악하지 못함으로써 다른 식구와 의사소통을 제대로 하지 못하거나 갈등을 일으키기 쉽다. ⑤ 가족관계 및 가족들간의 의사소통에 문제가 있을 때 상담이 필요하다. 즉, 가족 중 누가 어떤 상태에 있든지 가정적 균형이 불안정하고 식구들이 자주 당황하거나 긴장을 느낄 때 가족상담과 같은 전문적인 노력이 요구된다.

가정의 기능적인 면을 살펴보면, 예전에는 각각의 가정이 아동의 보호와 자립의 기능을 하였으나 본래의 가정 자체가 가지고 있어야 하는 기능들이 다른 기관에

위탁되는 경우가 많아졌다. 부모가 모두 가정 밖에서 일하는 맞벌이 부부가 증가함으로써 아동에게 가장 필요한 보호도 충분히 보장되지 못하는 것이 현실이다.

그러나 가장 저하된 기능은 아동의 사회화에 관한 기능일 것이다. 아동의 예절은 유치원이나 어린이집이나 학교에 맡겨 버리고 아동이 잘못된 일을 저질러도 꾸중하지 않는 부모가 증가하게 되었다. 즉, 유치원, 어린이집, 학교 등에 자녀를 보내는 것이 마치 부모의 역할을 다한 것처럼 인식하는 것이다. 부모의 역할을 교사가 위임해야 하는 것처럼 암묵적인 위압을 가하는 부모들이 증가하고 있다는 것이다. 그 결과 아동은 정신적으로 불안정하게 되고 기본적인 생활습관조차도 익히지 못한 아동이 증가하고 있다.

또한 맞벌이에 의한 스트레스의 증가나 여유의 감소, 회사에 얽매인 남편에 대한 아내의 불만, 직장에서의 해고, 배우자의 외도, 이혼, 부모의 가출 등에 의해 강한 긴장을 가진 가정이 증가하고 있다.

이러한 가정에서는 아동은 항상 긴장감을 갖고 있으며 가정생활에서의 즐거움이나 충실감을 맛볼 수 없다. 그리고 이러한 가정에서는 부모가 갈등을 처리하기 위해서 아동을 희생시키기도 한다. 어머니-자녀의 공생은 거기에 대한 전형적인 현상이지만 그것으로 인해 아동의 자립심의 발달이 크게 손상을 입게 된다(김나영 외, 2004).

### 3) 가정 내의 인간관계

#### (1) 부모-자녀관계

아동의 발달에 가장 영향을 미치는 요인의 하나는 가정에서의 인간관계이며, 그 중에서도 부모-자녀관계일 것이다. 부모-자녀관계에 문제가 있으면 아동의 발달에 장애가 나타난다. 아동은 부모와의 관계를 맺으면서 성장하게 되며, 이 과정에서 모방되고 각인되어지는 성품, 지능, 정서, 도덕성, 사회성, 신체적 건강 등에 이르기까지의 모든 요인들은 그의 평생에 영향을 미치는 기본 구조로서 작용하게 된다. 특히, 인생 초기의 어머니와의 애착형성은 심리적·정서적 안정에 필수적인 요인이다. 애정결핍은 아동이 성장하는 과정에서 정서적으로 불안정하게 만들어 여러 문제행동을 가져오기도 한다. 이전에는 자녀와 어머니와의 관계에 주목하는 경우가 많았으나 최근에는 아버지와 아동의 관계에도 많은 관심을 가지게 되었다.

성역할 의식도 변화하고 직장을 가진 어머니가 증가하는 등 사회적인 변화에 따라 아버지가 육아에 일정한 역할을 담당하기 시작하였다. 실제로 자녀와의 상호교섭에서 어머니와 아버지가 어떻게 다른가를 알아내었다. 영아기에 아버지가 유능한 양육자가 될 수 있다는 것을 시사하는 연구도 있으며 7, 8개월의 영아는 아버지에게 웃어 주며, 발성하고 주시하는 등의 수단을 이용하여 아버지와 상호작용하려고 한다. 1년 반이 지나면서 아버지와 적극적인 교류를 갖는데 어머니의 부재시에 대신으로서의 아버지가 아니라 어머니와는 다른 기능을 하는 존재로서 아동의 발달에 관여하는 것이다. 이러한 경향은 유아기에 더 확실해진다. 어머니는 가정 이외에 다른 일을 가지고 있던 아니던간에 아버지와 비교하면 수유나 기저귀 갈아주기 등과 관련된 일을 훨씬 많이 하며, 아버지는 아기를 안게 되며 어머니보다 놀이 상대가 되어 주는 일이 많다(Bretherton, 1985 ; Kotelchuck, 1976).

부모는 부모 자신이 어린 시절에 자신의 부모에게 어떤 양육을 받았느냐에 따라 양육행동에 영향을 받는다. 충분한 사랑을 받지 못했다면 자기의 자녀를 사랑할 수 없게 되는 위험성을 가지고 있다. 부모의 양육태도가 아동의 자유와 자주성, 독립성을 존중해 주고 허용적이며 감정에 치우치지 않고 합리적·객관적이면서 동시에 따뜻하며 일관성이 있으며 바람직한 발달을 기대할 수 있다. 그러나 양육태도에 과보호, 방임, 엄격, 익애, 모순 등을 가지고 있다면 아동의 발달에 문제를 일으킬 수 있을 가능성이 많다.

부모는 자녀에 대해 높은 기대를 걸고 있으며 또 그 기대에 맞추어 자녀가 행동할 것을 요구한다. 그래서 자녀들은 상당한 스트레스를 느끼며 동시에 주체적인 삶을 살아갈 수 없게 되는 것이다.

부모－자녀의 바람직한 상호작용도 역시 아동의 심신발달에 중요한 역할을 한다. 부모가 자녀에 대해 시간적으로 많은 접촉을 하더라도 타이밍을 잘 맞추어 응답해 주지 않으면 아동은 부모와 마음이 통하는 즐거움을 느낄 수 없으며 부모－자녀의 관계가 잘 이루어지지 않는다.

권석만(2003)은 부모－자녀관계의 특성을 다음과 같이 들고 있다.

첫째, 부모－자녀관계는 인간관계 중에서 특히 혈연적인 관계이다. 다른 말로 하면 가장 일차적인 인간관계이며 가장 본능적인 애착이 강한 관계이다. 아울러 부모－자녀관계는 선택의 여지없이 숙명적으로 주어지는 인간관계로서 관계의 가입과 탈퇴가 불가능하다. 따라서 부모－자녀관계는 싫든 좋든 평생을 유지해야 하는 관계이다.

둘째, 부모－자녀관계는 가장 수직적이고 종속적인 관계이다. 부모와 자녀는 20~30년의 나이 차이와 더불어 능력과 경험에 현저한 차이가 있어서 자녀는 일방적으로 부모를 따르고 의존해야 한다. 부모 역시 어리고 미숙한 자녀를 일방적으로 보호하고 양육해야 하는 지배적인 위치에 있게 된다. 이런 점에서 부모－자녀관계는 서로 불평등한 자격과 위치에 일방적인 상호작용이 일어나는 수직적인 관계이다.

셋째, 한 인간의 인격형성에 있어서 가장 중요한 관계가 부모－자녀관계이다. 자녀의 입장에서는 태어나서 최초로 맺는 인간관계이며 부모의 양육을 통해 성격을 형성해가는 터전이다. 또한 부모의 입장에서 자녀는 부부 사이의 사랑의 결실이자 자신의 피를 물려받은 분신과 같은 존재이다. 따라서 부모는 거의 본능적이고 무조건적인 애정으로 자녀를 보호하고 양육하게 된다. 이런 점에서 부모－자녀관계는 가장 기본적이며 근원적인 인간관계라고 할 수 있다.

넷째, 부모－자녀관계는 주요한 교육의 장이다. 자녀는 부모를 통해 사회의 기본적인 적응기술을 배운다. 또한 부모는 자녀에게 사회의 도덕적 규범과 가치를 기르친다. 즉, 가장 기본적인 사회화과정이 부모－자녀관계 속에서 일어난다. 또한 자녀에게 있어서 부모는 자신이 닮아가야 할 동일시의 대상이자 인생의 모델이 된다.

마지막으로 부모－자녀관계는 세월이 흐르면서 관계의 속성이 현격하게 변화한다. 부모－자녀관계는 자녀가 어릴 때는 일방적인 의존적 관계이지만, 점차 성장해 가면서 의존적 관계에서 독립적 관계로 변화해간다. 특히 자녀가 청소년기에 접어들면서 부모의 보호나 통제에서 벗어나려 하며 부모－자녀관계에 현저한 변화와 갈등이 초래된다. 자녀가 점차 성숙함에 따라 부모는 노쇠해진다. 따라서 노쇠해진 부모는 말년에 오히려 자녀에게 의존하게 되며 자녀는 노쇠해진 부모를 봉양해야

되는 보호자의 위치에 서게 된다. 이렇듯이 세월의 흐름에 따라 역할과 관계가 변화하는 것이 부모－자녀관계이다.

### (2) 부모의 바람직한 역할

바람직한 부모 양육태도는 크게 부모의 가치관, 성격 측면 등에서 작게는 자녀와의 의사소통 기술 등의 광범위한 영역이 있다. 그러나 부모의 내재적인 요인에 의한 부모의 역할을 살펴보면 다음과 같다.

첫째, 민주적인 가정분위기를 조성하는 것이다. 우리나라 가정의 경우에 가부장적, 장유유서적 육아형태가 많이 남아 있고, 나이에 따라 역할분배가 위계적으로 되어 있으며, 성에 따라 분명한 구별이 있으므로 자녀들의 민주적인 성격특성, 결정 능력을 키우기는 쉽지 않다. 이런 점에 유념하여 부모와 자녀가 가정에서 자유롭게 민주적 의사소통을 할 수 있는 분위기의 조성과 의사소통 기술의 학습이 필요하다.

둘째, 자녀를 존중하는 태도를 갖는 것이다. 어른의 고정된 사고 틀에 자녀를 맞추기 위해서 강제성을 띤 요구를 한다든가 하는 것은 오히려 자녀의 자율성을 억제하는 결과를 만든다. 자녀를 이해하고 존중할 때 자녀는 건강하고 독립적인 성인으로 자라는 것이다(강문희, 2003).

셋째, 부모의 자기개방이다. 부모는 자신 및 자녀의 욕구와 필요를 인식할 수 있어야 한다. 부모의 자기개방이 없는 대화는 불가능하다. 그런데 청소년백서(2002)에서는 청소년들이 가정에서 부정적 대화단절 현상을 잘 나타내주고 있는데 고교생 중 22%가 아버지와 대화하는 시간이 하루에 1분도 안 된다는 응답을 하였다고 보고하였다. 그리고 11%는 어머니와의 대화시간도 1분에 못미치는 것으로 나타났다고 보고하였다. 또한 중학생 열명 가운데 한 명은 부모가 자신을 믿지 못한다고 답하고 있으며, 학년이 올라갈수록 부모와의 교감이 부족한 것으로 나타나고 있다. 뿐만 아니라 음란사이트 접속도 초 · 중 · 고등학생의 92%가 집에서 접속하는 것으로 보고되고 있으며, 가출청소년의 50%가 가출의 이유가 부모와의 갈등에 기인하는 것으로 나타나 가정에서의 대화단절의 심각성을 잘 알 수 있다.

이 같은 사실에서도 알 수 있는 바와 같이 부모들이 자녀의 필요와 욕구를 잘 헤아릴 겨를도 없을 뿐더러 자신이 무엇을 하고 있는지에 대해서 그리고 자신의 가정에서의 위치와 역할에서 갖게 되는 생각과 느낌들에 대한 개방이 필요하다. 적절한 자기개방은 훈육자로서의 역할을 원활하게 수행하게 될 것이다. 적절한 자기개방이 없이 자녀의 개방만을 요구한다면 자녀는 벽을 보고 이야기하는 느낌을 갖게 될 것이고 부모와의 교류에 대해서 편협적으로 지각하게 될 것이다. 따라서 대화의 장을 만들고 대화를 이끌어내는 것보다 더 중요한 것이 부모의 적절한 자기개방일 것이다.

넷째, 훈육자로서의 역할이다. 부모가 건강한 자녀로서의 성장을 위해서 의식주를 해결할 수 있는 지원을 담당해야 하는 것도 기본적인 부모의 의무일 것이다. 이와 더불어 부모는 자녀가 성장하는데 따라서 배우고 익혀야 하는 부분에 대해 명확하고 구체적인 목표와 내용이 있어야 할 것이다. 이러한 훈육은 자녀가 보다 더 사회에 잘 적응할 수 있는 과정적 체험이 된다.

다섯째, 부모의 내적 성장을 가져오도록 노력하는 자세이다. 사회적인 활동과 주어진 업무를 원활하게 수행하는 것도 중요하지만 부모 자신이 한 사람의 인간으로서의 성장과 발달을 가져올 수 있도록 자신에 대한 관심과 존중 그리고 사랑하는 마음을 가지고 자신과의 만남을 이루어 갈 때 비로소 타인과의 관계도 좀더 질적이고 친밀하고 신뢰로운, 또한 도움을 주고받을 수 있는 관계를 가꿀 수 있기 때문이다.

### (3) 부부관계

만약 부부간의 불화가 생기는 경우에는 단지 부부간의 문제로 끝나지 않고 부모－자녀관계 등의 가족관계 전체에도 나쁜 여파를 미치게 된다.

가족이란 각각 개별적인 역할을 가진 사람들의 단순한 집단이 아니라, 심리적·물리적으로 서로 의존하고 있으며 밀착된 역동적인 집단이다. 관계가 긴밀한 만큼 일단 인간관계에 갈등이 일어나 문제가 생기면 그것을 해결하는 데는 아주 많은 시간과 노력이 필요해진다.

또 가족 전체의 분위기가 어떤지 알 수 있는 가족 내의 조화는 부부관계에 의해 가장 많은 영향을 받는다. 가족관계가 항상 안정된 상태로 있는 것은 아니다. 오히려 일반적인 가정에서는 부부간 또는 부모－자녀간의 사소한 갈등이 생기고 다시 해결되는 과정이 반복하여 일어난다. 이러한 갈등은 가정이 파경에 이르기 전에 해결되고 해소되는 것이 대부분이다. 가정이 충분히 기능하지 않는 경우에는 가정 내에서 폭력적 행동(때리고, 밀고, 칼로 위협)이 발생하기 쉽다고 하였다(Kratcoski, 1984). 부부간에 갈등이 생겼을 경우에 폭력적 행동으로 해결하려고 하는 부부는 부부간의 문제를 넘어서 자녀에 대해서도 폭력적 행동을 취하는 경향이 많다는 것이 이미 밝혀졌다. 또 부부간에 폭력이 많은 경우에 자녀끼리의 폭력적 행동도 많아진다고 하였다(Kratcoski, 1984).

부부관계와 어머니－자녀간, 아버지－자녀간의 상호작용에서 문제가 비교적 많은 가족과 적은 가족을 비교해 보면, 부부간에 문제가 많은 아버지는 자녀에게 도움이 되는 귀환반응(feed back)을 제공하는 일이 적으며, 자신의 신념이나 의지에 따라서 자녀를 지배하는 경향이 강하다. 그러나 부부간에 문제가 많은 어머니는 자녀에게 질문이나 언어에 의한 지도를 많이 하며 정보제공의 피드백도 많고 언어에 의한 과제의 관리가 많았다. 또한 부모에 대한 자녀의 응답도 이러한 부모 행동의 차이에 대응하였다. 이것은 부부관계에 약간의 불만을 가진 어머니는 자녀와의 상호작용을 잘하며 자녀도 그것에 대응한 행동을 나타내고 있다는 것을 말해 준다. 이러한 어머니의 열성을 남편에 대한 불만의 심리적 보상 또는 자녀를 잘대해 주지 않는 남편의 행동과 균형을 취하려는 시도라고 해석할 수 있다(Brody, 1986).

한편 아버지도 부부관계에 따라 자녀를 대하는 행동이 달라진다. 불행한 결혼을 한 아버지는 어머니 뿐만 아니라 자녀에 대해서도 거리를 두게 되어 자녀와 정서적으로 풍부한 대화를 나누는 기회가 적다(Dickson & Parke, 1988).

이상에서 살펴본 바와 같이 가정의 안정은 안정된 부부관계에서 비롯된다고 할 수 있다. 부부간의 유대관계가 신뢰와 애정을 바탕으로 하며 서로 존중하는 태도로 대화를 통해서 서로의 발전과 성장을 지지 및 격려하고자 하는 노력이 지속적일 때 가정의 구성원들간에서 적절한 관계가 형성될 수 있기 때문이다. 왜냐하면 그러한 노력의 과정 속에서 개인의 문제를 해결하며 바람직한 변화를 모색할 수 있는 대안이 구체적이고 실제적인 행동을 창조할 수 있으며 관계의 질(quality)을 높이게 되기 때문이다. 이러한 관계의 질적인 성장은 자녀들과의 관계를 돈독하게 할 뿐만 아니라 형제관계도 원만하게 발전시킬 수 있게 된다.

### (4) 형제자매관계

형제자매가 여럿일 경우에는 형제자매끼리의 인간관계를 형성하고 관계방법을 습득하는 경우가 자연발생적으로 이루어지게 된다. 그러나 최근에는 한 가정에 한 자녀들이 늘어나는 추세이며 반대로 정부에서도 이러한 인구감소에 의한 문제를 해결하기 위해서 3째의 출산을 장려하고 양육비에 대한 지원 및 다양한 혜택을 제안하고 있는 실정이다. 자녀의 출산이나 양육에 대한 문제는 각각의 가정의 문제를 넘어서 국가차원에서도 여러 가지 문제의식을 느끼고 보다 적극적인 대안 마련을 위해서 노력하고 있는 과정이다. 형제자매 관계는 연령 구성이나 성별 구성에 따라 변화하지만, 그러한 형식적 조건보다 지금까지의 가족 내부의 상호작용의 역사인 실질적 조건에 의해 규정되는 부분이 많다.

동생의 탄생은 형제자매 관계를 포함한 부모－자녀관계의 재구조화를 가져온다. 둘째 자녀의 발달적 변화가 어머니－아버지, 부모－자녀의 상호교류 형태의 변화를 규정하는 중요한 요인이다(Kreppner et. al., 1982). 그 변화를 구조적으로 살펴보면, 아버지－어머니－자녀의 삼각관계에서 어머니와 아버지 그리고 두 형제자매의 관계로 복잡하게 얽혀지게 된다. 최근에는 재혼가정이나 한부모 가정의 증가로 인해서 발생하는 부모－자녀관계의 구조적인 변화도 뒤따르고 있는 실정이다.

일반적으로 첫째들의 경우에 동생을 임신했거나 동생이 태어나면 어머니의 마음이 자기에게 향하지 않을 때가 많게 된다는 것을 아동은 느낀다. 어머니와 아동 간의 심적 교류는 두 사람만이 직감적으로 느끼기 때문에 누구보다도 아동은 어머니 마음의 변화에 민감하다. 그리고 동생이 태어나고 어머니뿐만 아니라 사람들의 관심이나 애정이 동생에게 향하게 되면 아동은 강한 욕구불만을 갖게 된다. 그래서 여러 형태의 퇴행현상을 나타내어 그 사태에 대응하려고 한다.

그러나 한편, 동생은 성장하는 과정에서 형이나 언니로부터 여러 가지 압박을 받게 된다. 동생이 형이나 언니의 장난감에 흥미를 보이며 만지려고 하면 형이나 언니는 뺏어버린다. 때로는 사소한 싸움으로 인해 신체가 큰 형이나 언니로부터 신체적 공격을 받기도 한다.

형제자매가 있다는 것은 가정 안에서 형제자매끼리의 사회가 형성되고, 가정이라는 특정적인 조건하에서 형제자매간의 질투는 형제자매끼리의 사회적 행동 예를 들면, 싸움을 통한 경쟁, 위로와 협력, 이해 등으로 승화시키게 된다.

아동기에는 형제자매간의 질투가 너무 심하여 부모들이 그것을 문제로 보는 일이 적지 않게 일어난다. 그러나 시간이 지나도 이러한 경향이 없어지지 않고 오히려 문제가 심각해져서 동생에게 상해를 입힐 정도의 싸움이 계속되고 부모로부터 차별받는다고 느끼며 부모를 원망하게 되며 폭력을 휘두르기도 한다. 그리고 나중에 아동기나 사춘기가 되어 행동상·성격상의 문제행동으로까지 발전할 가능성도 있다. 한편 형제자매관계는 경쟁적이기만 한 것이 아니라 협동적인 측면도 가지고 있다. 경쟁이나 협동은 사회생활을 하는데 빼놓을 수 없는 인간관계이며 이것을 형제자매 관계 속에서 경험하는 것이 바람직하다.

형제자매와의 경쟁적 관계는 동성의 형제자매에서 그리고 연령 차이가 별로 없을 때에 현저하게 나타난다. 또한 여기에는 부모의 영향도 빼놓을 수 없다. 이성보다 동성의 형제자매에 대한 태도가 어렵다. 형제자매간의 성별에 따라 친사회적 행동도 일어나기 쉽다고 한다(Pellectier-Stiefel et al., 1986). 동성의 형제자매간이 이성의 남매간보다도 흥미나 관심의 유사성이 높기 때문에 서로 모방이나 지원이 잘 이루어진다. 그러나 어머니의 행동도 다양한 형제자매간의 관계형성의 원인이 되는 경우가 많다. 일반적으로 어머니는 첫째나 둘째의 성이 다를 때 둘째에 대해 더 적극적으로 관심을 나타내고 상호교섭도 하기 때문에 첫째에 있어서는 동생의 존재가 다 강한 위협이 되며, 형제자매간에 대립관계가 형성된다고 생각할 수 있다.

남매는 성장함에 따라 흥미나 관심이 달라지며 소유물이나 놀이에도 차이가 나타난다. 그리고 서로의 성차를 확실히 의식하기 때문에 부모도 각각의 자녀와 독자적인 관계를 형성하기 쉽다. 그러나 동성의 형제자매의 경우에 부모는 대체로 서로를 비교하게 된다. 그러한 태도를 자녀 앞에서 무심결에 보이거나 말해버리는 것은 한쪽 자녀에게 열등감을 일으키게 하거나, 형제자매간에 시샘이나 적의를 갖게 하는 원인이 된다.

부모가 특정한 자녀에 대해 갖는 감정은 그 부모를 키워준 부모에게 어떻게 키워졌는지, 또 결혼 후의 부부관계, 가정에서 자신의 존재에 대한 의식 등의 여러 요인이 복잡하게 관련되어 있으며 거의 무의식적으로 일어난다. 물론 인습이나 사회관습은 오랫동안 그 사회 · 문화 속에서 살고 있는 개인의 인격형성에 중요한 역할을 하고 있다.

이상에서와 같은 내용을 뒷받침할 수 있는 근거는 Adler에게서 살펴볼 수 있다. Adler는 부모가 같고 거의 같은 가정환경에서 자라난 아이들일지라도 개인의 출생순위에 따라 생활양식이나 성격의 형성에 서로 다른 영향을 받는다고 하였다.

### 1 첫 째

첫째는 처음 태어나서 '독자'의 시기까지는 부모의 끊임없는 사랑과 관심을 한 몸에 받으며 응석받이로 행동한다. 그러다가 동생이 태어나면서부터는 그의 즐거웠던 자리를 빼앗기게 되는데 때로는 이것이 마음의 상처가 될 수도 있기 때문에 이를 가리켜 Adler는 맏이를 '폐위된 왕'에 비유했다. 대개 첫째는 책임감이 강하고 의젓하며 열심히 일하고 앞에 나서기를 좋아하며 때로는 이기적인 경향이 있기도 하다.

### 2 둘 째

둘째는 태어날 때부터 형이나 누나라는 경쟁자가 있기 때문에 그들을 능가하기 위한 자극과 도전을 받는다. 따라서 형의 약점을 찾는 요령을 발달시키게 되고 형이 실패한 것을 달성함으로써 부모나 선생님으로부터 칭찬을 받기 위해 노력한다. 따라서 대부분 둘째는 첫째와 반대되는 양상을 보이며 대부분 적응력과 경쟁심이 아주 강하고 대단한 야망을 가진 성격이 된다.

### 3 막 내

막내는 언제나 가족의 귀염둥이로 부모나 형제들에 의해 응석받이로 자라나게 된다. 그러나 가정이 경제적으로 넉넉지 못할 경우에 막내는 자기 것은 아무것도 없고 다른 가족들로부터 물려받아야 하는 '늘 귀찮게 붙어다는 아이'의 위치로 전락할 수도 있다. 또한 막내는 모두가 자기보다 크고 힘세고 특권이 있는 형으로 둘러싸여 독립심의 부족과 함께 강한 열등감을 경험하기 쉽다. 그럼에도 불구하고 막내는 한 가지 이점을 가지고 있는데 그것은 위의 형들을 능가하고자 하는 강한 동기유발이다. 이 때문에 막내 중에는 가끔 뛰어난 운동선수, 훌륭한 음악가, 재능 있는 예술가 또는 가족 중에 가장 야망이 있는 아이가 된다. 이를 가리켜 Adler는 '도전적인 막내는 혁명가로 될 가능성이 많다'고 했다.

**4 독 자**

독자는 경쟁할 상대가 없는 독특한 위치에 있다. 그러므로 어머니가 응석받이로 기를 가능성이 많고 아버지와는 강한 라이벌 의식을 가지게 된다. 독자는 엄마 치맛자락에 매달려 응석을 부리고 다른 사람들로부터도 보호받기를 원하며, 의존성과 자기중심성이 현저하게 나타날 수도 있다.

## 2. 부모교육과 부모상담

### 1) 부모교육과 부모상담의 개념

부모교육이란 미래에 부모가 될 청소년, 임신기의 부모, 그리고 자녀를 가지고 있는 성인을 대상으로, 부모로서의 자질을 향상시키기 위하여 행하는 모든 교육을 의미한다. 그러나 우리나라의 경우 결혼 후 자녀를 낳아 기르면서 부모교육의 실시를 절실히 느끼게 되어 대부분의 부모교육은 자녀를 기르고 있는 부모를 대상으로 하는 성인교육 중심으로 실시되고 있다.

아동이 태어나서 최초로 맺는 인간관계인 부모가 제공하는 환경은 아동의 발달에 중요한 역할을 하기 때문에 효율적인 부모역할 수행은 아동의 발달에 많은 영향을 미친다. 부모가 아동발달에 영향을 미친다는 것은 명백하지만 부모로서의 역할수행을 위한 기술습득의 필요성은 최근에 이루어진 일이다. 과거에는 대가족 속에서 생활을 하였기 때문에 부모의 양육행동을 자연스럽게 전수받을 수 있었다. 그러나 급격한 사회의 변화로 말미암은 맞벌이 부부의 증가, 부모의 역할이 변화하였기 때문에 부모역할에 대한 일반의 관심이 커지고 있는 것이다. 무엇보다도 가정의 기능면에서 많은 변화가 이루어졌으며, 부모의 역할 또한 변화되어지고 있다. 부모교육의 궁극적인 목적은 아동 발달을 촉진시킬 수 있게 됨과 동시에 부모 자신의 부모로서의 자질 향상과 개인의 가능성, 정신력을 개발하고 실천적 기술을 연마하는 것이다.

부모상담이란 아동이 현재 당면하고 있는 문제를 해결하기 위하여 상담자가 그의 부모 또는 가족을 만나 상담하는 것을 말한다. 아동들은 그를 둘러싸고 있는 주위 환경을 민감하게 받아들이며 생존적인 필요에 의해 부모에 의존해 있기 때문에 그들의 행동을 올바르게 이해하고 또한 그들의 부적응 행동을 원만하게 치료하기 위해서는 아동을 둘러싸고 있는 1차적 환경인 부모나 가족들에 대한 상담이 아동상담과 함께 병행되어야 한다.

특히, 아동 문제 행동의 대다수는 전체적인 가정의 분위기나 또는 부모의 양육태도, 혹은 가족간에 생기는 심리적인 갈등에서 비롯되는 경우가 많기 때문에 가족상담이 아동상담과 같이 이뤄짐으로써 아동의 부적응 행동에 대한 근본적인 지도가 가능해지게 된다.

### 2) 부모상담의 필요성과 목적

아동이 건전한 그리고 건강한 사회인으로 성장하는데 가장 중요한 역할을 맡은 인물은 부모이다. 대부분 부모가 영유아의 발달에 적절하게 개입하고 있으면서도 자신감을 갖지 못하고 있다. 또한, 아동이 분명히 위기의 소지를 안고 있는데도 불구하고 인식하지 못하는 부모도 있다. 특히 맞벌이나 저소득층 가정의 부모일수록 더욱 이러한 위험의 소지가 있다. 이러한 부모 모두를 위해 부모상담의 필요성은 절실하다.

실제로 아동의 심리적·행동적 문제를 개선하기 위해서는 우선 부모에 대해, 그리고 아동이 처해 있는 환경을 개선하지 않으면 치료나 교육의 목표를 이루기가 어렵다. 부모의 협력을 얻게 되어 환경이 좋은 방향으로 바뀌게 되면 아동의 문제행동도 빠르게 개선된다. 그러므로 아동의 심리치료에 있어서 부모상담은 치료의 일환으로서 필요한 사항이다.

아동 문제행동의 치료에 있어서 실제로 육아의 책임을 담당하는 입장에 있는 어머니가 개입하고 있는 경우가 많다. 그러나 실제의 문제는 단지 어머니와 아동

사이에서만 생기는 것은 아니다. 부부관계, 형제자매 관계, 조부모와 부모관계, 조부모와 손자관계를 포함한 가족의 인간관계에 문제가 많이 있기 때문에, 아동의 심리치료와 더불어 가족에 대한 지원이 필요하다. 가족은 하나의 시스템이며, 이 시스템 안에서 가족 구성원들 간에 서로 영향을 미치고 또 영향을 받기 때문이다.

사회는 여러 가지 다른 성격, 인격으로 구성된 부부가 있으나 아동의 심리치료에서 보다 좋은 효과를 얻기 위해서는 어느 쪽이라도 건강한 인격을 갖춘 부모의 존재가 무엇보다 의지가 되며, 그런 의미에서도 어머니 뿐만 아니라 아버지의 치료에 대한 참가, 다시 말하면 부모 모두의 상담이 필요하다. 그러나 주의해야 할 점은 가족 내의 병리적인 문제가 심각할 때에는 전문적인 가족상담을 권하는 것이 바람직하다.

### 3) 자녀의 발달단계에 따른 부모역할의 과제

부모－자녀관계는 일반적인 관계라고 하기보다는 특수한 인간관계라고 할 수 있으며 독특한 관계라고 할 수 있다. 부모－자녀의 독특성은 다음과 같다(김광웅, 1996).

첫째, 부모의 역할은 본능적, 절대적으로 강하게 이루어진다.

둘째, 부모의 역할은 자녀의 발달단계에 따라 달라진다.

셋째, 부모역할은 다른 사회적 역할과 비교할 수 없을 만큼 희생적으로 수행된다.

넷째, 부모역할은 연습할 수 없다.

다섯째, 부모역할은 도중에 포기할 수 없다.

한편 부모의 발달도 자녀의 발달과정에 따라 변화하는 부모역할의 수행과정에서 부모들이 겪게 되는 심리적 사회적 문제를 중심으로 이루어진다. 자녀의 발달과정에 따라 변화하는 부모역할에 대해서 구체적으로 살펴보면 다음과 같다(김광웅, 1997).

#### (1) 이미지 형성기(image-making stage)

결혼부터 임신기간까지의 시기를 말한다. 결혼 전까지는 대개 이상적인 부모상

(ideal parents)을 가지게 되어 현실과 차이가 있으나 결혼하여 특히 임신을 하게 되면 부부는 자신들의 부모로서의 이미지를 구체적으로 형상화하게 된다. 이러한 자신의 부모 이미지는 태아와의 관계, 부부관계, 자신들의 부모와의 관계, 또 다른 중요한 주위 사람들과의 관계를 함께 고려하여 갖가지 상상을 하게 되고 이러한 상상 속에서 자신들의 부모 이미지를 형성한다. 부모됨의 준비는 임신을 긍정적으로 수용하고 부모로서의 지위와 역할을 가다듬는 마음의 준비가 잘 되어 있다고 하더라도, 대부분의 임산모는 갖가지 이상한 감정을 느끼기 쉬우며, 특히 임신으로 인한 생리적 입덧, 가슴답답, 변비 등의 불편감은 불안과 우울 등의 부정적 감정을 유발시킨다. 예비 아버지의 경우도 아내가 임신을 하게 되면 상당한 심리적 변화가 일어난다. 자신의 생활을 반성하기도 하고, 보다 열심히 가족을 부양해야겠다는 결심도 하면서 아버지가 된다는 희망과 행복감에 젖게 된다. 아내의 생리적, 정서적, 신체적 변화를 수용하면서 태교와 출산과 초기교육에 필요한 실제적이고 구체적인 준비를 하여 부모역할을 하게 된다.

### (2) 양육기

양육기는 출산으로부터 영아기까지가 주로 해당된다. 양육기의 부모역할은 생리적 욕구를 적절하게 충족시켜 주면서, 신체적인 안정과 안락감, 그리고 심리적 안정을 취하도록 배려하여 세상에 대한 믿음과 소망을 심어 주고 부모와 안정된 애착을 형성하도록 도와 주어야 한다. 영아기의 자녀를 둔 부모의 역할은 양육자로서의 역할, 상호작용 대상자로서의 역할, 기본신뢰감 형성의 조력자로서의 역할, 자율성 발달의 조력자로서의 역할, 다양한 자극 제공자로서의 역할, 학습경험 제공자로서의 역할로 언급할 수 있다(신영혜, 1996).

### (3) 권위 형성기

2세를 지나 3세에 이르면 가정의 울타리를 벗어나 또래들과 어울려 놀게 되고, 부모 이외의 사람들과 새로운 사회적 관계를 맺고, 유아교육기관에도 다니게 된다. 이러한 과정에서 아이의 사회적 행동이 요구되어짐에 따라서 부모는 아이의 행동을 통제하거나 중재하려면 필수적으로 권위를 지녀야 한다. 이렇게 6세까지 자녀의 성장 발달과정에서 자연스럽게 부모의 권위가 형성되는 것이다.

이 시기의 가장 중요한 부모역할은 아이가 주변환경과 바깥 세상에 적극적으로 도전하여 자신의 세계를 확대하면서 희망과 포부를 키우도록 격려하고 필요한 환경을 꾸며주는 일이다. 동시에 사회적인 존재로서 필요한 기초적인 인격을 형성하도록 훈육하는 일이다. 해도 괜찮은 일과 해서는 안 되는 일을 분명하게 구분해 주고, 사회 문화적으로 절대로 용납될 수 없는 행동에 대해서는 엄격하게 제지하는 훈육을 하여야 한다.

### (4) 설명하여 가르치는 시기

취학연령인 만 6세가 되면서부터 부모들은 자녀를 확대되고 변화한 현실의 세계로 이끌어 당면한 학교 등의 현실문제나 과업을 일깨워 주고 설명해 주면서 차츰 독립된 개체로서의 생활에 적응하게 하여야 한다. 부모의 역할은 훨씬 다양해져 자녀의 최대발달을 위해서 어떤 부모가 되어야 하는지에 대한 새로운 검토와 결심을 하여 부모역할을 재정립하여야 한다. 설명하여 가르치는 단계를 거치면서 부모와 자녀의 새로운 관계에서 핵심이 되는 것은 자녀를 심리사회적으로 독립시켜 가는 것, 그리고 자녀와의 불평등한 권위관계로부터 비교적 평등한 관계로 발전시켜 가는 것이다.

아동기 부모의 가장 중요한 역할은 자녀로 하여금 새로운 학교생활에 잘 적응하고 높은 수준의 학업을 성취하도록 도와 주는 일이다. 부모들은 입학초기부터 학교생활에 대한 안내를 해주고 정서적으로 안정을 취하고 학교생활에 잘 적응하도록 격려해 주어야 한다. 늘 세심한 관찰과 적당한 대화를 통해서 자녀의 학교적응을 점검하고 어려운 문제점을 이해하여 교사와 유기적인 협조체제를 유지하는 것도 모두 부모가 맡아야 할 역할이다. 아이 스스로 학교생활에 성공적으로 적응하도록 힘을 북돋아 주고 안내해 주는 것이 부모의 중요한 역할이다.

### (5) 상호의존기

청소년기의 급속한 성장과 변화를 경험하게 되면, 예상했던 시기가 너무 빨리 그리고 예상치 않은 불안정한 모습으로 다가왔다고 느끼고 부모는 놀라게 된다. 십대 자녀와 원만한 관계를 유지하기 위해서 부모는 상당한 변화를 하지 않으면 안 된다. 상호의존관계에서 부모는 새로운 권위를 확보해야 한다. 애정에 바탕을 두지만 합리적이고 이상적인 권위가 필요하다. 부모의 권위는 합리성과 객관성만으로는 유지될 수 없고, 이성과 감성이 잘 조화된 권위가 요구되는 것이다. 일방적인 권위보다는 상호 보완적인 권위여야 하고 부모도 자녀의 도움이 필요하다는 것과 자녀의 권위도 인정하는 것이 중요한 것이다.

청소년기는 아동에서 성인으로 이행되어 가는 과도기이기 때문에 많은 적응상의 어려운 문제를 경험하게 된다. 이 때의 부모역할은 자녀가 적응상의 어려운 문제를 원만히 해결하도록 도와 주는 것이다. 그러기 위해서 부모들은 이 시기의 자녀의 발달적 특징을 이해하고, 우선 자녀의 행동을 수용하는 기본적인 입장을 취하는 것이 중요하다. 특히 이 시기의 자녀는 이해와 수용이 바탕이 되어야만 안정적으로 교류할 수가 있기 때문이다. 부모로서의 권위와 의연한 태도는 유지되어야 하지만, 청소년기의 자녀를 발달해 가는 한 인격체로 대접할 수 있는 기본 태도가 필요하다는 것이다. 이러한 태도는 부모－자녀의 상호의존적인 관계로 발전시킬 수 있는 기초가 된다.

청소년기의 자녀와 상호의존적인 관계를 발전시키기 위해서 가장 필수적인 요소는 대화이다. 청소년기의 최대 발달과업은 자기확인, 자기수용, 자기규정을 하는 자아정체감을 형성하는 것이다.

이상에서와 같이 아동의 부모교육과 부모상담은 궁극적으로 자녀를 위한 교육과 상담이 되어야 한다. 아동부모교육이나 상담의 대상은 아동의 부모이며, 아동의 부모를 대상으로 아동이 갖는 발달적 특성을 이해하고 아동발달을 돕도록 하는 것이 가장 중요한 과제이다. 이 과정에서 무엇보다도 중요한 것은 부모도 한 인간이기 때문에 부모 자신의 자기실현을 할 수 있어야 한다. 경우에 따라서는 부모의 개인적인 문제 때문에 자녀에게 나쁜 영향을 줄 수 있으므로 먼저 부모의 문제를 해결하여야 하며 자녀와의 관계된 문제의 경우는 서로 협조하여야 하고, 자녀의 문제해결을 위해서 부모의 협조가 필요하기도 한다. 부모의 자질이 향상되는 것은 자녀지도의 질이 향상되는 것이다.

### 4) 부모상담 내용 및 구성절차

부모상담은 상담자가 부모와 함께 아동의 문제를 해결하는 것이며, 기본적인 상호신뢰관계를 기반으로 한다. 이러한 신뢰관계 속에서 부모가 자기의 의사나 감정을 솔직하게 표현하고 또 부모 자신이 가지고 있는 생각이나 감정들을 그대로 수용하고 이해할 수 있도록 도와 주는 것이다. 따라서 부모는 자기 자신을 검토하고, 통찰하여 자녀와의 관계에서 새로운 접근법을 발견하는 것이다.

이와 같은 측면에 대한 보다 체계적인 접근은 부모의 인식체계의 변화를 가져오게 된다. 특히 문제행동의 관점과 가정환경의 특성을 보는 관점의 변화를 기대할 수 있다.

#### (1) 문제행동을 보는 관점을 인식시키기

아동의 문제행동이 의학적 서비스를 요구하는지 아니면 심리학적 서비스를 요구하는지에 따라 문제행동을 소거하는 방식이 달라진다. 같은 문제행동이라도 문제행동을 소거하기 위한 해결책이 한 가지가 아니다. 여기서 중요한 사실은 부모에게 문제행동의 처치를 위한 담당자로서 다양한 사람이 포함될 수 있음을 알려 주는 것이다. 이것은 문제행동의 원인을 보는 관점에 따라 처치방법이 다르기 때문이다.

문제행동을 보는 관점은 크게 세 가지 접근으로 분류되는데 심리분석적 접근, 감각손상적 접근과, 행동수정적 접근이다. 여기서 심리분석적 접근과 감각손상적 접근은 의학적 모델에, 행동수정적 접근은 심리학적 모델에 기초를 두고 있다.

##### 1 의학적 모델

아동의 문제행동은 일차적인 원인에 의해 나타난다고 본다. 그 문제행동의 양방은 부적응, 질병, 혹은 질환으로 특징지어진다. 행동을 수정하는 과정에서 나타난 행동 보다 원인의 처치에 더 많은 신경을 쏟는다. 의학적으로 제공된 자료는 아동의 교육적 프로그램을 계획하기에는 부적절하다. 그래서 교사가 잘 준비된 역할을 하는 사람으로 보이기 어렵게 만든다.

① **심리분석적 접근** : 아동의 문제행동의 원인이 그릇된 인성발달에 기인한다고 본다. 여기서 문제행동을 담당하는 개인은 교육적 치료자로서의 역할을 맡게 된다.

② **감각신경증적 접근** : 문제행동의 원인은 구조적 손상에 있다고 본다. 교사는 진단자로서 역할을 맡게 되는데 감각손상 혹은 신경손상을 찾아내어 그 약점을 줄이기 위한 계획을 세운다.

#### 2 심리학적 모델

모든 행동은 학습된다. 즉, 학습의 원리에 따라 행동은 변화된다는 전제를 가지고 있다. 문제행동을 수정하는 과정에서 원인보다 나타난 행동에만 관심을 기울인다. 특수교육학, 상담학, 아동교육 등에서 영향력을 갖고 있다.

이와 같은 행동수정형 접근에 의하면 문제행동은 학습을 통해서 배워진 것이다. 아니면 바람직한 행동을 배우지 못하여 나타난 것이다. 영유아에게 적절한 행동은 학습시키고 부적절한 행동은 제지하도록 결과를 조정한다.

### (2) 가정환경특성 인식시키기

아동의 문제행동은 스트레스 수준과, 지능, 정서문제, 애착유형, 신경장애, 발달 등을 통하여 나타나는데 이 모든 요인은 가족환경과 관련이 있다.

부적절한 양육과 열악한 양육기술은 아동에게 스트레스 수준을 증가시킨다. 스트레스를 가진 어머니의 특징은 아동에게 부정적이고, 자주 소리지르며, 아동을 신뢰하지 않고, 상호작용에서 말, 웃음을 덜 사용한다. 낮은 사회경제적 지위는 정신건강 문제와 정서가 반사회적 문제를 야기하는 행동을 낳고 부적절한 지원제도를 가진 가족에게서 압박자가 많으면 아동의 스트레스가 증가한다.

아동신경장애를 가진 아동의 가족환경을 조사해 보면 결혼생활의 심각한 불협화음, 낮은 사회경제적 지위, 복잡한 가족환경 혹은 가족 크기가 크고, 범죄를 저지른 아버지, 어머니의 신경장애, 권위주의적인 대리보호자 등의 특성을 갖고 있다.

부모와의 상담을 진행하면서 부모양육 방식에 따라 아동의 행동이 긍정적이거나 부정적일 수 있음을 상기하면서 각 부모가 어떤 유형의 가족환경을 가지고 있는지 스스로 탐색하여 스스로 강점과 약점을 찾아 강점은 강화를 하고 약점은 수정할

자세를 갖추도록 도와 주어야 한다

### 5) 부모상담의 유의점

전문기관에서 이루어지는 상담이나 유아교육기관이나 학교에서 이루어지는 상담의 기본적인 견해는 공통적이다. 부모를 지도하는 것은 중요하지만, 지도에 따라서는 자녀의 문제해결에 적극적으로 참여하고 노력하는 것을 가능하게 할 수 있으며 그렇지 않은 결과를 가져올 수도 있다. 특히, 그것은 부모상담의 첫 시기에 이루어지는 상호작용 방식에 따라 상당히 영향을 미친다. 실제적인 상호작용을 시행함에 있어서 유의해야 할 점은 다음과 같다(김나영 외, 2004).

#### (1) **상담이 부모의 문제를 지적하는 장이 되지 않도록 한다.**

상담자나 교사가 부모의 문제점을 지적해 주는 것이 아니라 부모 스스로가 자신의 문제를 인식해 가는 과정의 변화를 느끼도록 하는 것이 중요하다. 부모의 양육태도의 옳고 그름에 대한 지적, 부모 성격의 병리를 지적하거나 부모의 실패에 대해 쉽게 동조하는 등의 행동은 바람직하지 않다. 이것은 부모에게 지금 진행되고 있는 상담을 신뢰하지 못하게 만들어 상담을 중단하고 싶은 마음을 갖게 한다. 부모는 최선을 다해서 양육했으나 자녀에게 문제가 발생한 것에 대해 자신의 양육이 실패한 것은 아닌가 하는 두려움과 반대로 자신의 실패를 인정하고 싶지 않은 마음을 갖게 한다. 충분히 래포가 형성되어 있지 않았을 때, 이렇게 직접적으로 부모의 문제를 지적하는 것은 상담자나 교사에 대해 결정적인 불신감을 형성할 위험성을 높게 만든다. 또 문제의 원인을 탐색하려는 듯한 심문이 되지 않도록 어디까지나 부모의 마음을 이해하려는 노력을 하지 않으면 안 된다. 부모의 좋은 상담자이며 협력자로서 그리고 부모를 지원하는 존재로서 부모에게 인정받는 인간관계를 만들어야 한다. 따라서 오히려 지금까지의 자녀양육을 위한 부모의 노력을 수용하고 지지하는 것이야 말로 상담자나 교사가 갖추어야 할 가장 중요한 태도이다. 이러한 인간관계의 성립은 부모가 상담자나 교사와 협력하여 아동의 문제를 고치려는 동기를 높여주는 기초가 된다.

### (2) 지도의 경과나 전망에 대한 정보제공을 한다.

상담자나 교사가 치료에 대해 납득할 만한 설명이나 부모의 불안한 마음을 이해하고 지원해 주지 않으면서 마냥 참고 기다리게만 해서는 안 된다. 자녀의 치료과정에 따라 부모에게 치료자가 생각하고 있는 치료의 의미나 현재 진행되고 있는 아동의 병리에 대해 납득할 수 있는 설명이나 부모의 역할, 그리고 그 후에 어떻게 진전될지에 대한 치료자의 전망, 또 그것은 어떤 근거에 의한 것인지에 대해 들려 줌으로써 얼마간의 불안을 해소할 수 있을 것이다. 다만 상담자 혹은 교사는 아동 개인에 따라 지도방법이나 전망이 각기 다르기 때문에 부모에게 적절한 정보를 제공한다는 것은 상당히 어렵다. 이런 경우에는 일차적으로 일반적인 전문적 정보보다 지도론을 설명해 주는 것이 바람직하다. 이것은 특히, 신체적, 심리적 문제에 대해 익숙하지 않은 부모의 불안을 경감시켜 주고 이해시키는 기초가 된다.

### (3) 최종 결정권은 부모에게 있다는 것을 인식시킨다.

대부분의 부모는 자녀의 문제행동에 대해 당혹해 하고 있으며, 성급하게 즉시 효과가 있는 해결방법을 찾게 된다. 그리고 구체적으로 지금 어떻게 하면 좋은지 그 방법만을 간단하게 제시해 주거나 가르쳐 주기를 원한다. 이러한 부모의 요구에 대해 조심성 없이 간단한 조언만으로 끝내려고 하는 것은 위험하다. 물론 정보나 지식의 부족으로 인해 생기는 문제의 경우에는 적절한 조언만으로 해결될 수도 있다. 예를 들면, 발달과정에서 나타나는 일반적인 일과성의 문제들의 경우이다. 그러나 오랜 기간동안 어려움을 겪고 있는 문제라거나 뿌리가 깊은 문제의 경우에 부모에게 조심성 없이 간단히 해결방법을 제시해 주는 것은 부모 자신이 스스로 문제를 고쳐 나가려는 자주성이나 주체성을 발전시키는데 방해요인이 된다.

부모가 아동과 상호작용하는데 있어서 부모가 원하는 것이 무엇인지에 따라 적절한 정보를 제공하고 또 아동과의 바람직한 관계를 맺기 위해 필요한 시안적인 방법을 제공하는 일은 있다. 그러나 그것은 어디까지나 부모 자신에 대한 신뢰에 기반을 두고 있으며 상황에 따라 여러 가지 가능성을 탐구하도록 부모를 지원하기 위해서 하는 것이다. 부모 자신이 해결의 방법을 찾아내도록 격려하고 함께 생각하는 태도를 가지고 부모를 대하는 것이 중요하다.

## 3. 학급집단 지도

### 1) 학급집단과 인간관계

#### (1) 교사와 학생관계

교육현장에서는 교사와 학생관계의 질은 학교생활의 적응과 매우 밀접한 관련이 있다는 사실을 분명하게 인식하게 된다. 아동이 가정에서의 1차적인 관계를 통해서 인간관계의 훈련이 있었다면 유치원, 학교 등에서는 2차적인 인간관계를 체험하고 훈련하게 된다. 따라서 교사는 아동의 사회적응을 위해서 매우 중요한 입장과 역할을 수행하는 사람이 된다.

교사는 학생을 직접 지도한다는 입장과 모델링이 된다는 측면에서 아동의 발달과 적응에 구체적인 영향을 미치고 있음을 알 수 있다. 따라서 교사는 학생과의 관계 속에서 상호 존중과 각자의 책임과 역할을 우호적인 관계에서 잘 수행할 수 있어야 한다.

Jones와 Jones(1990)은 긍정적이고 효과적인 교사-학생관계를 형성하고 유지하기 위해서 다음과 같은 내용이 이루어져야 한다고 한다.

첫째, 교사와 학생 간의 정적 수준의 개방적 관계를 수립한다. 교사는 학생에게 개방적이어야 한다. 그러나 어느 정도로 개방적이어야 하는지에 대해서는 신중하게 생각해야 한다. 학생에 대한 개방의 정도에 따라 교사는 학생과 개인적 관심사와 흥미, 취미, 가치관 등의 넓은 범위를 함께 공유하는 완전개방형교사-학교 안에서는 개방적이나, 학교 밖의 생활에 대해서는 제한적으로 개방하는 제한적 개방형, 그리고 교사의 의무로서 가르치는 역할만을 수행하고, 개인적 감정을 학생과 나누지 않는 배타적 개방형의 세 가지로 분류할 수 있다. 바람직한 교사-학생관계에 가장 적합한 유형은 제한적 개방형이라고 할 수 있지만 교사는 자신에게 적합한 개방의 정도를 정하여 학생을 대해야 한다.

둘째, 긍정적 대화를 통해서 긍정적 교사－학생관계를 형성한다. 학생들은 교사의 칭찬과 비난에 민감하므로 교사는 학생에게 부정적 반응보다는 긍정적 반응을 더 많이 하는 것이 바람직하다.

셋째, 교사의 학생에 대한 높은 기대의 전달을 유지한다. 학생에 대한 교사의 기대 수준은 교사－학생관계의 중요한 요인 중 하나이다. 교사는 어떠한 방식으로든 학생에 대한 자신의 기대를 전달하게 되는데, 긍정적 기대를 나타내는 교사행동은 학생의 자아개념, 학습동기 및 교사－학생의 관계를 증진시키지만 부정적 기대를 나타내는 교사행동은 그렇지 못하다는 것이다.

넷째, 학생활동에 대한 교사의 관심이 요구된다. 교사와 학생의 상호 이해를 증진시키고 좋은 관계를 형성하기 위해서는 학생과 대화할 수 있는 기회를 여러 가지 형태로 마련해야 한다.

### (2) 학생과 학생간의 관계

학생상호간의 인간관계의 질은 학급활동과 학급 분위기에 긍정적인 영향을 미치고, 나쁜 인간관계는 부정적 영향을 미친다. 학생상호간의 바람직한 인간관계의 발전을 위해서는 학생상호간의 인간관계에 영향을 미치는 요소에 대한 이해가 우선되어야 한다. 학생들은 학급안에서의 형식적 · 비형식적 인간관계를 맺게 된다. 형식적 인간관계는 과업, 역할, 지위와 같은 학급의 구조적 요인에 의해서 이루어지는 인간관계로서 주로 학급의 목적과 관련되는 과업활동을 통해서 이루어진다. 비형식적 인간관계는 친애, 소속감과 같은 사회심리적 요구에 의해서 형성되는 인간관계로서 개인적 만남, 사적인 모임, 클럽활동과 같은 교우관계를 통해서 이루어진다. 이 두 가지 형태의 학생상호관계는 서로 갈등상태에 놓이는 경우도 있고, 상보적인 관계를 유지하기도 하면서 학교생활의 전 과정을 통해서 발전된다.

학생 상호간의 인간관계에 영향을 주는 주요 요인들에는 친애, 학생의 지위와 권위, 수행하는 과업, 물리적 환경, 학습집단 편성방법, 교사의 태도, 풍토 등이 포함된다. 학급의 물리적 조건(건축과 교실구성), 수업조건(집단편성방법), 과업조건(특별활동, 분단활동), 심리적 조건(학생과 교사의 격려, 타인수용) 등은 교우관계에 직접적으로 영향을 미친다. 말하자면 교사가 학급환경을 정비하고 학급집단을 편성 운영하고 과업지도를 하는 모든 조건이 학급의 교우관계에 직접적으로 영향을 미친다는 것이다.

특히 학생들의 친애는 학급의 사회구조를 결정하는 중요한 요인이다. 친애는 학생들의 인간관계를 결정하는 중요한 요인이다. 친애를 바탕으로 교우 또는 급우관계(peer relations)와 친구관계(friendship)가 형성된다. 친애는 상대방을 좋아하는 것이다. 즉 상대방에 대한 선호는 상대방을 수용하거나 배척하는 요인으로서 친구를 선택하는 요인으로 그리고 학급사회구조를 결정하는 요인으로 작용한다. 학생과 학생 간의 인간관계에 영향을 주는 요인을 고려해서 학생 상호간에 바람직한 인간관계가 발전될 수 있도록 학급 여건을 조성하는 것은 교사의 중요한 업무이다. 이를 위한 몇 가지 제안을 다음과 같이 정리할 수 있다(박병량 외, 1999).

첫째, 학생 상호간에 서로 알 수 있는 기회를 제공한다. 학생 상호간의 이름을 알 수 있는 기회, 서로를 잘 알지 못하는 급우를 더 잘 알 수 있는 기회, 서로를 더 잘 알 수 있는 기회, 서로 얼마나 잘 알고 있는가를 알아보는 기회 등을 마련한다.

둘째, 대화의 기회를 마련한다. 학급활동에서 자유로운 대화의 기회를 많이 갖는다. 예컨대, 학급에 문제가 발생했을 때 학생들로 하여금 대화를 통해서 문제를 해결하도록 한다. 사적인 대화시간을 마련하고 허용한다.

셋째, 집단활동을 촉진한다. 학습과정에서 협동학습, 분단학습, 급우 도와주기 학습 방법을 활용하고 특별활동, 클럽활동 등을 권장한다.

넷째, 개방적 물리적 환경을 조성한다. 학생 간의 물리적 거리를 좁히고, 의사소통이 용이하도록 좌석을 배치한다.

다섯째, 교사는 개방적, 수용적, 공정한 태도를 갖는다. 학생은 교사의 학생에 대한 개방적, 수용적, 공정한 태도를 그들의 인간관계를 통해서 모방한다.

여섯째, 규칙과 절차를 마련한다. 학급의 일을 규칙과 절차에 따라 처리함으로써 일을 순조롭게 진행시키고 학생들에게 발생할 수 있는 문제들을 최소화한다.

### 2) 효율적인 학급운영

효율적인 학급운영을 위해서 다음과 같은 내용을 정리해보고자 한다(권현진 외, 2002).

① 교육이념(철학)을 가지고 있어야 한다.
② 학생들과의 만남 동안 할 수 있는 계획을 세워본다.
③ 이해하는 마음이 필요하다.
④ 시행착오를 두려워 말아야 한다.
⑤ 항상 기록해 둔다.
⑥ 미리 미리 준비한다.
⑦ 평가와 반성을 잊지 않는다.
⑧ 일관성 있으면서도 열려 있는 학급경영 체제를 유지한다.
⑨ 진실한 마음으로 다가간다.
⑩ 마음을 움직일 수 있는 가르침(교훈)은 삶을 살아가며 실천하는 것에서 나온다.
⑪ 감동거리는 자주 제공한다.
⑫ 정성을 다한다.

## 4. 아동들의 세계

사회학자인 Maclver는 인간은 사회 내에서 사회적인 관계가 점차 복잡해지고 광범위해지며, 동료와의 관계가 넓어지고 발전하는 중에 그것을 통해서 자신의 생활이 충만된다고 하였다. 따라서 우리가 하는 매일의 행동은 성장과 발달 속에서 이루어지는 것으로 개인적인 동시에 사회적인 기능을 포함하는 것이라고 할 수 있다.

가장 많은 변화를 맞이하는 가운데 성장하고 발달해가는 아동기에는 한 개체로서 살아가려는 생리적인 욕구 뿐만 아니라 애정, 소속감, 사회적인 승인, 독점 등의 인격적이고 사회적인 요구도 강하게 나타난다. 아동들은 그를 둘러싸고 있는 사회의 공통의 목표, 즉 사회적 행동의 규준이나 기대되어지는 역할, 행동에 맞도록 생활을 해야 한다. 그렇지 못할 경우에 반사회적 또는 비사회적 행동을 나타내게 된다.

유아가 성장하면서 보여주는 사회적인 행동에는 여러 가지가 있을 수 있으나, 이러한 행동은 사회적이라기보다는 주로 비사회적인 행동이 더 많다. 왜냐하면 유아의 사회적인 행동양식은 다른 아동과의 관계를 성공적으로 유지하려는 적극적, 사회적 행동과 그렇지 못한 소극적, 비사회적 행동으로 구별되는데, 전자에는 협력적, 실용적, 우호적, 동정적 행동 등이 포함된다. 후자에는 비협력적, 공격적, 반항적, 적대적, 경쟁적 행동 등이 포함된다. 그리고 사회적 행동형성이 기초로서 공통의식이라는 것이 있는데, 이러한 공통의식은 성원간의 공동목적과 욕구에 대한 이해가 그 내용이 되며 서로 협동하고 계속적인 활동으로서 강화되어간다.

아동은 다른 사람과 함께 하는 집단생활을 통해서 발달이 촉진된다. 따라서 바람직한 집단 환경이란 아동의 발달을 촉진 조장하는 집단이 되어야 하며 부모나 교사 등 거기에 관계하는 사람들의 역할은 그러한 집단환경을 형성하도록 도와주어야 하는 것이다. 아동은 집단 생활 속에서 이루어지는 또래와의 관계를 통해서 인격, 정서, 사회성 등의 여러 면의 발달을 촉진시킨다. 문제행동을 가지고 있는 아동이나 상대적으로 건강한 다른 아동들이 서로 도우며 도와 주고 격려해 주는 집단생활을 통해서 모두가 한층 건강한 상태로 성장해 가는 것이다.

집단 환경 속에서의 인간관계는 빼놓을 수 없는 기본적인 요소이다. 집단 안에서의 생활은 인간과 인간의 상호작용을 기본으로 이루어지고 있으므로 다른 사람과의 협력관계를 갖지 않으면 안 된다. 그러나 다른 사람과의 관계를 지나치게 의식한 나머지 협조성을 과도하게 강조하거나 의존하는 것은 개인의 주체성을 고려할 때 반드시 바람직하다고는 말할 수 없다. 따라서 인간관계는 환경을 토대로 하여 일정한 범위 내에서 유지되는 것이 중요하며 또 그렇게 함으로써 자기의 가능성, 적응성이 충분히 발휘될 수 있어야 한다.

유치원이나 학교의 특징으로서 아동들의 또래집단이 있다. 아동들의 집단이란 인간관계이다. 3세 이후에는 또래가 아동의 생활에서 중요해지게 된다. 아동은 또래와의 놀이에서 놀이의 규칙이나 역할을 이해하지 않으면 안 된다. 놀이를 통해서 아동들은 그 나름의 인간관계에 대한 이해를 할 수 있게 되며 바람직한 태도를 습득한다.

이동들은 또래와의 관계 속에서 비슷한 경험과 관심 및 사물에 대한 유사한 이해 방법을 가지게 되며 아동들은 그 집단의 고유한 행동 특성이 형성되고 규정되어 영향을 준다. 아동들은 또래의 행동을 모방함으로써 친사회적 행동, 도덕적 판단, 성역할 행동 등의 많은 행동이나 속성을 습득한다. 일상적인 자유놀이 장면에 생기는 모방을 관찰한 연구(Abramovitch & Grusec, 1978)에 의하면 또래 행동의 모방 횟수는 4세에서 1시간당 14.8회였으나 11세에서는 1.8회였으며 연령이 많아짐에 따라 감소하였다.

그러나 또래와의 관계가 전개되어 가는 가운데 싸움도 자주 일어난다. 그 싸움이 어떻게 해결되었는지에 따라 아동의 마음에 여러 가지 인상을 남기게 된다. 싸움의 원인이나 해결 방법을 연령별로 검토한 연구에 의하면 3～4세 유아라도 상대 아동을 윽박지르거나 서로 의견이 결렬되는 경우만 있는 것이 아니라 언어로 설명하거나 대안을 제시하여 문제를 해결하는 경우도 있었다고 한다. 다시 말하면 교사의 개입이 없이 또래끼리 어느 정도 납득되는 해결을 할 수 있었다.

아동들은 또래와의 관계를 통해서 많은 것을 배운다. 그리고 교사는 아동들이 또래와의 관계를 유지하고 발전시키는 기능을 담당한다. 앞으로 또래들과 함께 어떻게 살아가고 적응하며 또 새로운 관계를 만들어가는 중요한 문제가 여기에 있다. 장래의 예행연습이 집단생활 속에서 또래와의 관계를 통해서 이루어져야 한다.

이러한 과정은 공동사회 관계에서 집단의식이 필요하며 이러한 의식은 아동들이 자신을 집단생활에 적응시켜 나감으로써 사회적 행동을 형성해 나가는 것이다.

# 참고문헌


강봉규(1999), 상담이론과 실제, 서울 : 교육과학사.

권두승 · 조아미(2001), 성인학습 및 상담, 서울 : 교육과학사.

권현진 · 김언지 · 안준상 · 이현진 · 정기원 · 정원엽(2002), 새내기 초등교사를 위한 학급경영 길라잡이. 서울 : 양서원.

김계현 외(2000), 학교상담과 생활지도, 서울 : 학지사.

김광웅(1996), 부모역할의 재조명. 숙명여자대학교 아동연구센터 편. 현대사회와 부모. 서울 : 숙명여자대학교 출판부.

김광웅(1997), 부모발달과 부모역할. 한국부모교육학회 편. 부모교육학. 서울 : 교육과학사.

김나영, 이승희(2004), 아동상담 및 상담심리, 서울 : 동문사.

김동연 · 권기덕(1995), 미술치료의 의의와 적용-미술치료의 이론과 실제-. 한국미술치료학회편, 서울 : 도서출판 동아문화사.

김동일(1999), 학습부진 영재아동, 서울 : 원미사.

김민정(1996), 심리극을 통한 사회성과 대인간 갈등해결 방식의 변화에 대한 연구. 이화여자대학교 석사학위논문.

김영진(1998), 효율적인 학습상담법, 서울 : 양서원.

김영한(2002), 청소년지도자전문연수(레크리에이션). 천안 : 국립중앙청소년수련원.

김유광(1983), 만성정신분열증 환자의 사회정신 의학적 연구. 고려대학교 대학원 석사학위논문.

김유숙(1998), 가족치료, 서울 : 학지사.

김정택 · 심혜숙(1991), 대학집단상담 장면에서의 심리극(Psychodrama)활용에 관한 고찰. 인간이해12(96, 1). 서강대학교 생활상담연구소.

김청자 · 정진선(2004), 상담의 이론과 실제, 서울 : 동문사.

김춘란(2001), 집단놀이가 아동의 사회성 발달에 미치는 영향. 전북대학교교육대학원 석사학위논문.

김충기 외(2001), 현대상담이론과 실제, 서울 : 교육과학사.
김충기(1996), 생활지도와 상담, 서울 : 교육과학사.
김충기 · 장선철(2001), 유아생활지도, 서울 : 동문사.
김형태(2003), 21세기를 위한 상담심리학, 서울 : 동문사.
김흥규(1984), 신 생활지도론, 서울 : 형설출판사.
박병량 · 주철안(1999), 학교·학급경영, 서울 : 학지사.
박성수(1991), 생활지도, 서울 : 정민사.
백욱현(1993), 아동의 선택적 주의전략과 금지기제의 발달에 관한 연구, 중앙대학교 석사학위논문.
성영혜(1996), 발달단계에 따른 부모의 역할. 숙명여자대학교 아동연구센터 편. 현대사회화 부모. 서울 : 숙명여자대학교 출판부.
송영혜 역(1997), 놀이치료원리, 대구 : 대구대학교 출판부.
송종용(1994), 매맞는 아이들, 서울 : 청소년대화의 광장.
안영진 · 장선철(2001), 아동상담, 서울 : 동문사.
양재혁(1996), 심리극집단상담을 통한 충동성과 대인간의 갈등해결 양식의 변화 연구. 한국외국어대학교 교육대학원 석사학위논문.
연문희 · 강진령(2002), 학교상담(21세기의 학생생활지도), 서울 : 양서원.
윤유성 · 김홍운(2001), 생활지도와 상담, 서울 : 양서원.
윤진(1985), 성인 · 노인 심리학, 서울 : 중앙적성출판사.
이선화(1992), 자아강화를 위한 심리극 프로그램이 비행청소년의 자아강도에 미치는 효과, 상명대학교교육대학원 석사학위논문.
이시용 · 정환금 · 허승희 · 홍종관(2000), 아동생활지도와 상담, 서울 : 교육과학사.
이옥주 · 김유숙 · 김용태(1996), 청소년 가족상담, 서울 : 한국청소년상담원.
이장호 외(1999), 상담심리학의 기초, 서울 : 학문사.
이장호(1995), 상담심리학, 서울 : 박영사.
이재창(2004), 생활지도와 상담. 서울 : 문음사.
이현림(2000), 상담 이론과 실제, 서울 : 원미사.
이현림 · 김봉환 · 송재홍 · 천성문(2003), 진로지도와 상담. 대구 : 영남대학교출판부.
이형득 외(1991), 상담의 이론적 접근, 서울 : 형설출판사.
이형득(1994), 상담이론, 서울 : 교육과학사.
임계원 · 이근후(1981), 심리극 치료효과에 대한 연구. 신경정신역학 56(81, 8). 대한신경정신역학회.
장대운(1997), 부모교육학의 본질, 한국부모교육학회 편. 부모교육학. 서울 : 교육과학사.
장대운(1999), 청소년부모상담과 교육. 서울 : 한국청소년상담원.
장선철(1998), 유아생활지도, 서울 : 동문사.

장선철 · 안영진(2000), 유아생활지도, 서울 : 동문사.
정보인(1997), 행동수정을 통한 어린이 문제행동지도, 서울 : 중앙적성출판사.
정원식 외(1982), 카운슬링의 원리, 서울 : 교육과학사.
정인석(1993), 신교육심리학. 서울 : 대왕사.
조성희 · 김광운 역(1999), 사회극을 통한 우리만남, 서울 : 학지사.
한국대학 카운셀러 연구회편(1993), 상담의 이론과 실제, 서울 : 중앙적성 출판사.
한상철 · 조아미 · 박성희 공저(1997), 청소년 심리학, 서울 : 양서원.
황응연 외(1984), 현대생활지도론, 서울 : 교육출판사.

Ainsworth, M.(1973), The development of infant mother attachment. In B. M. Caldwell & H. N. Ricciuti (Eds.). Reriew of child development research(Vol. 3). Chicago : University of Chicago Press.

Arlow, J. A.(1979), Psychoanalysis. In R. J. Corsini (2nd Ed.), Current psychotherapies, Itasca, Ilinois : F. E. Peacock Publishers, Inc.

Atwater, Eastwood(1983), Psychology of adjustment(2nd ed.), Englewood Cliffs, Prentice-Hall, Inc.

Baker, S. B.(1981), School counselor's handbook : A guide for professional growth and development. Boston : Allyn and Bacon.

Bandura, A.(1986), Social foundations of thought and action : A social cognitive theory. Englewood Cliffs. NJ : Prentice-Hall.

Bateson, G.(1978), The birth of a matrix or double bind and epistemology in Beyond the Double Bind, ed. Berger, M. New : York : Brunner/Mazel.

Blau, P. M.(1956), Occupational choice : A conceptual framework. Industrial Labor Relations Review, 9.

Brammer, L.(1978), The Helping Relationship, Englewood Cliffs, N. J. : Prentice-Hill.

Brody, G. H., Pillegrini, A. D. & Sigel, I. E.(1986), Martal quality and mother-child and father-child interactions with school-aged children. Developmental Psychology. 22.

Brunner, E. R., Wilde, D., Kirchner, C. & Newberry, J.(1969), An overview of adult education research, Chicago, Illinois : Adult Education Association for Public School Adult Education.

Canaff, E. & Hutto, G.(1995), Teacher as counselor : Crisis intervention skills for the ABE instructor (ERIC Reproduction Service ED 394 111).

Chrey, G.(1991), Theory and Practice of Counseling and Psychotherapy, 4th Eds. International Thomson Publishing. Co.

Corey, G., & Corey, M. S.(1977), Group : Process and practice. Monterey, CA : Books/Cole.

Corey, G.(1982), Theory and practice of counseling and psychotherapy, Monterey, Calif : Brooks/Cole.

DiSilvestro, F. R.(1981), Advising and counseling adult learners, San Francisco, California : Jossey-Bass.

Egan, G.(1975), The skilled helper : a model for systematic helping and interpersonal relation, Monterey : Brooks/Cole Pub. Co., 1975.

Ellis, A.(1962), Reason and emotion in psychotherapy, New York : Lyle Stuart.

Ellis, A.(1973), Humanistic psychotherapy : The rational-emotive approach, New York : Julian Press.

Ellis, A.(1979), The practice of rational-emotive therapy. In A. Ellis & J. White ley(Eds.), Theoretical and empirical foundations of rational-emotive therapy : Monterey, Calif. : Brooks/Cole.

Elson, S. E.(1979), Recent approaches to counseling, Gestalt therapy, transactional analysis, and reality therapy. In H. M. Burks, Jr. & B. Stefflre(Eds.), Theoriesof counseling (3rd ed.), New York : NcGraw-Hill.

Emery Stoops and Wahlguist. G. C.(1958). Principles and Practices in Guidance, N.Y. : Mcgraw-Hill Book Co., p. 136.

Fine, R.(1973), Psychoanalysis. In R. J. Corsini (Ed.), Current psychotherapies, Itasca, Illnois : F. E. Peacock Publishers, Inc.

Gazda, G. M., Ducan, J. A., & Meadows. M. Z.(1967), Counseling and group procedurces : report of a survey. counselor education and supervision.

Gazda, G.(1979), Pragmatics : implicature, presupposition and logical form. New York : Academic Press.

George, R. L., & Christiani, T. S. (1995), Theory, methods and processes of counseling and psychotherapy. Englewood Cliffs, NJ : Prentice-Hall.

George, R. L., & Dustin, D. (1988), Group counseling : Theory and practice, Englewood Cliffs, N. J. : Prentice-Hall.

Goldberg, J. C.(1980), "Counseling the adult learner : A selective review of the literature", Adult Education, 30.

Guamer, J.(1984), Counseling and Therapy for Children. New York : The Free Press. : 서영숙, 이재연, 이명조 공역(1990). 아동상담과 치료, 서울 : 양서원.

Hackett, G., & Betz, N. E.(1981), A self-efficacy approach to the career development of women. Journal of Vocational Behavior, 18.

Hahn, M. E. & Maclean, M. S.(1955), Counseling Psychology, N.Y. : Mcgraw-Hill Book Co.

Hansen, J. C., Stevic, R. R., & Warner, R. W.(1977), Counseling : Theory and process(2nd ed.), Boston : Allyn & Bacon.

Hjelle, L. A. & Ziegler, D. J.(1981), Personality theories(2nd ed.), New York : McGraw-Hill Book Company.

J. 슈미트/노안영 역(2000), 학교상담, 서울 : 학지사.

Jones, V. F. & Jones, L. S.(1990), Comprebensive Classroom Management : Motivating and Managing Student, Boston : Allyn and Bacon.

Kazdin, A. E.(1978), History of behavior modification : Experimental foundations of contemporary research, Baltimore : University Park Press.

Kerka, Sandra(1995), Adult Career Counseling in a New Age, Eric Digest NO. 167, Eric clearinghouse on Adult, Career, and vocational Education, Columbus, OH : BBB16032.

Klein, K. L., & Wiener, Y.(1977), Interest congruency as a moderator of the relationship between job tenure and job satisfaction and mental health. Journal of Vocational Behavior, 10.

Kratcoski, P. C.(1984), Perspectives on intranfamily violence. Human Relation, 37.

Kreppner, K., Pauisen, S., & Schuetze, Y.(1982), Infant and family development : From triads to tetrads. Human Development, 25.

Langdon, G.(1969), Counseling and guidance services. In N.C. Shaw(ed.), Administration of continuing education : A guide for administrators, Washington, DC : National Association for Public school Adult Education.

Lifton Robert Jay(1974), Explorations in psycho history : the wellfleet papers. N. Y. : Simon and Schuster.

Lipsetti, L.(1962), Social factors in vocational development. Personnel and Guidance. Journal, 40.

Mahler. C. A.(1971), Group counseling in the schools. Boston : Houghton Mifflin.

McCroskey, J. C., Carl, E., Larson and Mark L. Knapp(1971), An Introducation to inter personal communication, Englewood Cliffs : Prentice-Hall.

Miller, D. C., & Form. W. H.(1951), Industrial sociology. New York : Harper & Row.

Nelson-Jones, Richard(1982), The theory and practice of counseling psychology, Great Britain : The Pitman Press.

Nichols, M. P.(1984), Family Therapy : Concepts and Methods. New York : Gardner Press.

O'Connor, K.(1991), The play therapy printer. New York : Wiley.

Osipow, S. H.(1983), Theories of career development(3rd ed.). Englewood Cliffs, NJ : Prentice-Hall.

Passons, W. R.(1975), Gestalt approaches in counseling, New York : Holt, Rinehart and Winston.

Pepinsky, H. B.(1984), Perspective on the aging of a persistent counseling psychologist. In J. M. Whiteley, N. Kagan, L. Harmon, B. R. Fretz & F.

Perls, F. S. & Goodman, P.(1951), Gestalt therapy, New York : Dell Pub.

Perls, F. S.(1969), Gestalt therapy verbatim, Moab, Utah : Real People Press.

Reaves, G. C., & Reaves, L. E.(1965), The counselor and Preventive Psychiatry, Personnel and Guidance Journal, 43, pp. 663-665.

Roe, A.(1957), Early determinants of vocational choice. Journal of Counseling Psychology, 4(3).

Rogers, C. R.(1961), Client-centered Therapy, Boston : Houghton Mifflin.

Rowntree, L. G. et al.(1943), Causes of rejection and the incidence of defects among 18 and 19 year old selective service registrants, Journal of the American Medical Association. 123, pp. 181-185.

Shertzer, B., & Stone, S. C.(1980), Fundamentals of counseling(3rd ed.), Boston : Houghton Mifflin.

Tolbert, E. L.(1982), An introduction to guidance(2nd ed.), Boston : Little Brown.

Williamson, E. G.(1950), Counseling adolescents, New York : McGraw-Hill.

Williamson, E. G.(1958), Value orientation in counseling, Personnel and Guidance Journal, April.

Williamson, E. G.(1975), Vocational counseling, New York : McGraw-Hall.

Zunker, V. G.(1999), Career counseling : Applied concepts of life planning(5th ed.). Pacific Grove, CA : Brooks/Cole.

## 저자 소개

### ✍ 김청자

· 상명대학교 사범대학 졸업 / 고려대학교 상담심리석사 / 성신여대 교육학박사
· **현재**, 상명대학교 사범대학 교육학과 교수

〈저서 및 논문〉

· 심리학의 이해(공저) / 교육심리학(공저) / 상담의 이론과 실제(공저) / 생활지도와 상담(공저) / 심리불안과 자기치료(편역) / 공격성과 이상행동에 관련된 논문 등 다수

### ✍ 정진선

· 홍익대학교 교육학과 교육학박사(교육상담전공)
· 협성대, 광운대 교육대학원 강사 및 관동대학교 교육대학원 겸임교수 역임
· **현재**, 홍익심리상담연구소 소장, 상명대학교 교육대학원 겸임교수, 홍익대 / 명지대 출강
· 서울시 산하 '다시 함께 센터' 의료심리치료자문위원단 운영위원, 한국상담심리학회 정회원, 현실요법 전문가 및 수퍼바이저, 1급 전문상담사, 1급 평생교육사.

〈저서 및 논문〉

· 인간관계 심리의 이론과 실제(공저) / 상담의 이론과 실제(공저) / 생활지도와 상담(공저) / 대학생의 성역할정체감이 진로의사결정효능감 및 진로의사결정유형에 미치는 영향 / 가족관련변인과 역기능적 진로사고의 관계 등 다수


**아동상담심리**

초판발행 2006년 8월 20일
재판발행 2007년 1월 20일

저 자 김청자 · 정진선
발행인 김현태
발행처 태영출판사

주 소 (152-705) 서울 구로구 구로동 104-10 동남오피스텔 201호
전 화 02 · 839-3757, 839-3752
팩 스 02 · 837-3754
등 록 2005년 5월 30일 제12-421호
홈페이지 http://www.taeyeongbook.co.kr
E-mail tys2005@paran.com
typub@taeyeongbook.co.kr
ISBN 89-91777-42-2 93370
정 가 14,000원

* 잘못 만들어진 책은 교환해 드립니다.